东坡志林

中华优美随笔

【宋】苏轼◎著
韩中华◎译评

北京理工大学出版社
BEIJING INSTITUTE OF TECHNOLOGY PRESS

图书在版编目（CIP）数据

东坡志林 / (宋) 苏轼著 ; 韩中华译评. — 北京 : 北京理工大学出版社, 2017.1（2023.2重印）

（中华优美随笔）

ISBN 978-7-5682-3397-2

Ⅰ. ①东… Ⅱ. ①苏… ②韩… Ⅲ. ①中国历史—笔记—北宋②中国历史—史料—北宋 Ⅳ. ①K244.066

中国版本图书馆CIP数据核字(2016)第284738号

出版发行 / 北京理工大学出版社有限责任公司
社　　址 / 北京市海淀区中关村南大街 5 号
邮　　编 / 100081
电　　话 /（010）68914775（总编室）
（010）82562903（教材售后服务热线）
（010）68948351（其他图书服务热线）
网　　址 / http: //www.bitpress.com.cn
经　　销 / 全国各地新华书店
印　　刷 / 三河市嵩川印刷有限公司
开　　本 / 889 毫米 × 1194 毫米　1/32
印　　张 / 12
字　　数 / 267千字
版　　次 / 2017 年 1 月第 1 版　2023 年 2 月第 2 次印刷
定　　价 / 68.00元

责任编辑 / 刘永兵
文案编辑 / 刘永兵
责任校对 / 周瑞红
责任印制 / 边心超

前言

随着近年来中国经济的发展，中国的国际地位不断提高，国际影响力越来越大，中国受到的关注越来越多，越来越多的人希望走进中国，更深入地了解中国文化。此外，由于受到全球化浪潮的影响，不同国家之间文化的交流和融合是不可避免的，中华民族的优秀传统文化无疑吸引了世界各地的人们的眼球，阅读中国传统经典成为时代潮流。因此，重视中国古代经典并开发适合阅读的版本是非常必要的，于是便有了这本面向海内外发行的《东坡志林》。希望这本书像一座桥梁，引领读者走近古代经典，了解古代大家，品味智者人生，思考现代生活，在浮躁的世界中安放自己的心灵。

现代人生活忙碌，心情常常焦虑不安，枕边放一本《东坡志林》，每天抽点时间，静下心来读一读，可在品味古人生活中调整自己的心情。《东坡志林》中的大部分文章，都写于苏东坡被贬之时，表达了他乐观豁达、百折不挠的精神品质。翻开此书，你看到的不是苏东坡一板一眼的说教，而是他用幽默的语言记录的游历、修身、交友、奇人异事等。他用善于观察和思考的心记录其所见所闻所感所思，由此形成了这部优秀作品。本书文章较为短小精悍，读来十分便捷。我们在读书过程中可以跟随书中的文字走进苏东坡的内心世界。

《东坡志林》分为五卷，全书编排以内容划分，总共二十九篇，分别是：记游篇、怀古篇、修养篇、疾病篇、梦寐篇、学问篇、命分篇、送别篇、祭祀篇、兵略篇、时事篇、官职篇、致仕篇、隐逸篇、佛教篇、道释篇、异事篇、技术篇、四民篇、女妾篇、贼盗篇、夷狄篇、古迹篇、玉石篇、井河篇、卜居篇、亭堂篇、人物篇、论古篇。

《东坡志林》一书，不仅可以带你走进苏东坡个人的生活，而且可以让你借古思今获得不一样的人生感受。现在距离苏东坡生活的时代已有九百余年，九百余年间，物换星移，但是，如何为人处世，如何修身养性，如何面对人生坎坷，从古至今都是不变的人生主题。在读苏东坡的文字中，你或许能找到为人处世的方法，发现修身养性的乐趣，寻到可以慰藉自己心灵的东西。苏东坡怀才不遇、历经苦难的烦恼，也许我们也曾体会过。在艰难困苦的生活中，苏东坡并没有放弃希望，而是在痛苦中寻得闲适雅趣，让苦难的日子开出美丽的鲜花。古今坎坷虽有不同，但是面对坎坷的正确态度却是一样的，苏东坡的豁达心态值得我们学习。另外，苏东坡在评议前人功过时，见解独到，有理有据，能给现代人以启发。苏东坡记述的奇人异事，在今天读来，或许能与我们现在的所见所闻相印证，或许能有更深的理解。本书内容非常丰富，涉猎知识广博，能让你在幽默戏谑又充满智慧的语言中，遇见你所未见过的苏东坡。

从此刻开始，让我们阅读《东坡志林》，走近古代智者，享受生活情趣，体会别样人生吧。

附：苏东坡简历

苏东坡，字子瞻，号东坡居士，北宋眉州眉山（今四川眉山）人。他的文学造诣以至绘画、书法皆负盛名。在诗上，他与黄庭坚并称“苏黄”；在词上，他开创了“豪放派”词风，与辛弃疾并称“苏辛”；在散文上，他与欧阳修并称“欧苏”；他的画，开创了湖州画派。他是“唐宋八大家”之一。综合来说，苏东坡确实是一个罕见的才华横溢的大家。

苏东坡才华学识极为出众，二十二岁就考中进士。一开始，苏东坡的仕途可以说是非常顺利，在很短时间内便被提拔为端明殿学士兼翰林院侍读学士、礼部尚书。但在宋神宗熙宁（1068—1077）初年，苏东坡因反对王安石变法而被调任杭州通判，而后又转任密、徐、湖三州知州。元丰二年（1079），御史中丞李定、御史舒亶、何正臣等人弹劾苏东坡的诗中有讥讽朝廷之语，苏东坡因此被贬为黄州团练副使，此事被称为“乌台诗案”。

等到宋哲宗继位，苏东坡被召还朝，但因与司马光、程颐等人意见不合，几次遭到陷害，先后左迁为杭州、颍州、扬州知州。绍圣元年（1094），新党再次执政，苏东坡被贬至岭南惠州。绍圣四年，苏东坡被贬至极其偏远的海南儋州。元符三年（1100），宋徽宗继位，苏东坡遇赦内徙。建中靖国元年（1101）七月，苏东坡在北归途中病故于常州，享年六十六岁。

目 录
Contents

卷三

卷四

卷五

卷一

卷一共分为八篇：记游篇、怀古篇、修养篇、疾病篇、梦寐篇、学问篇、命分篇和送别篇。篇章之间，大多没有明确的时序或义序。读者可依独立篇章来阅读，如此更易觅得趣味。

记游篇

记过合浦

余自海康适合浦，连日大雨，桥梁大坏，水无津涯[1]。自兴廉村净行院下，乘小舟至官寨，闻自此西皆涨水，无复桥船，或劝乘疍并海即白石[2]。是日六月晦[3]，无月，碇宿大海中[4]。天水相接，星河满天，起坐四顾太息："吾何数乘此险也！已济徐闻，复厄于此乎？"稚子过在旁鼾睡[5]，呼不应。所撰《书》《易》《论语》皆以自随[6]，而世未有别本。抚之而叹曰："天未欲使从是也，吾辈必济[7]。"已而果然。七月四日合浦记，时元符三年也。

注 释

① 水无津涯：指水势浩大，无边无际。

② 乘疍：乘坐疍舟。疍舟，指南方少数民族之船舶。

③ 晦：指农历每月的最后一天。

④ 碇：船在岸边停泊时用来固定船身的石墩子。

⑤ 稚子过：指苏轼的小儿子苏过。

⑥ 自随：随身携带。

⑦ 吾辈必济：我们这些人必然能得到救济。

译 文

我在从海康到合浦的路上，遭遇连日大雨，桥梁因此遭到严重破坏，河水暴涨，水势浩大无边无际。于是我们只好绕道从合浦县的兴廉村净行院下乘坐小船到官寨，听说从这儿往西都已发大水，既没有桥可以通过，又没有船可以乘坐，只能听别人的劝告乘坐蜑船沿海而行，渐渐靠近白石镇。当时正是农历六月的最后一天，天上没有月亮，我们就停宿在大海里。苍天与海水连为一体，天上的星辰与水中的倒影混在一起让人分辨不清，我从床铺上坐起，四面环顾而长长地叹息："我为何数次经历此类艰险啊？本来已经从海南渡海到达徐闻，难道又要在这里遭难吗？"小儿子苏过在旁边睡得正酣，怎么叫都不醒。自己平生所著的有关《尚书》《周易》《论语》的著作都是随身携带的，而世上又没有其他版本了。我手抚书卷感叹道："看来老天没想发威毁灭这一切，我们这些人必然能得到救助！"一会儿果然风浪骤停，大海重新回归了平静。这真是天遂人愿啊！这些是七月四日在合浦记下的，当时是元符三年。

评 析

此文所记述的是苏轼奉旨内迁途中，乘舟航行在海上时遭遇艰险

的事情。此时，他刚刚经历了被贬海南儋州“九死南荒”的人生劫难，好不容易才得到赦免，想带领家人回归故土，却又差点儿在海上葬身鱼腹。即使如此，苏轼依然没有感到悲观绝望，他在危难之际还能淡定地欣赏“天水相接，星河满天”的海上美景，最后用“吾辈必济”表达出自己积极自信的达观精神。将苏轼的人生履历与此时的惊险遭遇结合起来，我们就能感受到一位饱经人世沧桑、历尽人生艰险的睿智豁达的长者的情怀。

逸人游浙东①

到杭州一游龙井②，谒辨才遗像③，仍持密云团为献龙井④。孤山下有石室，室前有六一泉⑤，白而甘，当往一酌。湖上寿星院竹极伟，其傍智果院有参寥泉及新泉，皆甘冷异常，当时往一酌，仍寻参寥子⑥、妙总师之遗迹，见颖沙弥亦当致意。灵隐寺后高峰塔，一上五里，上有僧，不下三十余年矣，不知今在否？亦可一往。

注 释

① 逸人：隐居的人，东坡自指。

② 龙井：位于杭州西湖西南山地，以产“龙井茶”闻名。

③ 辨才：宋代僧人，曾任杭州上天竺寺的僧正，后退居龙井。

④ 密云团：产于福建的一种名茶。

⑤ 六一泉：位于杭州市西湖孤山下。苏轼为杭州太守后，为了纪念好友欧阳修，称惠勤讲堂后泉水为六一泉。

⑥ 参寥子：宋代诗僧道潜的别号。为宋代於潜人，原名昙潜，

苏轼为杭州太守时，因为非常喜爱他的诗，更其名为道潜，让他居住在智果寺。后号参寥子。

译 文

到杭州后应该去龙井游玩，参拜辨才的遗像，还要带着密云团茶饼祭献给他。在孤山下有一间石室，石室前就是六一泉，泉水清冽甘甜，应该前去品酌一番。湖上寿星院的竹子长得很茂密，在它旁边的智果院里有参寥泉和新泉，泉水都异常甘甜冰凉，到时候也应该前去品酌一番，还要去寻找参寥子、妙总师的遗迹，见到颖沙弥也应当致敬。在灵隐寺后面高峰塔上去五里的地方，有一个已经三十多年没有下过山的僧人，不知道他现在是否健在？也可以去看一看。

评 析

杭州对于苏东坡而言，是峰回路转的一站，也是让他心情愉悦的一站。虽然遭到贬官，但是因为杭州有人间天堂般的美景和很多来往的朋友，他的这段日子过得倒也快活。这些与他来往的朋友都是被他文雅的名声吸引来的，然而这些所谓的朋友却是良莠不齐的，其中也不乏想要陷害他的人，晚年的时候他对自己结交这样的朋友也颇有悔恨，这是后话。苏东坡喜欢佛，但也只是停留于喜欢的层面。他把佛当成一种工具，借以娱乐和勉励自己，却并不用佛的教条限制自己的行为。在他的诸多好友中，有许多寺院的僧人，《逸人游浙东》就提到几个，因为僧人不近功名，正好投苏东坡的胃口。

记承天寺夜游[1]

元丰六年十月十二日夜，解衣欲睡，月色入户，欣然起行。念无与乐者，遂至承天寺寻张怀民。怀民亦未寝，相与步于中庭。庭下如积水空明[2]，水中藻荇交横，盖竹柏影也。何夜无月，何处无竹柏，但少闲人如吾两人耳[3]。

注 释

① 承天寺：在今湖北黄冈市。

② 空明：月光映照下的水，因其明澈如空，故称空明。

③ 闲人：因为所任的职位是个闲差，所以自嘲为闲人。

译 文

元丰六年十月十二日夜晚，我正准备脱衣睡觉，月光透过窗户照了进来，我就高兴地起来出去游玩。想到没有可以与自己共同游乐的人，我便来到承天寺找张怀民。怀民也没有睡觉，我们便一起去庭院中散步。月光照在庭院里像积水般透明，而月下松竹的影子，像水藻、荇菜般交错纵横。哪个夜晚没有月色，又有哪个地方没有松竹呢？只是缺少像我俩这样的闲人罢了。

评 析

黄州（今湖北黄冈市）是苏东坡一生中有重要意义的一站，对他的思想和文章来说，莫不如此。在京都经历了一场离奇的生死考验之后，他似乎不怕死了，但也格外珍惜这样质朴无华的生活。在黄州，他开始自己盖房子、耕种，努力融入百姓生活，并给自己取了一个新的名字——东坡居士。《记承天寺夜游》就是他当时心情的写照。

游沙湖[1]

黄州东南三十里为沙湖，亦曰螺师店，予买田其间。因往相田得疾[2]，闻麻桥人庞安常善医而聋，遂往求疗。安常虽聋，而颖悟绝人[3]，以纸画字，书不数字，辄深了人意。余戏之曰：“余以手为口，君以眼为耳，皆一时异人也。”

疾愈，与之同游清泉寺。寺在蕲水郭门外二里许[4]，有王逸少洗笔泉[5]，水极甘，下临兰溪，溪水西流。余作歌云：“山下兰芽短浸溪，松间沙路净无泥，萧萧暮雨子规啼。谁道人生无再少？君看流水尚能西！休将白发唱黄鸡[6]。”是日剧饮而归[7]。

注 释

① 沙湖：在今湖北浠阳。

② 相田：察看田地。

③ 颖悟绝人：聪明而思路敏捷超过常人。

④ 蕲水：在今湖北浠水。

⑤ 王逸少：王羲之，字逸少，晋琅邪临沂（琅邪今称琅琊，属山东临沂）人，书法家，草、隶、正、行，皆能博采众长，自成一

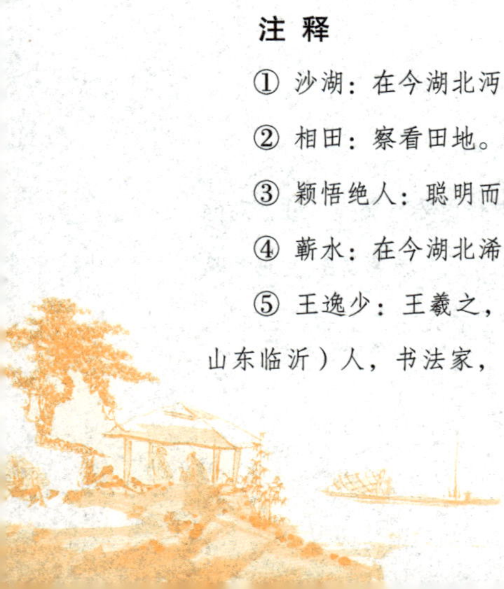

家，世称“书圣”。

⑥ 白发唱黄鸡：用以形容世事匆匆，光景催年之意。白发，形容老年人。黄鸡，报晓的大公鸡。

⑦ 剧饮：畅饮。

译 文

在黄州东南三十里处有个名叫沙湖的小镇，又称螺师店，我在那儿买了几亩田地。我在前去察看田地的时候得了病，听人们说麻桥有个名叫庞安常的人虽然耳聋却医术高明，我便去他那里看病。庞安常虽然耳聋，却异常聪明，我用纸写字给他看，没写几个，他便懂得了我的来意。我和他开玩笑，说：“我是把手当作嘴巴，你是把眼睛当作耳朵，我们都是怪人。”

待病好后，我与庞安常一起游览清泉寺。清泉寺位于蕲水县城外两里多处，那里有王羲之曾经洗笔的泉水，泉水很甜，在泉的下方看到了一条名为兰溪的小河，与众不同的是这条小河的水是向西流的。看到此情此景，我不禁作诗：“山下兰芽短浸溪，松间沙路净无泥，萧萧暮雨子规啼。谁道人生无再少？君看流水尚能西！休将白发唱黄鸡。”那一天，我和庞安常畅饮痛快才回去。

评 析

苏东坡在黄州写的一系列游记，都是比较诙谐的。以《游沙湖》为例，以通俗的语言缓缓而谈，却叫人读其文字会心地微笑。“君看流水尚能西！休将白发唱黄鸡。”此时四十几岁的苏东坡，或许还真的不至于衰老到长出苍苍的白发。这首小诗似乎是一个美好的征兆，离开黄州后，苏东坡回到京都做了一个三品的制诰，开始了济世安民的新阶段。

记游松江

吾昔自杭移高密，与杨元素同舟[1]，而陈令举、张子野皆从余过李公择于湖[2][3][4]，遂与刘孝叔俱至松江[5]。夜半月出，置酒垂虹亭上。子野年八十五，以歌词闻于天下，作《定风波令》，其略云：“见说贤人聚吴分[6]，试问，也应傍有老人星[7]。”坐客欢甚，有醉倒者，此乐未尝忘也。今七年耳，子野、孝叔、令举皆为异物[8]，而松江桥亭，今岁七月九日海风架潮，平地丈余，荡尽无复孑遗矣[9]。追思曩时[10]，真一梦耳。元丰四年十二月十二日，黄州临皋亭夜坐书。

注 释

① 杨元素：杨绘，字元素，宋代绵竹（今四川绵竹）人。

② 陈令举：陈舜俞，字令举，湖州乌程（今浙江）人。

③ 张子野：张先，北宋词人，字子野，天圣进士，官到都官郎中。

④ 李公择：李常，字公择，建昌（今江西）人。

⑤ 刘孝叔：名述，刑部郎中，因议论王安石被贬。

⑥ 吴分：吴的分野之处。

⑦ 老人星：南极星。

⑧ 异物：已经去世。

⑨ 孑遗：遗留。

⑩ 曩：从前。

译文

昔日，我由杭州移居到高密时，与杨元素乘坐同一条船，而陈令举、张子野两人都跟随我到西湖拜访李公择先生，刘孝叔也和我们一起去松江。到了半夜，月亮出来了，我们在垂虹亭上置办酒宴。张子野当时已是八十五岁高龄，他因作歌填词而闻名于世，他当时作了一首《定风波令》，其大概意思是："见说贤人聚吴分，试问，也应傍有老人星。"在座的人都非常高兴，有人甚至醉倒了，这种欢乐场景我未曾忘记。时至今日，已经过去七年了，子野、孝叔、令举都已经去世了。松江的桥亭也因今年七月九日的海风带着潮水，潮水高出平地一丈有余，被冲荡得再也没有残存了。追忆昔日时光，真像是一场梦。元丰四年十二月十二日夜晚，我在黄州的临皋亭写下此文。

评析

在这个小记里，苏东坡缅怀的是自己杭州任满即将奔赴密州的一些情景。对于苏东坡来说，无论在哪里，境遇如何，只要有三五朋友与他饮酒赋诗，便能寻得无边的乐趣。在苏东坡写下诗词的那一刻，觉得过往竟如此远去不可追索，像一场梦一样。夜里，他久久不能睡下，跑到临皋亭去，写下了这些文字。相信那一夜，他一定冷得彻骨。

记游庐山

仆初入庐山，山谷奇秀，平生所未见，殆应接不暇，遂发意不欲作诗。已而见山中僧俗，皆云：“苏子瞻来矣！”不觉作一绝云：“芒𪨊青竹杖[①]，自挂百钱游。可怪深山里，人人识故侯。”既自哂前言之谬[②]，又复作两绝云：“青山若无素，偃蹇不相亲[③]。要识庐山面，他年是故人。”又云：“自昔忆清赏，初游杳霭间[④]。如今不是梦，真个是庐山。”是日有以陈令举《庐山记》见寄者，且行且读，见其中云徐凝、李白之诗，不觉失笑。旋入开先寺，主僧求诗，因作一绝云：“帝遣银河一派垂，古来惟有谪仙辞。飞流溅沫知多少，不与徐凝洗恶诗。”往来山南地十余日，以为胜绝不可胜谈，择其尤者，莫如漱玉亭、三峡桥，故作此二诗。最后与揔老同游西林[⑤]，又作一绝云：“横看成岭侧成峰，到处看山了不同。不识庐山真面目，只缘身在此山中。”仆庐山诗尽于此矣[⑥]。

注 释

① 芒𪨊：草鞋。

② 哂：讥笑。

③ 偃蹇：高耸的样子。

④ 杳霭：深远的样子。

⑤ 西林：西林寺。

⑥ 仆：自称的谦词。

译文

我初到庐山之时，看到山谷奇异而秀丽，平生未曾见过，我的两只眼睛几乎是应接不暇，于是产生了不想作诗的念头。后来看到了山里的僧人，他们都说："苏子瞻来了！"我便不自觉地作了一首绝句："芒鞋青竹杖，自挂百钱游。可怪深山里，人人识故侯。"但又暗自笑前面说得荒谬，就又作了两首绝句，一首是："青山若无素，偃蹇不相亲。要识庐山面，他年是故人。"另一首是："自昔忆清赏，初游杳霭间。如今不是梦，真个是庐山。"当天，有人将陈令举所写的《庐山记》拿给我看，我边走边读，看到其中提到徐凝、李白的诗，不自觉笑了。一会儿到了开先寺，主僧请我作诗，于是我作了一首绝句："帝遣银河一派垂，古来惟有谪仙辞。飞流溅沫知多少，不与徐凝洗恶诗。"在山南来回已经有十多天了，认为景色非常优美但难以言说，若要选取其中最好的，那就不得不说漱玉亭、三峡桥，所以作了这两首诗。最后和常总法师一起游玩了西林寺，我又作了一首绝句："横看成岭侧成峰，到处看山了不同。不识庐山真面目，只缘身在此山中。"我所作的关于庐山的诗都在这儿了。

评析

河岳的秀丽之美，多数来源于人们对它们的吟咏，从这一则小记里的五首小诗我们可以看庐山，也可以看苏东坡。在第一首诗之前他说，我刚来庐山的时候，本来只是打算看看这里秀美的风景，没打算作诗。但是，大家都说是苏东坡来了，为了不扫大家的兴，我就忍不住作了一首诗。此次来到庐山，苏东坡以为这山够深了，人们都不认识他，没想到所有人都认识他这个已经下野的官吏。不过，他之后发现，这首诗并没有写庐山的什么，并且也有些贫嘴，好像有点对不起庐山，于是又写了下面的两首诗。

其一说：青翠的庐山好像跟自己没有什么交情，中间好像隔着堤坝一般的障碍，总觉得难以亲近。或许我应该在这里多走动几回，这样我们就可以成为老朋友了。

其二说：以前做梦在庐山的雾霭里游玩，今天终得一见，真的是庐山而不是梦，太好了。

这两首诗并不好，感觉好像在恭维庐山。最后，苏东坡写了首绝句："横看成岭侧成峰，到处看山了不同。不识庐山真面目，只缘身在此山中。"这首诗写得太好，竟然费尽了他对庐山的所有感情。或许多年以后，苏东坡终于可以跳出他人生的庐山，把自己看得更清楚。而那一刻在他嘴上喃念的，也一定是这一句。

记游松风亭

余尝寓居惠州嘉祐寺[1][2]，纵步松风亭下[3]，足力疲乏，思欲就林止息。望亭宇尚在木末[4]，意谓是如何得到？良久忽曰："此间有什么歇不得处！"由是如挂钩之鱼，忽得解脱。若人悟此，虽兵阵相接，鼓声如雷霆，进则死敌[5]，退则死法[6]，当什么时也不妨熟歇[7]。

注释

① 寓居：寄居，居住。

② 嘉祐寺：在广东惠州。

③ 纵步：随意散步。

④ 木末：树梢。

⑤ 死敌：被敌军打死。

⑥ 死法：被军法处死。

⑦ 熟歇：充分休息。

译文

我曾寄居在惠州嘉祐寺，一天，我在松风亭附近随意散步，觉得双脚疲乏至极，于是想到亭子里休息。远远看见松风亭的屋檐还在树林的远处，心想什么时候才能走到啊？过了好久转念一想，忽然悟到："这儿为什么不能休息呢！"我一下子明白过来，就好像是上钩的鱼儿，忽然得到解脱。如果人能领悟到这一点，即便是在短兵相接的战场上，战鼓声大如雷霆，冲上去就会被敌人打死，退回来就要被军法处死，此时也不妨先好好休息一下。

评析

《记游松风亭》是苏东坡游记中颇得意境之妙的一篇文章，尽管它寥寥不足百字。舍却和淡然是这篇文字的主题，但是苏东坡没有大费唇舌地去论述它们，而是取了一个小小的经历来表达。人常谓："死生，亦大矣！"但是，按照苏东坡在这里的言论，就算在短兵相接、擂鼓天响的战场上，倘若困了，也不妨躺下来熟睡。这是何等境界！

虽然也许没有人愿意去这么做，但这个道理却有莫大的益处，对于心性的陶冶也不无帮助。在惠州的苏东坡一定不会像刚入京师的时候那般，将人事所给予的宠辱放在心上了，所以才有这样的一篇文字——《记游松风亭》。

儋耳夜书[1]

己卯上元[2]，余在儋耳，有老书生数人来过，曰："良月佳夜，先生能一出乎？"予欣然从之。步城西，入僧舍，历小巷，民夷杂揉[3]，屠酤纷然[4]，归舍已三鼓矣。舍中掩关熟寝，已再鼾矣。放杖而笑，孰为得失？问先生何笑；盖自笑也，然亦笑韩退之[5]钓鱼无得，更欲远去。不知钓者，未必得大鱼也。

注释

① 儋耳：今海南儋州。西汉时设置儋耳郡，后改为儋州。

② 己卯上元：宋哲宗元符二年正月十五。上元节又称元宵节。

③ 民夷杂揉：指汉人和少数民族相杂。揉：杂，错杂。杂揉，现多作"杂糅"。

④ 屠酤纷然：卖肉的和卖酒的小贩很多。

⑤ 韩退之：韩愈，字退之，唐代文学家。

译文

己卯年元宵节，我在儋耳，有几个老书生过来访问我，说："这样好的月夜，先生可以一起出去游玩一趟吗？"我高兴地跟随

他们出去。走到城西门，进入僧人住所，经过小巷，看到汉人和少数民族混杂在一起，卖肉和卖酒的商贩有很多，等回到住处已是三更了。家中的人已经关门熟睡，鼾声一声接着一声传来。我放下拐杖大笑，什么是得什么是失呢？如果问我为什么笑，大概是自己笑自己吧，同时也笑韩愈教人钓不上鱼便到更远的地方去。他不知道钓鱼的人，未必都想钓到大鱼。

评 析

一个人的生命如果以干支纪年的方法来计算的话，是很有趣的。就算再长寿的人，也难以活到一百岁，而一旦过了六十岁，这种重逢的念头就会在当事人的心上唤出一种悲天悯人的意味，就像我们往往会因为今年的秋天想到去年的秋天和那时的心情。这时候的苏东坡，也一定在默默总结着自己过去的人生。至于剩下的日子有多少，他自己也不清楚。文中写苏东坡在夜里回到家放杖而笑，他为什么笑？其实苏东坡的“自笑”，意思似乎比较容易理解：多少有一些自嘲的意味，他是笑自己没有摆脱患得患失的心态，不能超然物外。

忆王子立

仆在徐州，王子立、子敏皆馆于官舍[①]，而蜀人张师厚来过[②]，二王方年少，吹洞箫饮酒杏花下。明年，余谪黄州，对月独饮，尝有诗云：“去年花落在徐州，对月酣歌美清夜。今日黄州见花发，小院闭门风露下。”盖忆与二王饮时也。张师厚久已死，今年子立复为古人，哀哉！

注释

① 馆：住。

② 过：拜访，访问。

译文

我在徐州，王子立、王子敏都住在官舍，同乡蜀人张师厚来访，王子立和王子敏正是青春年少也来会客，在杏花树下吹箫饮酒。第二年，我被贬黄州，一个人对月饮酒，不禁想起与王子立和王子敏一起喝酒的情景，吟诗道："去年花落在徐州，对月酣歌美清夜。今日黄州见花发，小院闭门风露下。"张师厚已经去世多年，今年王子立又不幸英年早逝，真是让人悲伤啊！

评析

本文第一句首先回忆了在徐州与王子立、王子敏和张师厚在一起饮酒吹箫的欢乐场景。文章第二部分淡淡提了一下第二年自己所作的一首诗。那时，苏东坡遭乌台诗案之祸，被贬黄州。这次事件是苏东坡生命中的一个转折点。这次事件之后他远离亲人，故友大多也不敢跟他往来，于是其所写诗中充满孤寂落寞之感。文章的第三部分看似是很平常的一句叙述性话语，实则不然。苏东坡不写自己肝肠寸断、泪流满面，而是写到"哀哉"二字戛然而止，留下无数悲哀让读者想象体会，这正是此文之妙所在。想到曾经那么美好的场景，今日之别更显悲伤。一味写乐易流于轻浮，一味写哀又太过沉闷。以美写哀，以乐衬哀，方可见乐之愈乐，哀之愈哀。

黎檬子[①]

吾故人黎錞[②]，字希声，治《春秋》有家法，欧阳文忠公喜之。然为人质木迟缓[③]，刘贡父戏之为“黎檬子”[④]，以谓指其德，不知果木中真有是也。一日联骑出，闻市人有唱是果鬻之者[⑤]，大笑，几落马。今吾谪海南，所居有此，霜实累累，然二君皆入鬼录[⑥]。坐念故友之风味，岂复可见！刘固不泯于世者，黎亦能文守道不苟随者也[⑦]。

注 释

① 黎檬子：又称广东柠檬，芸香科，常绿灌木或小乔木；果球形，黄或红色，皮薄，果肉极酸；分布在广东、海南、广西等地。在本文中，指刘攽给黎錞起的外号。

② 黎錞：字希声，宋代广安（今属四川）人。

③ 质木迟缓：木讷老实，反应慢。

④ 刘贡父：北宋史学家，名攽，字贡父，号公非，临江新喻（今江西新余）人，庆历进士。

⑤ 唱是果鬻之：高声大叫着卖这种果子。唱：高呼。鬻：卖。

⑥ 二君皆入鬼录：刘贡父和黎錞都已经去世。

⑦ 不苟随：不苟且随同一般人。

译 文

我有个老朋友名叫黎錞，字希声，他研究《春秋》，而且有师徒一脉相传的治学方法，欧阳修非常看重他。然而他木讷老实，不善交际，刘贡父便戏称他为“黎檬子”，以形容他的性格比较木讷，却不知道真有叫这个名字的水果。一天，我们三个人一块骑马出去，听到集市上有人高声叫卖“黎檬子”，大笑之下差点儿从马上摔下去。如今，我被贬到偏远的海南岛，所居住的地方房前屋后都有黎檬子，树上结得满满的，但是黎錞、刘贡父两位老朋友都已去世。只留下我独自坐着回忆以前与老友在一起的时光，那些时光哪能再有呢！刘贡父固然是一个不入俗世的人，黎錞也是一个能够研习文字、遵循自然之道、不随世俗的人啊。

评 析

苏东坡被贬到海南时，因为看到房前屋后的黎檬子，回想起两位故友黎錞和刘贡父，从而写下此文。黎錞的绰号是刘贡父取的，当时还不知道真有叫这个名字的水果。如今因二人均已去世，苏东坡感叹与老友在一起的时光再也没有了。文末对刘贡父和黎錞二人的评价简单而概括，两人都不是流于世俗之人，苏东坡亦不是同流合污之人。

记刘原父语[1]

昔为凤翔幕，过长安，见刘原父，留吾剧饮数日。酒酣，谓吾曰：“昔陈季弼告陈元龙曰[2][3]：‘闻远近之论，谓明府骄而自矜。’元龙曰：‘夫闺门雍穆[4]，有德有行，吾敬陈元方兄弟；渊清玉洁，有礼有法，吾敬华子鱼[5]；清修疾恶[6]，有识有义，吾敬赵元达[7]；博闻强记，奇逸卓荦[8]，吾敬孔文举[9]；雄姿杰出，有王霸之略，吾敬刘玄德。所敬如此，何骄之有？余子琐琐[10]，亦安足录哉！’”因仰天太息[11]。此亦原父之雅趣也。吾后在黄州，作诗云：“平生我亦轻余子，晚岁谁人念此翁？”盖记原父语也。原父既没久矣[12]，尚有贡父在，每与语，今复死矣，何时复见此俊杰人乎？悲夫！

注 释

① 刘原父：名敞，字原父。庆历年间进士。

② 陈季弼：东汉末年人，名矫，字季弼，广陵东阳（今属江苏句容）人。

③ 陈元龙：三国下邳（今江苏睢宁西北）人，名登，字元龙。举孝廉。陶谦为徐州牧，任为典农校尉。后从曹操，被任为广陵太守。吕布被诛后，因功加封伏波将军。

④ 雍穆：和睦的意思。

⑤ 华子鱼：华歆，字子鱼，三国时期平原高唐（今属山东禹

城）人。东汉末举孝廉，任尚书郎。献帝时任豫章太守。魏文帝时任司徒。

⑥ 清修疾恶：操行高洁，憎恨恶言恶行。

⑦ 赵元达：赵昱，字元达，东汉末年琅邪（今称琅琊，属山东临沂）人。清己疾恶，潜志好学。

⑧ 卓荦：超绝；特出。

⑨ 孔文举：孔融，字文举，汉末文学家。

⑩ 琐琐：卑微、细小的样子。

⑪ 太息：叹息。

⑫ 没：同“殁”；死。

译文

昔日我赴任陕西凤翔府签判，路过长安时，认识了刘原父，他留我一起豪饮了好几天。酒酣耳热之际，刘原父对我说：“陈季弼曾对陈元龙说：‘经常听到远近的议论，说是明府您骄傲自大。’陈元龙回答说：‘家人相处和睦，德行兼备，因而我敬重陈元方兄弟；华子鱼渊清玉洁，讲究礼法，我也特别敬重他；赵元达操行高洁而厌恶贪佞，有见识，讲义气，我也很敬重他；孔文举博闻强记，举止飘逸而德才兼备，我也非常敬重他；刘备姿态雄奇，行为杰出，有王者称霸于世之谋略，也是我敬佩的人。我敬重的是这样的人，我有什么值得骄傲的呢？其他人都渺小卑微，不值一提！’”说完上述这番话，刘原父仰天长叹。这也是刘原父的高雅志趣所在啊。后来我在黄州，曾作诗道：“平生我亦轻余子，晚岁谁人念此翁？”这便是追思刘原父的话有感而发的。刘原父已经

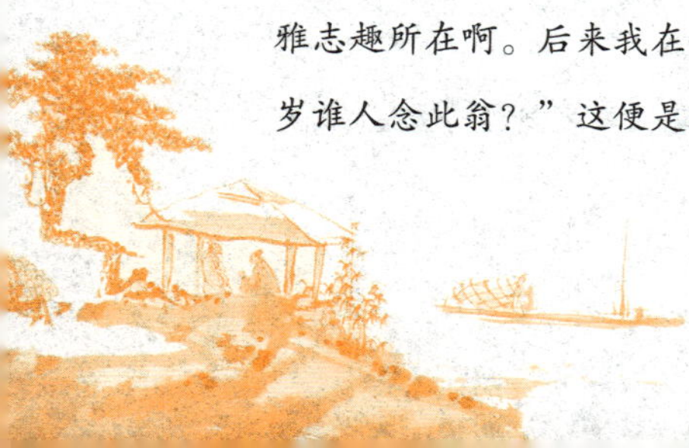

逝去多年了，当时还有他的弟弟刘贡父在世，我经常与他畅谈。如今，刘贡父也去世了，何时才能再见到如此杰出的人物呢？真是令人悲叹啊！

评 析

此文是苏东坡为追忆昔日好友而作。文末，苏东坡惋惜刘原父、刘贡父兄弟两人已经不在人世，慨叹："何时复见此俊杰人乎？悲夫！"深深的悲叹寄托着苏东坡对于失去人中俊杰的痛惜与遗憾，抒发了苏东坡对故友的无限怀念之情。另外，刘原父借陈元龙之语品评历史人物，苏东坡称赞这番品评，实际上这也代表了苏东坡本人对于历史人物的看法。正所谓英雄所见略同。对待历史人物，好恶臧否，自能看出品评者的见解与人格。

怀古篇

广武叹[1]

昔先友史经臣彦辅谓余[2]：“阮籍登广武而叹曰[3]：‘时无英雄，使竖子成其名！’岂谓沛公竖子乎[4][5]？”余曰：“非也，伤时无刘、项也，竖子指魏、晋间人耳。”其后余闻润州甘露寺有孔明、孙权、梁武、李德裕之遗迹[6][7][8][9]，余感之赋诗，其略曰：“四雄皆龙虎[10]，遗迹俨未刓[11]。方其盛壮时，争夺肯少安？废兴属造化，迁逝谁控抟[12][13]？况彼妄庸子，而欲事所难。聊兴广武叹，不得雍门弹[14]。”则犹此意也。今日读李太白《登古战场》诗云：“沈湎呼竖子[15]，狂言非至公[16]。”乃知太白亦误认嗣宗语，与先友之意无异也。嗣宗虽放荡，本有意于世，以魏、晋间多故，故一放于酒，何至以沛公为竖子乎？

注 释

① 广武：在今河南荥阳市东北广武山上，有东西二城，相距二百步，中隔广武涧。

② 史经臣：字彦辅，宋代眉山（今属四川乐山）人。

③ 阮籍：三国魏文学家、思想家，字嗣宗。

④ 沛公：指汉高祖刘邦。

⑤ 竖子：小子，对人的蔑称。

⑥ 润州：州名，今属江苏镇江。

⑦ 甘露寺：相传三国吴孙权建，在今镇江北固山上。

⑧ 梁武：梁武帝萧衍，字叔达，南朝梁的建立者。

⑨ 李德裕：字文饶，唐大臣。

⑩ 四雄：指前文中的孔明、孙权、梁武和李德裕。

⑪ 刓：磨损、破坏。

⑫ 迁逝：变化和逝去。

⑬ 控抟：控制。

⑭ 雍门弹：雍门在今陕西咸阳。战国时齐人有叫周的，居雍门，就以此为号，称雍门周，擅长弹琴。

⑮ 沈湎：即沉湎。指嗜酒无度。

⑯ 非至公：不能称为最公平的。

译 文

从前亡友史经臣对我说："阮籍登上广武城而慨叹说：'时代没有英雄，才让小子建立功名！'莫非他认为刘邦是小子？"我说："不是，他悲伤自己生活的时代没有刘邦、项羽，小子是指魏晋之间没有出现这种英雄。"后来听说润州甘露寺有诸葛亮、孙权、梁武帝、李德裕的遗迹，我有感而赋诗写道："四位英雄如龙虎，遗迹仍存未湮灭。当他们强盛时，多少争夺岂肯停！失败兴盛由天定，世事转变谁控制？何况那些无能庸碌人，妄想冲破大难建大业。聊效广武发慨叹，难像雍门周善弹古琴挑动君王心。”这诗反映的意思与阮籍的广武叹意思相同。今日读李太白《登古战场》诗云：“醉时高呼刘邦是小子，酒癫乱评不公正。”才知李白也误会了阮籍的话，与亡友意见相同。阮籍虽放浪，但他本有救世之志，因为魏晋之间重大事件不断发生，所以借酒放任以逃避，何至于会把刘邦当作小子呢？

评 析

阮籍所说“时无英雄，使竖子成其名”的“竖子”到底指谁，历史上众说纷纭。李白的理解竖子指刘邦，苏东坡认为指的是魏晋间人，洪迈的看法与苏东坡相似。元代文学评论家萧士赟则另立一说：“时无英雄者，非指汉高也。盖谓所遭之时，炎汉之末，桓、灵之君，无英雄之材，卒使神鼎暗移于臣下也。‘竖子’者，指曹氏父子，籍之兴叹者，此耳。”萧说明显站不住脚，比较三个人的说法，苏东坡的说法较为可靠。

涂巷小儿听说三国语

王彭尝云[1]：“涂巷中小儿薄劣[2]，其家所厌苦，辄与钱，令聚坐听说古话[3]。至说三国事，闻刘玄德败，颦蹙有出涕者[4]；闻曹操败，即喜唱快。以是知君子小人之泽，百世不斩[5]。”彭，恺之子，为武吏，颇知文章，余尝为作哀辞[6]，字大年。

注释

① 王彭：字大年，太原人。

② 薄劣：顽皮。

③ 古话：即民间的说书艺术，宋代称“话本”。

④ 颦蹙：皱着眉头，表示忧愁。

⑤ 君子小人之泽，百世不斩：《孟子·离娄下》说：“君子之泽，五世而斩；小人之泽，五世而斩。”斩：断绝，尽。

⑥ 哀辞：一种文体，用于对死者的哀悼，多用韵文。

译文

王彭曾经说：“街坊邻居一些人家的小孩很顽皮，家里人嫌烦时，就给他点钱，让他去和别的孩子一起听故事。说到三国时期的事情，听到刘备打了败仗时，有的小孩就皱着眉头伤心流泪；听到曹操打了败仗时，则高兴地拍手称快。从中就能知道，君子的功业和小人的事迹，对后世的影响百代不断。”王彭，是王恺之子，是个武吏，也很知晓文章，我曾为他写过哀辞，他的表字是大年。

评析

所谓说书，是衍生自唐传奇的一种文艺形式，在宋代已经蔚然成风，有了专门的场合。在说书的行当兴起之后，三国变成了漫谈的对象，并且说书人为了卖座就喜欢添加一些内容赚取听众感情。鉴于此，必然要在刘备、曹操两人中营造出一个让人或好或恶的对比来。于是，有着汉皇室血统的刘备变成了正派一方的首选，而曹操因为做事不择手段而被形容为狡猾又偏偏可以成事的奸雄。可是，刘备就真的是君子、曹操就真的可以算作小人吗？我们如今来看，恐怕并非如此。我们对历史人物的评价要客观公正。

修养篇

养生说

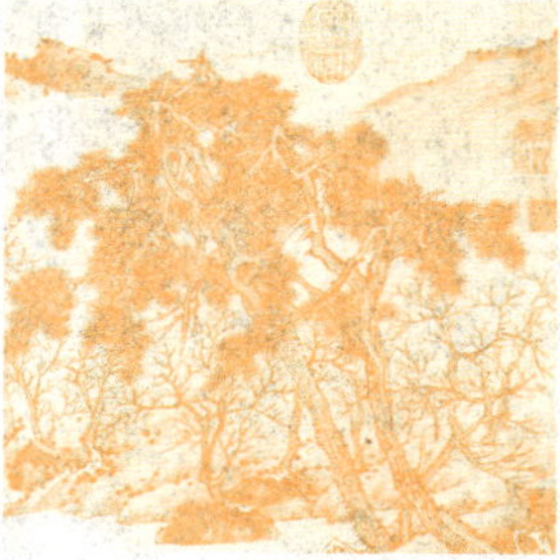

已饥方食，未饱先止[①]。散步逍遥，务令腹空。当腹空时，即便入室，不拘昼夜[②]，坐卧自便，惟在摄身[③]，使如木偶。常自念言：“今我此身，若少动摇，如毛发许，便堕地狱。如商君法[④]，如孙武令[⑤]，事在必行，有犯无恕。”又用佛语及老聃语[⑥]，视鼻端白[⑦]，数出入息[⑧]，绵绵若存，用之不勤。数至数百，此心寂然，此身兀然，与虚空等，不烦禁制[⑨]，自然不动。数至数千，或不能数，则有一法，其名曰“随”：与息俱出，复与俱入，或觉此息，从毛窍中，八万四千，云蒸雾散，无始以来[⑩]，诸病自除，诸障渐灭[⑪]，自然明悟。譬如盲人，忽然有眼，此时何用求人指路？是故老人言尽于此。

注释

① 未饱先止：还没吃饱时，就停下来。不能吃得太饱。

② 不拘：不拘泥，不限制。

③ 摄身：收敛身子。

④ 商君：商鞅，战国时期政治家，卫国人。公孙氏，名鞅，也称卫鞅。

⑤ 孙武：春秋末年军事家，字长卿，齐国人。

⑥ 老聃：相传即老子。老子，春秋时期思想家，道家的创始人，姓李名耳，字伯阳，楚国苦县（今河南鹿邑东）人。

⑦ 视鼻端白：看着自己的鼻子尖。

⑧ 数出入息：数着自己呼吸的次数。

⑨ 不烦禁制：不用控制自己。

⑩ 无始：佛家语。指一切世间，若众生，若法，皆无有始。

⑪ 障：障碍、烦恼。

译文

已经饿了才吃东西，但要有节制，不能吃得太饱。饭后要自由自在地散步，令腹中的食物消化。当腹中的食物消化后肚子有些空时，就可回到房里做静功，不管是白天还是夜晚，也不管是用坐式还是用卧式，各人自便，只要收敛身子，像木头人一样丝毫不动就可以了。心中要常常默念："今我此身，若少动摇，如毛发许，便堕地狱。如商君法，如孙武令，事在必行，有犯无恕。"按照佛家所说的法门和老子所讲的语言结合起来做，看着自己的鼻尖，数着自己呼吸的次数，意念微弱绵绵保留，若有若无数算气息，唯顺其自然，不要过分用心操劳。数到几百次之后，心里寂然如虚空，身体兀然如山石，不用刻意控制，身心就自然安然不动了。数到几千次之后，或者无力再数下去时，就另有一个方法应付，其名字叫“随”：当呼气时心也随之同出，当吸入时心也随之同入，有时候感觉气息好似云雾蒸发散发到全身无数毛孔中。做到这种地步，长久以来的种种病痛和障碍都得以渐渐消除，心里也自然明白而开始觉悟了，就好像盲人忽然眼睛能看见了一样，用不着再让别人指路了。因此我的谈话到此终结。

评 析

苏东坡可以说是养生大家，他对养生的研究颇深，写有《问养生》《养生偈》《续养生说》《论修养寄子由》《养生说》《书养生后论》等二十余篇关于养生的文章，并且还亲身实践养生理论。苏东坡在此文中提到的“已饥方食，未饱先止。散步逍遥，务令腹空”等，确实是养生的要诀。

论雨井水

时雨降，多置器广庭中[①]，所得甘滑不可名[②]，以泼茶煮药[③]，皆美而有益，正尔食之不辍，可以长生。其次井泉甘冷者，皆良药也。《乾》以九二化，《坤》之六二为《坎》，故天一为水。吾闻之道士，人能服井花水[④]，其热与石硫黄、钟乳等[⑤][⑥]，非其人而服之，亦能发背脑为疽[⑦]，盖尝观之。又分、至日取井水[⑧][⑨]，储之有方，后七日辄生物如云母状[⑩]，道士谓“水中金”，可养炼为丹，此固常见之者。此至浅近，世独不能为，况所谓玄者乎？

注释

① 置器：放置器皿。

② 甘滑不可名：甘甜、滑腻难以说清。

③ 泼茶：泡茶。

④ 井花水：清晨初汲的井水。也作“井华水”。

⑤ 石硫黄：一种矿物质，与钟乳皆可入药。

⑥ 钟乳：钟乳石，溶洞中自洞顶下垂的一种碳酸钙沉淀物。

⑦ 疽：毒疮。

⑧ 分：春分和秋分。

⑨ 至：夏至和冬至。

⑩ 云母：一种矿石。古人认为这种矿石是云的根，故名。

译文

应时的雨水下降，在庭院中多放置贮水器具，所得雨水甘甜润滑无法形容，如用来泡茶煮药，皆美味可口而有益，像这样长久饮用，可以长生。其次是井泉之水如果甘甜寒冷，也可以作为良药。《乾》卦以九二爻预示阳气将施，即将出自化育，《坤》卦之六二以变动能成《坎》卦，万物自太极天一皆源于水。我听道士说，人服井花水，所受热毒与石硫黄、钟乳毒性相同，身体无法承受的人喝了，也会在背部或脑部生出毒疮，他大约是见过的。又在春分、秋分、夏至、冬至的日子，取来井水，用较合理的方法储藏，七日后就会生出菌类物体如云母状，道士把它称为“水中金”，可培植冶炼为丹药，这肯定是常见的东西。如此浅近的做法，世间人却做不来，何况深奥玄妙的东西呢！

评析

用雨水煮茶，或许宋朝的雨水不像今天的雨水含有大量的尘土烟灰，或者是酸雨，但就今天看来，也是绝对不行的。首先，雨滴的形成要借助于一定的凝结核，而这些凝结核就是大气里的尘埃颗粒，带着怎样的细菌，又有什么样的病菌都说不清。而苏东坡把这些雨水美曰“甘滑”，并且说经常喝会长生，实在过誉。把井水称为“甘冷”，并认为它有一定的药效，这是合理的，但绝不可以算作良药。在近代西方医学里，曾经有以矿物质水治病的传统，但是功效往往不像想象中那样神奇，所以井水或是泉水医人治病更多的不过是人们所传的一种流言，不足信。

论修养帖寄子由[①]

任性逍遥，随缘放旷[②]，但尽凡心，别无胜解[③]。以我观之，凡心尽处，胜解卓然[④]。但此胜解不属有无，不通言语[⑤]，故祖师教人到此便住。如眼翳尽[⑥]，眼自有明，医师只有除翳药，何曾有求明药？明若可求，即还是翳。固不可于翳中求明，即不可言翳外无明。而世之昧者，便将颓然无知认作佛地，若如此是佛，猫儿狗儿得饱熟睡，腹摇鼻息，与土木同，当恁么时，可谓无一毫思念，岂谓猫狗已入佛地？故凡学者，观妄除爱，自麤及细，念念不忘，会作一日，得无所住。弟所教我者，是如此否？因见二偈警策[⑦]，孔君不觉耸然，更以闻之。书至此，墙外有悍妇与夫相殴，詈声飞灰火[⑧]，如猪嘶狗嗥。因念他一点圆明[⑨]，正在猪嘶狗嗥里面，譬如江河鉴物之性，长在飞砂走石之中。寻常静中推求，常患不见，今日闹里忽捉得些子[⑩]。元丰六年三月二十五日。

注释

① 子由：苏东坡弟苏辙，北宋文学家，字子由，与苏洵、苏东坡合称“三苏”，都被列入“唐宋八大家”。

② 旷：心境开阔，旷达。

③ 胜解：极好的解释。

④ 卓然：卓越。

⑤ 不通言语：不使用语言。

⑥ 翳：眼睛上长的膜。

⑦ 偈：佛经中的唱词。

⑧ 詈：谩骂。

⑨ 圆明：圆满明觉，是见性成佛的途径。

⑩ 些子：一点；一些。

译 文

尽其天性徜徉自适，随机敞开怀抱，只须去尽俗世利欲之念，并没有其他优论妙解。据我观察，俗世利欲心念消失之处，妙悟立即清晰明了。唯此妙法有即无、无即有，不需要用语言来表达，因此祖师教人到此便停。例如眼睛的障碍消除，眼睛自会看到光明，医师只有治疗视力损坏、除去阻碍之药，何尝有求取眼睛明亮之药？光明之药如果可以求取，即心灵仍然受遮蔽。肯定不可在受遮蔽中求取光明，就不可说遮蔽之外无光明。世上愚昧的人，将疲惫昏睡认作入佛之境，如果这就是佛，那么猫狗吃饱熟睡，腹部随呼吸一起一伏，与土偶、木像并无区别，当此之时，可说没有一丝毫的知觉，难道说猫狗已经进入禅定境地？因此凡是学者，想观察妄执除去爱欲，自粗略至精细都念念不忘，那么即使辛苦一天，仍然会毫无收获。弟弟教我的，是否就是如此？因见两条佛偈和精警策语，毛孔不觉随之耸起，特意告诉你这时我的感受。写到这里，墙外传来泼辣妇人与其丈夫斗殴的声音，他们的叫骂声暴烈如烟灰星火，又如猪嘶狗吠。因念这当中有一点儿本心自性存在于猪嘶狗吠里面，就像江河照物之性，永远是在飞沙走石之中出现。这种感受在闲常静寂之中去推度寻求，常常遗憾找不到，今日在吵闹声中忽然能捕捉到一点儿。元丰六年三月二十五日。

评 析

禅修之心得和境界，古人常说得虚无缥缈，令俗人听了摸不着头脑。苏东坡与弟苏辙讨论，是从具体生活中感悟，可谓深入浅出。苏东坡学识极其渊博，儒、道、释无所不通，这篇论述佛学修养的文章，虽然写得有些戏谑，但确实是悟到了佛家真谛。

导引语[①]

导引家云："心不离田，手不离宅[②]。"此语极有理。又云："真人之心[③]，如珠在渊[④]，众人之心，如泡在水[⑤]。"此善譬喻者。

注 释

① 导引：古代的一种养生术。主要以呼吸俯仰、屈伸手足，使血气流通，促进身体健康。也作"道引"。

② 心不离田，手不离宅：修身养性的要诀。田：丹田。

③ 真人：道家称"修真得道"或"成仙"的人。

④ 如珠在渊：像珍珠藏在深深的潭水中。

⑤ 如泡在水：像气泡在水里一样。

译 文

养生术说："心守丹田，手常摩面。"这句话说得很有道理。还说："真人的心，像珍珠藏在深深的潭水中，而大多数人的心，像气泡在水里一样。"这是一个非常美妙的比喻。

评 析

所谓导引家，大概指的是气功师之类的人。中国人对精、气、神的研究可谓是抽象又深入，以至于我们自己也说不清这其中的奥妙，也难怪西方人会把气功当作一种玄之又玄的神仙之术了。即使是这样，养气和调理的实际功用还是客观存在的，苏东坡在这一小记中记录的导引语就是其中一个很好的成果。“心不离田，手不离宅”，表面意思就是心守丹田，手常摩面。当然，这里所谓心，一定指的是心智或是脑部的活动。但这只不过是语言层面的意思，在实际的操作演练之中，能够做到心守丹田是很难的，因为人的大脑是最容易受到干扰而产生各种情绪的器官，而情绪会影响大脑发出的指令。苏东坡称精、气、神为三宝，视丹田为贮藏精、气、神的所在，因此很重视丹田的意义，把它看作“性命之根本”。

录赵贫子语

赵贫子谓人曰：“子神不全①。”其人不服，曰：“吾僚友万乘②，蝼蚁三军③，糠秕富贵而昼夜生死④⑤，何谓神不全乎？”贫子笑曰：“是血气所扶⑥，名义所激，非神之功也。”明日问其人曰：“子父母在乎？”曰：“亡久矣。”“尝梦见乎？”曰：“多矣。”“梦中知其亡乎？抑以为存也⑦？”曰：“皆有之。”贫子曰：“父母之存亡，不待计议而知者也。昼日问子，则不思而对；夜梦见之，则以亡为存。死生之于梦觉有间矣⑧，物之眩子而难知者⑨，甚于父母之存亡。子自以神全而不学，可忧也哉！”予尝与闻其语，故录之。

注 释

① 神不全：神气不完整。

② 僚友万乘：以皇帝为同僚好友。以此比喻自己地位高。万乘：指皇帝。

③ 蝼蚁：蝼蛄和蚂蚁。比喻力量微小或地位低微、无足轻重的人物。

④ 糠秕：米糠和瘪谷。比喻微末无用的人和物。

⑤ 昼夜生死：把生死看得如同白天黑夜的更替。

⑥ 扶：支撑。

⑦ 抑：还是，或者。

⑧ 间：距离。

⑨ 眩：眼花，看不清楚。引申为迷惑、迷乱。

译 文

赵贫子对人说：“你的神气不完整。”那人不服气地说：“我把万乘之君当作同僚朋友，把三军之众当作蝼蚁，视财富如糠秕，把生死当作昼夜转换般平常，怎能说我神气不全呢？”贫子笑着说道：“这是靠血气扶持罢了，是借助于名义激发的，并非神气的功劳。”第二天赵贫子又问他：“你父母在世吗？”答道：“去世多年了。”“曾梦见他们吗？”“梦见很多次呢。”“梦见时，知道他们去世了吗，还是认为他们仍然健在呢？”答道：“两种情况都有。”贫子说：“父母是存是亡，无须思考就知道了。白天问你，不必考虑就可回答；夜间发梦见到他们，却以为亡故的还在世。死生问题在梦与醒之间认知尚且有距离，则事物令你心迷目眩而无法理解的，比起确认父母健在与否更不易掌握。你自以为神气完整而不去学习，很是令人忧心啊！”我曾经在座听见了他们的讨论，所以记下了他们说的话。

评 析

本文中的赵贫子颇似怀疑论者，但也是有道之人。父母故去的人在睡梦中经常会忘记父母已经去世了。他从这出发引出“死生之于梦觉有间矣，物之眩子而难知者，甚于父母之存亡”。这种观点抛出后让人哑口无言。人们经常会对眼前的事物视若无睹，但倘若有人问起又回答不出。因此，人们应该多多学习并培养探索精神。

养生难在去欲①

昨日太守杨君采、通判张公规邀余出游安国寺②，坐中论调气养生之事。余云：“皆不足道，难在去欲。”张云：“苏子卿啮雪啖毡③④⑤，蹈背出血，无一语少屈⑥，可谓了生死之际矣⑦，然不免为胡妇生子，穷居海上⑧，而况洞房绮疏之下乎⑨？乃知此事不易消除。”众客皆大笑。余爱其语有理，故为记之。

注 释

① 去欲：抛弃欲念。

② 安国寺：位于黄州（今属湖北黄冈）城南。

③ 苏子卿：苏武，西汉杜陵（今陕西西安）人，字子卿。

④ 啮：咬。

⑤ 啖：吃。

⑥ 无一语少屈：没有说一句稍微屈服的话。

⑦ 了：通达。

⑧ 海上：即北海，今贝加尔湖一带。

⑨ 绮疏：雕刻着花纹的装饰品。绮：有花纹或图案的丝织品。疏：雕刻。

译文

昨天，太守杨君采、通判张公规邀请我一起去安国寺游玩，在座谈中谈论到有关养生的事。我说：“别的都不足一提，最难的是抛弃欲念。”张公规说：“苏武在匈奴靠吃雪解渴，吃毛毡顶饿，别人为了救他便踩踏他的背以便让瘀血流出来，在这种情况下他都没有说一句稍微屈服的话，可以说这时的他已看透生死，但是依然免不了要与胡妇生子。他当时在北海过着困苦的生活，更何况在洞房之中呢？可见抛弃欲念并不容易办到。”大家听了都哈哈大笑。我觉得他说得挺有道理，就记录了下来。

评析

苏东坡深知佛家所说的“少欲知足”之理。在《养生难在去欲》一文中，苏东坡讲到跟朋友到安国寺游玩时，与朋友在一起谈论养生之事，他说：“皆不足道，难在去欲。”大家都认可他的观点，张公规还举出苏武在流放漠北、啮雪啖毡的生死关头还免不了要娶妻生子的例子加以说明。暂且不管其说是否属实，但养生难在去欲确实是事实。苏东坡在去除欲望的基础上，提出了“安分以养福，宽胃以养气，省费以养财”这样三条养生原则。“安分”即安守本分，不胡思乱想，胡作非为；“宽胃”即少吃东西，让胃没有负担；“省费”即节省费用，过简单朴素的生活。现代社会中，很多人喊着减肥口号，心里却惦记着美食佳肴，这难道不是欲望吗？很多人为房子、车子等整天奔波劳累，劳神伤身，这都是因为欲望过多。如此看来，养生难在去欲，我们不仅要在饮食上控制欲望，还要在思想上去除欲望，这样才能真正达到养生的效果。

乐天烧丹[1]

乐天作庐山草堂[2]，盖亦烧丹也，欲成而炉鼎败。来日，忠州刺史除书到[3]。乃知世间、出世间事[4]，不两立也。仆有此志久矣，而终无成者，亦以世间事未败故也，今日真败矣。《书》曰：“民之所欲，天必从之[5]。”信而有征[6]。

注 释

① 乐天：白居易，字乐天。唐代诗人。

② 庐山草堂：在庐山香炉峰下遗爱寺。

③ 除书：授官的诏令。

④ 世间、出世间：世间指做官，出世间指成仙升天。

⑤ 民之所欲，天必从之：百姓想得到的，上天一定会让他们遂愿。

⑥ 征：征兆。

译 文

白居易住在庐山草堂，大概他也在炼丹，眼看就要成功的时候丹炉却裂开了。第二天，忠州刺史授官的诏令到了。方知做官和成仙是势不两立的。我有成仙升天之志很久了，但始终没有实现，也是因为我在官场上没有完全失败，今天彻底失败了。《尚书》说："百姓所想办的事，上天会遂顺他们。"相信是有征兆的。

评 析

文人的出路，无非仕和隐。向往官仕的人居多，这倒不一定是儒家思想使然，更多的是人对于名利的偏好。心里想着隐居的人占少数，并且其中多是一些文人精英，他们待在山谷的角落里，开拓自己的思想，发展自己的学术，或者是做一点打发时间的事情，比如说炼丹。苏东坡本人并不一定像他宣扬的那样喜欢退隐，否则的话，他也不会从年少就离家求官，把自己的一生都花费在政治里面了。

赠张鹗

张君持此纸求仆书，且欲发药。不知药，君当以何品[1]？吾闻《战国》中有一方[2][3]，吾服之有效，故以奉传。其药四味而已：一曰无事以当贵，二曰早寝以当富，三曰安步以当车，四曰晚食以当肉。夫已饥而食，蔬食有过于八珍[4]，而既饱之余，虽刍豢满前[5]，惟恐其不持去也。若此可谓善处穷者矣，然而于道则未也[6]。安步自佚[7]，晚食为美，安以当车与肉为哉？车与肉犹存于胸中，是以有此言也。

注 释

① 何品：什么品类。

② 《战国》：指《战国策》。

③ 方：秘方，方法。

④ 八珍：八种珍贵的食物，龙肝、凤髓、豹胎、鲤尾、鸮炙、猩唇、熊掌、酥酪蝉为八珍。此处泛指珍贵的食品。

⑤ 刍豢：泛指家畜。

⑥ 于道则未：道德修养还不够。

⑦ 佚：同“逸”，安乐、安闲。

译 文

张鹗拿着一张纸来请求我写几个字，想让我开个药方让他去抓药。我不了解药理啊，你应该用什么品类的药呢？我听说《战国策》中有一个药方，我服用了以后感觉很有效果，因此把它抄送给你。这药方中只有四味药：第一味是“无事以当贵”，第二味是“早寝以当富”，第三味是“安步以当车”，第四味是“晚食以当肉”。当人饥饿的时候，粗茶淡饭胜过八种珍肴，而在吃饱以后，即使面前摆着山珍海味，只怕也得让人撤下去。这样做，可以称为做到安贫乐道了，但于道术修养仍没达到标准。慢慢地走自然感觉安闲，肚子饿了再吃饭自然感觉美味，怎么就能把它等同于乘车和吃肉呢？这是由于人的心态好，就能感觉车子与肉食还在自己心中，所以才会有如此说法。

评 析

这段是苏东坡在黄州时所写，类似于日志。无事以当贵，早寝以当富，安步以当车，晚食以当肉，可见苏东坡现实的困窘和精神的旷达。可是，这段文字的重点不在此处，而在最后一句“车与肉犹存于胸中，是以有此言也”。确是内心中总存着无车无肉的遗憾，方才会想出精神胜利法来欺骗自我，以获取满足。苏东坡悟性极高，清醒地认识到这一点，“然则于道则未也”。这不是真正的旷达之“道”啊，这离真正的忘我境界还有距离呢。

记三养

东坡居士自今日以往，不过一爵一肉[①]。有尊客，盛馔则三之[②③]，可损不可增。有召我者[④]，预以此先之，主人不从而过是者，乃止[⑤]。一曰安分以养福，二曰宽胃以养气，三曰省费以养财。元符三年八月[⑥]。

注 释

① 一爵一肉：喝一杯酒，吃一个带肉的菜。

② 盛馔：丰盛的饭食。

③ 三之：三倍。之：指一爵一肉。

④ 召：召唤，呼唤。引申为邀请。

⑤ 乃止：就停下来。指不再吃菜，不再喝酒。

⑥ 元符：宋哲宗的年号。

译 文

我东坡居士自今天开始，只喝一杯酒，吃一个带肉的菜。有贵客来时，丰盛的饭食为三倍，但这个标准只可减少不能增加。有邀请我的，要预先把这个原则告诉他，主人不遵从而要超越这个标准的，我就不接受邀请。这样做一来可以养福，二来可以养气，三来可以节省费用。元符三年八月。

评 析

注重自身品行修养的人往往身心健康，苏东坡就是一个非常注重自己品行修养的人。他当官时，不但躬亲为民，而且非常注重以俭养廉。不管是在有着天堂美景的杭州当官，还是在偏远的海南岛当官，苏东坡都很注重自身的廉洁修养。他写的《记三养》，就遵循了淡泊明志、清心寡欲的原则，来践行养生之道。他所提倡的“三养”是把品行修养具体到每日的吃饭、饮酒上，颇具现实意义，值得我们借鉴。

谢鲁元翰寄暖肚饼[1]

公昔遗余以暖肚饼，其直万钱[2]。我今报公亦以暖肚饼，其价不可言。中空而无眼，故不漏；上直而无耳，故不悬；以活泼泼为内，非汤非水；以赤历历为外[3]，非铜非铅；以念念不忘为项，不解不缚；以了了常知为腹[4]，不方不圆。到希领取，如不肯承当，却以见还。

注 释

① 鲁元翰：鲁有开，字元翰，亳州谯（今属安徽亳州）人。

② 直：价值。

③ 历历：清晰分明。

④ 了了：明白，懂得。

译 文

鲁元翰赠送给我一种叫作“暖肚饼”的礼品，它的价值可以值万贯钱。我今天也拿暖肚饼回赠给他，其价值是不可言说的。这种饼中间是空的却看不见洞眼，因此不会漏；上面是直的却没有“耳朵”，因此不能悬挂；这种饼内部活泼，却既不是汤也不是水；外面红彤彤，却既不是铜又不是铅；以念念不忘为颈脖，却不用解开也不需捆缚；以聪明和知晓日常事物为腹，却既不方也不圆。这种东西送到时希望及时领取，如果你不肯接受，就请退还给我。

评 析

此文中的暖肚饼好像是一个“谜”，读来读去，依然不知道“暖肚饼”到底是什么东西，似乎被越“搅”越糊涂了。苏东坡与鲁元翰将这种令人不解的“暖肚饼”送来送去，究竟何意呢？我们不妨将它理解为一种隐伏于“谜语”之中的虚拟之物，或者理解为生性幽默的苏东坡拿这种谜语似的虚拟之物跟朋友开了个玩笑。当然，“暖肚饼”也有可能确有其物，只是苏东坡将其“异化”为一种处世哲学、

人生哲理了。这个“谜语”难以猜透，却饱含着苏东坡对朋友的深情厚谊。我们可以从本文的语言中学到很多形象可感、铿锵有力、饶有情趣、富有哲理的民间口语，以及这些口语在宋朝那个年代的文人笔下的运用方法。

辟谷说[①]

洛下有洞穴[②]，深不可测。有人堕其中不能出，饥甚，见龟蛇无数，每旦辄引首东望[③④]，吸初日光咽之，其人亦随其所向，效之不已，遂不复饥，身轻力强。后卒还家，不食，不知其所终。此晋武帝时事[⑤]。辟谷之法以百数，此为上，妙法止于此。能服玉泉[⑥]，使铅汞具体，去僊不远矣。此法甚易知易行，天下莫能知，知者莫能行，何则？虚一而静者，世无有也。元符二年，儋耳米贵，吾方有绝粮之忧，欲与过子共行此法，故书以授之。四月十九日记。

注 释

① 辟谷：不吃五谷。方士道家以此为修炼成仙的方法。

② 洛：洛阳。

③ 旦：早晨。

④ 引首：抬头，伸长脖子。

⑤ 晋武帝：即司马炎，晋朝的建立者，字安世，司马昭长子，继昭为魏国相国、晋王。不久代魏称帝，建立晋朝。灭吴后统一全国。

⑥ 玉泉：玉屑混于露水中。

译 文

洛阳有个洞穴，深不可测。有个人掉到洞穴里出不来，特别饿，看见许多乌龟和蛇，每到早晨就抬头向东望着，吸取清晨的日光吞咽下去，这个人也跟随它们的方向，不停地效仿，于是就不再感到饥饿了，而且身体很轻，力气很大。他后来终于回家，还是不吃东西，不知道他最终去哪儿了。这是晋武帝时期发生的事。不吃五谷的方法有数百种，这是最好的方法，没有比它更妙的方法了。能够吞服混着玉屑的露水，使铅和汞变为身体的一部分，那就离成仙不远了。这种方法简单易行，天下人没有不知道的，人们知道却做不到，这是为什么呢？因为世上很难有能够虚心、专一而冷静地观察事物的人。元符二年，儋耳的米卖得很贵，我这儿有断粮之忧，多次想和苏过践行辟谷方法，因此写下来给他。四月十九日记。

评 析

辟谷术，简单而言，即为不吃饭的方法。辟谷常常与服食药物、练气等连在一起，服食药物或者练气都能得到辟谷的效果。普通人之所以不能像“上古真人”那样长生不老，就是因为吃的五谷杂粮过多，后天吃的谷气多一分，先天的真气就少一分，人如果没有真气以后就会死。所以，如果人不吃饭，就能保全先天的真气，从而长生不老。现代人认为这种观点荒谬至极，但在当时想要成神仙的人看来这些却是常识，是基本理论，是“修真”的出发点和最后达到的境界。但是苏东坡在写此文时，他并非不想吃饭，而是确确实实穷困至极，已经吃不起饭了，无奈之下，不得不准备践行辟谷之法。

苏东坡向来都很幽默，生活越是穷困潦倒，他的幽默就越有意味。

记服绢[1]

医官张君传服绢方，真神仙上药也。然绢本以御寒，今乃以充服食[2]，至寒时当盖稻草席耳。世言着衣吃饭[3]，今乃吃衣着饭耶？

注释

① 服绢：把绢当作药吃。

② 充服食：当药和饭吃。

③ 着衣：穿衣服。

译文

医官张君有一个把绢作药吃的方子，可谓是神仙之药。本来丝绢是用来抵御寒冷的，现在却用来吃，寒冷时就应该盖稻草席了。现在既然衣服可以吃了，那是不是也应该把饭穿在身上呢？

评析

在这个小记里面，记载了一个姓张的医生给人开吃绢纱的药方，苏东坡对此提出了批评。他说，人们常说吃饭穿衣，现在既然衣服可以吃了，那是不是也应该把饭穿在身上呢？古代的医生由着性子乱给病人开方子的事情的确是有的，以至于现在看来，这些方子都很荒谬。苏东坡在这里所嗤笑的，恐怕也不仅仅是那个姓张的庸医，而是所有那些收着医资却以人命为儿戏的家伙。激浊扬清，这也算是一个有知识的人在蒙昧的社会里发挥他应有的作用了。

记养黄中[①]

元符三年，岁次庚辰[②]；正月朔[③]，戊辰；是日辰时，则丙辰也。三辰一戊，四土会焉[④]；而加丙与庚，丙，土母[⑤]，而庚其子也[⑥]。土之富[⑦]，未有过于斯时也。吾当以斯时肇养黄中之气[⑧]。过此，又欲以时取薤姜蜜作粥以啖[⑨]。吾终日默坐，以守黄中，非谪居海外[⑩]，安得此庆耶[⑪]？东坡居士记。

注 释

① 养黄中：养中和之气，指养心。

② 岁次：每年岁星所值的星次与其干支叫岁次。古代以岁星纪年，也叫岁次。

③ 朔：初一。

④ 四土会焉：天干戊己和地支辰戌丑未在五行中都属于土，所以称四土相会。

⑤ 丙，土母：丙是土之母。丙在五行中属火，土由火生。

⑥ 庚其子也：庚是土之子。庚在五行中属金，金由土生。

⑦ 土之富：指天干地支中许多土在此时相逢。

⑧ 肇：开始。

⑨ 啖：吃。

⑩ 海外：此处指海南岛。

⑪ 庆：幸福。

译 文

元符三年，岁属庚辰年。正月初一日，是戊辰日，这天早上三至五时，称为丙辰。这时三辰一戊，按五行来说恰好四土聚集，再加上丙与庚：丙，是土母，而庚是其子。五行中土之富盛，从未超越这一时刻。我应当在这一时刻开始养心，过了此时又想应当及时取薤菜、姜、蜜煮粥来吃。我整天静坐，守护心灵，如果不是被贬谪到山海之外居住，哪里有这么好的运气？东坡居士记。

评 析

《老子》曰：“祸兮福所倚，福兮祸所伏。”人生境遇祸福变化难以预料，苏东坡“非谪居海外，安得此庆”，是正言还是反语，值得人们去回味。

疾病篇

子瞻患赤眼

余患赤目[1]，或言不可食脍[2]。余欲听之，而口不可，曰：“我与子为口，彼与子为眼，彼何厚，我何薄？以彼患而废我食，不可。”子瞻不能决。口谓眼曰：“他日我痞[3]，汝视物吾不禁也。”管仲有言[4]：“畏威如疾，民之上也；从怀如流[5]，民之下也。”又曰：“燕安酖毒，不可怀也。[6]”《礼》曰：“君子庄敬日强，安肆日偷[7]。”此语乃当书诸绅[8]，故余以“畏威如疾”为私记云。

注 释

① 赤目：红眼病。

② 脍：切得很细的鱼和肉。

③ 痞：疟疾。

④ 管仲：即管敬仲，春秋初期政治家，名夷吾，字仲。

⑤ 从怀如流：服从安抚。怀：安抚。

⑥ 燕安酖毒，不可怀也：安逸享乐就像毒药，不可贪恋。

⑦ 君子庄敬日强，安肆日偷：君子只有庄重恭敬，德行才会一天天增强；如果安乐放肆，性情就会一天天苟且。

⑧ 当书诸绅：表示佩服地把这句话记在衣服的带子上，不敢遗忘。书：书写。诸：之于。绅：衣服上的带子。

译 文

我患上红眼症，有人说不可以吃肉。我想听从，但我的嘴反对，说："我是你的嘴，他是你的眼，为什么要如此的厚彼薄此？由于他害病而禁止我吃东西，这不应该。"子瞻我无法下决定。嘴对眼说："来日我喉痛不便进食，我不会制止你去观赏景物。"管仲曾说："像畏惧疾病那样敬畏天威的，是上等百姓；怀恋安逸跟随流俗，是下等人群。"又说："沉溺于安逸等于饮取毒药，不可以怀恋。"《礼》云："君子能够严肃持重精神就会一天比一天旺盛，安逸放肆会让人的精神一日比一日萎靡。"这些话应写在衣带上以防忘记，因此我以"畏威如疾"作为个人铭记。

评 析

人都会贪图享受，不喜劳苦，总会找各种理由来掩饰自己的好逸恶劳。苏东坡以寓言故事提醒自己，不可苟且偷安，否则只会沉沦。这是从红眼症延伸至人生的心理大病。

治眼齿

岁日，与欧阳叔弼、晁无咎、张文潜同在戒坛①②③。余病目昏，数以热水洗之。文潜曰："目忌点洗④。目有病，当存之⑤，齿有病，当劳之⑥，不可同也。治目当如治民，治齿当如治军，治民当如曹参之治齐⑦，治军当如商鞅之治秦。"颇有理，故追录之⑧。

注释

① 欧阳叔弼：名棐，欧阳修之子。

② 晁无咎：名补之，字无咎，济州巨野（今属山东）人。北宋诗人。

③ 张文潜：名耒，号柯山，北宋诗人。

④ 点：滴注。

⑤ 存：保养。

⑥ 劳：多加使用。

⑦ 曹参：西汉初年大臣。

⑧ 追录：事后补记。

译文

前天，与欧阳叔弼、晁无咎、张文潜一同在戒坛（佛教僧徒传戒之坛）。我有点目眩，准备用热水洗眼睛。张文潜说："眼睛不能用水洗。眼睛有病，应该让它休息保养，牙齿有病，应该多加使用，做法应当不同。治疗眼睛应像治理百姓，治疗牙齿应像治理军队，治理百姓应学习曹参之治理齐国的方法，治理军队应学习商鞅治理秦国的方法。”他说的话很有道理，因此事后补记下来。

评 析

此文以“目有病，当存之；齿有病，当劳之”为喻，说明“治民”与“治军”应有所不同：治民宜宽，治军宜严；治民应顺应自然，以清静无为的黄老之术为上，治军可用商鞅之法来严格管理。作者不满变法之义，隐含其中。

庞安常耳聩

蕲州庞君安常善医而聩[①②③]，与人语，须书始能晓。东坡笑曰：“吾与君皆异人也，吾以手为口，君以眼为耳，非异人乎！”

注 释

① 蕲州：地名。今属湖北蕲春。

② 庞安常：蕲水人，为当时名医。

③ 聩：聋。

译 文

蕲州的庞安常是个有名的医者，却耳聋，与人说话，必须用笔写才能知道。苏东坡笑着说：“我与你都是不一般的人，我以手为口，你以眼为耳朵，咱们都是不一般的人啊！”

评 析

以庞安常的生理缺陷，开玩笑谓之为异人，于常人或不适宜，但苏东坡巧妙地拉上自己作陪，加上庞安常大概心胸豁达，是一个可以面对嘲弄而不介意的人。这样，就等于间接欣赏庞安常医术高明外，还看到其个性宽大的优点。苏东坡将自己与聋人的交流，用“以手为口”“以眼为耳”概括，简洁而又形象。自称“异人”，又增几分戏谑。

梦寐篇

记梦参寥茶诗[1]

昨夜梦参寥师携一轴诗见过，觉而记其《饮茶诗》两句云："寒食清明都过了，石泉槐火一时新[2][3]。"梦中问："火固新矣，泉何故新？"答曰："俗以清明淘井[4]。"当续成诗，以记其事。

注 释

① 参寥：参寥子。见卷一《逸人游浙东》篇注释。

② 石泉：石井。

③ 槐火：以槐树为柴烧火。

④ 淘井：挖井。淘：开挖或疏通之意。

译 文

昨夜梦见参寥师拿一首诗给我，醒来记得他的《饮茶诗》有两句说："清明节都过去了，石井和槐火都是新的。"梦中问："火既然是新的，古井为何也是新的？"回答说："因为清明节有在那天洗井的风俗。”所以把这件事作成诗，用来记录我的梦境。

评 析

参寥子是苏东坡在他的诗文中提起次数最多的僧人。参寥本姓何，名昙潜，号参寥子，赐号妙总大师，杭州于潜（今浙江临安）浮溪村人。他是大觉怀琏弟子，云门宗下五世。他自幼出家，经藏、文史无所不读，擅长写文章，尤其喜欢作诗。参寥子比苏东坡小七岁，两人感情深厚，他对苏东坡既有敬仰之情，又有师生之谊。苏东坡去世后，他为苏东坡写了感情悲切而深沉的十四首诗组成的《东坡先生挽词》。诗文里写苏东坡当年在杭州佛教界结交的尽是高僧大德，他自己本具超凡的悟性，而现在人去物在，必将使后人睹物伤怀。

记梦赋诗

轼初自蜀应举京师，道过华清宫[1]，梦明皇令赋《太真妃裙带词》[2]，觉而记之。今书赠柯山潘大临邠老[3]，云：“百叠漪漪水皱[4]，六铢继继云轻[5][6]。植立含风广殿[7]，微闻环佩摇声。”元丰五年十月七日。

注 释

① 华清宫：在陕西西安临潼。唐贞观十八年（644）建汤泉宫，唐玄宗改名为华清宫，宫室园林满山，唐玄宗与杨贵妃每于冬季居此。

② 明皇：唐玄宗李隆基。

③ 潘大临：字邠老，齐安（今属湖北黄冈）人。北宋诗人、文学家。

④ 百叠：百折。形容有许多皱褶。

⑤ 铢：古代衡制中的重量单位。六铢，比喻分量极轻。

⑥ 縰縰：众多的样子。

⑦ 广殿：宽阔的大殿。

译 文

苏东坡当初由四川往京师应付科举考试，途经华清宫，梦见唐明皇令他撰赋《太真妃裙带词》，醒来记下此事。今日写下赠给柯山潘大临邠老，说："百褶裙如层层叠叠的弯弯的波纹，犹如六铢衣上无穷无尽的轻盈云絮。太真妃在空阔的含风殿中亭亭玉立，隐约可听到环佩摇动的声音。"元丰五年十月七日。

评 析

从古至今，大多数读书人穷其一生所追求的理想无非是"修身齐家治国平天下"，苏东坡也是如此。当初，年少才高的苏东坡到京城参加科举考试，路过华清宫时，想必是忆起了李白被唐明皇召进宫里为杨贵妃作诗的事。苏东坡极其渴望自己的才华学识也可以得到帝王的赏识，这一强烈的愿望在梦中得以实现。苏东坡梦见学富五车、才高八斗的自己，就像当年的李白一样，终于得到了皇帝的赏识，按照皇帝的旨意，他写下一首华丽的《太真妃裙带词》。我们可以想象，苏东坡定是多次做过这样的梦。在现实里，苏东坡的梦似乎是实现了，宋神宗喜欢苏东坡的文章。据宋神宗的一位近侍所说，每当皇帝举箸不食时，一定是在看苏东坡的文章。但凡有苏东坡一首新诗传进宫里，皇帝一定会当着大臣们的面大加赞赏。但是，宋神宗在位期间，苏东坡始终被贬在外，不得回朝。现实如此，苏东坡宁做梦中人，也就不足为怪了。

记子由梦[1]

元丰八年正月旦日，子由梦李士宁，草草为具[2]，梦中赠一绝句云：“先生惠然肯见客，旋买鸡豚旋烹炙[3]。人间饮酒未须嫌，归去蓬莱却无吃。”明年闰二月六日为予道之，书以遗过子[4]。

注 释

① 子由：苏辙。

② 草草为具：急匆匆地准备。

③ 烹炙：烹饪烧烤。

④ 遗过子：送给儿子苏过。

译 文

元丰八年正月初一，子由梦见李士宁，急匆匆地招待他，梦中他作了一首绝句说：“先生如果愿意相见，立即买鸡宰猪做饭。趁着有酒可以喝的时候无须疑惑，赶紧喝，只怕到了蓬莱那个地方连吃的都没了。”第二年闰二月六日子由把这件事告诉了我，我记录下来送给儿子苏过。

评 析

这一篇是苏东坡记录弟弟苏辙的梦，这梦是在元丰八年做的。这一年，宋神宗死了，宋哲宗继位。五月的时候新皇帝的一纸调令把苏东坡从黄州放到了登州，也就是蓬莱做太守，同时还恢复了苏东坡京城谏官的职位。这对于久居江湖的苏东坡来说，是一个好消息。李士宁是当时的一个红人，所以苏辙梦见了此人，立刻便表现得很殷勤，李士宁便给苏辙写了上面的诗句。这首诗除了预测苏东坡的前途以外，同时也是要告诉苏东坡要抓住在黄州的最后一些闲散时光及时行乐，接下来的日子就要非常忙碌了。也的确如此，到了登州，苏东坡既要抓生产，又要管经济，还要治理军队，一个礼拜大多数的时间都要待在皇家的偏房里写折子。苏东坡在这里，大概会不由得慨叹天命有定，而神人知之，于是把这些记了下来给儿子苏过看。

记子由梦塔

明日兄之生日[1]，昨夜梦与弟同自眉入京[2]，行利州峡[3]，路见二僧，其一僧须发皆深青，与同行。问其向去灾福[4]，答云："向去甚好，无灾。"问其京师所需，"要好朱砂五六钱"。又手擎一小卵塔[5]，云："中有舍利[6]。"兄接得，卵塔自开，其中舍利，灿然如花[7]，兄与弟请吞之。僧遂分为三分，僧先吞，兄弟继吞之，各一两，细大不等，皆明莹而白[8]，亦有飞迸空中者。僧言："本欲起塔，却吃了！"弟云："吾三人肩上各置一小塔便了。"兄言：

“吾等三人，便是三所无缝塔。”僧笑，遂觉。觉后胸中噎噎然[9]，微似含物。梦中甚明，故闲报为笑耳。

注 释

① 兄：指苏东坡自己。

② 自眉入京：从眉州到京城。京，指北宋都城汴京。

③ 利州峡：在今四川广元。

④ 向去：前往的方向。

⑤ 小卯塔：用木榫卯相连做成的小塔。卯：器物上安头的孔眼，也叫榫眼。

⑥ 舍利：梵语，佛教称死者火化后的残余骨烬。通常指释迦牟尼的遗骨为佛骨或佛舍利。

⑦ 灿然：光彩鲜耀眼的样子。

⑧ 明莹：形容明亮。

⑨ 噎：气逆不能呼吸。

译 文

明天是兄长的生日，昨天夜里梦见兄长与小弟我一起从眉州到京城，走到利州峡时，碰见二位僧人，其中一个僧人的胡须和头发都是深青色的，我们就和他一起行走。我们向他询问此次去京城的祸福如何，僧人回答：“此去很好，没有灾。”又问去京城需要什么，“要五六钱好一点的朱砂”。僧人的手上托着用木榫卯相连做成的小塔，说：“这里有舍利。”兄长接住后塔就自然裂开了，中间的舍利光彩耀眼，我们兄弟二人向僧人建议把这个舍利分开吃

掉。僧人把舍利分成三份，僧人先吞下，我与兄长相继吞下，每份约有一两重，大小粗细不等，都很白净明亮，也有一些碎屑飞荡在空中。僧人说："本来是拿这块舍利造佛塔的，却吃了下去。"小弟我说："我们三人的肩膀上各盖了一座小塔。"兄长说："我们三个人，便是三座没有缝的塔。"僧人笑了，梦醒了。我醒来之后觉得胸闷不能呼吸，好像被什么东西堵住一样。梦中的事情还记得清清楚楚，所以作为闲聊的笑料。

评 析

这篇文章，通过子由的口吻来讲述自己的梦境，写了兄弟俩吞食舍利之事。舍利，又叫舍利子，本指佛祖释迦牟尼遗体火化后结成的坚硬珠状物。后由弟子收奉，置之宝瓶，献香花，表敬慕，名曰"舍利塔"。此后，佛教徒逝后焚身所结坚硬珠状物，皆称舍利或舍利子。由于苏轼终生信奉佛教，《记子由梦塔》中兄弟吞食舍利一事，似幻似真，寄托了苏轼信佛、崇佛的虔诚理念。

梦中作祭春牛文[1]

元丰六年十二月二十七日，天欲明，梦数吏人持纸一幅，其上题云：请《祭春牛文》。予取笔疾书其上，云："三阳既至[2]，庶草将兴[3]，爰出土牛[4]，以戒农事。衣被丹青之好，本出泥涂[5]；成毁须臾之间，谁为喜愠[6]？"吏微笑曰："此两句复当有怒者。"旁一吏云："不妨，此是唤醒他。"

注 释

① 春牛：泥土塑造的牛。旧时用以表示劝农和春耕的开始。

② 三阳：春天开始。

③ 庶：众多。

④ 爰：于是。

⑤ 衣被丹青之好，本出泥涂：衣服上的漂亮颜色，来自泥土之中。被：加于……之上。丹青：提炼于丹砂和青雘两种矿石。泥涂：泥土。

⑥ 喜愠：高兴和怨恨。

译 文

元丰六年十二月二十七日，天快要亮的时候，梦见几个官吏拿着一幅纸，请我写一篇《祭春牛文》。我拿出笔在纸上奋笔疾书，写道：“春天就要开始，众多草将要长出来，于是把土牛请出来，劝诫农民勤劳耕种。衣服和被褥的颜色鲜艳，却来自泥土之中；成败就在须臾之间，有谁会为此高兴和发怒呢？”官吏笑着说：“又会有为了这两句而生气的人了。”旁边一位官吏说：“没事，这是用来唤醒他的。”

评 析

苏东坡梦中的土牛，其实是在写他自己。第一个小吏的观点，不过是置身事外冷眼旁观得出的结论，而另一个小吏所说的话，则写出了苏东坡自己的心声。苏东坡在黄州职务低下，失去了人身自由，还整天无所事事，这让他很是不快，渐渐地就有了一些玩世不恭的

心态。当然，“谁为喜愠”的话也有一些自勉的成分，细细品来，还是可以感受得到的。

梦中论《左传》

元祐六年十一月十九日五更，梦数人论《左传》，云：“《祈招》之诗固善语[①]，然未见所以感切穆王之心，已其车辙马迹之意者[②③]。”有答者曰：“以民力从王事，当如饮酒，适于饥饱之度而已[④]。若过于醉饱，则民不堪命，王不获没矣[⑤]。”觉而念其言似有理，故录之。

注 释

① 《祈招》：据《左传·昭公十二年》：周穆王要周游天下，祭公谋父做此诗谏止。

② 已：停止。

③ 车辙马迹：车轮和马蹄印子。指周穆王周游天下。

④ 适于饥饱之度：饥饱适中的程度。

⑤ 获：收获，收成。

译 文

元祐六年十一月十九日凌晨，梦见许多人在一起讨论《左传》，说：“《祈招》这首诗固然都是良言相劝之语，但不一定就能让穆王感动，让他改变周游天下的心思。”有人回答说：“用民力供奉天子，这件事情就像饮酒，感觉饥饱适度就该停下来。如果过于醉饱，就会让民众不堪忍受，天子的处境就会危险了。”我睡醒后觉得他说的似乎很有道理，所以记录下来。

评 析

在苏东坡的梦境里，这伙人谈论问题的核心在于，祭公的诗看来并没有那种可以让人打消念头的力量，而周穆王为什么就乖乖听从了呢？或许周朝的天子和臣子跟后世的君臣是大有不同的：那时候的臣子不愿意也没必要把话讲得那样明白，而那时候的天子则比眼下的这些酒色财气的皇帝们通透得多。当然，这话苏东坡是不敢明着讲的，所以才会在梦里说出来。

梦南轩

元祐八年八月十一日将朝，尚早，假寐[1]，梦归縠行宅，遍历蔬圃中。已而坐于南轩[2]，见庄客数人方运土塞小池，土中得两芦菔根[3]，客喜食之。予取笔作一篇文，有数句云：“坐于南轩，对修竹数百，野鸟数千。”既觉，惘然思之[4]。南轩，先君名之曰“来风”者也[5]。

注 释

① 假寐：不脱衣冠小睡。

② 已而：继而。

③ 芦菔：也叫莱菔，即萝卜。

④ 惘然：心里好像失掉了什么东西的样子。

⑤ 先君：指苏东坡的父亲苏洵。先君：亡父。

译 文

元祐八年八月十一日准备上朝时发现时间还早，于是不脱衣冠小睡片刻，梦见回到自己家里，走遍菜园花圃。继而坐在南轩，看到几个人正运土填到小池里，运土人见土中有两根萝卜，就高兴地把它挖出来吃掉。我取笔作了一篇文章，有几句说："坐在南轩，对着许多竹子和许多野鸟。"梦醒后，我心里感觉很惆怅失落。南轩，亡父给它取名"来风"轩。

评 析

元祐八年是苏东坡政治生涯巅峰期的最后一年，这一年他生命里的庇护者——高太后死了。宋哲宗上位后不久，就贬他去广东，并且连贬三次，最后才让他在惠州一个小司马的职位上稍稍安顿下来。这对于一个60岁的老臣子来说，不免有些晚景凄凉的感觉。在他打盹的那一会儿，他梦见自己在峨眉山的家，这也是老人们的一种通病，常常于心力交瘁的时候，想起自己小时候的家。

措大吃饭[1]

有二措大相与言志，一云："我平生不足惟饭与睡耳，他日得志，当饱吃饭，饭了便睡，睡了又吃饭。”一云：“我则异于是，当吃了又吃，何暇复睡耶[2]！”吾来庐山，闻马道士嗜睡，于睡中得妙。然吾观之，终不如彼措大得吃饭三昧也[3]。

注 释

① 措大：旧时指贫寒的读书人，带有轻蔑的含义，也叫醋大。

② 何暇复睡耶：哪还有时间睡觉呢？暇：闲暇。

③ 三昧：佛教用语，意思是使心神平静，杂念止息，是佛教的重要修行方法之一。在此借指事物的诀要。

译 文

有两个贫寒的读书人谈论人生理想，其中一个说：“我此生所不满足的只有吃饭和睡觉，等有朝一日得志了，我一定要吃饱了饭之后就睡，睡醒了就继续吃。”另一个说：“我跟你的想法不同，我应该吃饱了继续吃，哪有工夫去睡觉啊！”我到庐山，听说马道士嗜好睡觉，在睡中得出妙处。然而我仔细观察他，终不如那两个贫寒的读书人深得吃饭的奥妙。

评 析

苏东坡的这篇文字可以当作讽刺小品来读。故事通俗易懂，颇具讽刺意味。

题李岩老

南岳李岩老好睡，众人食饱下碁，岩老辄就枕，阅数局乃一展转[①]，云："君几局矣？"东坡曰："岩老常用四脚碁盘，只着一色黑子[②]。昔与边韶敌手[③]，今被陈抟饶先[④⑤]。着时自有输赢，着了并无一物。"欧阳公诗云："夜凉吹笛千山月，路暗迷人百种花。碁罢不知人换世，酒阑无奈客思家[⑥]。"殆是类也。

注 释

① 阅：经历。

② 常用四脚碁盘，只着一色黑子：戏称李岩老好睡。

③ 边韶：字孝先，东汉陈留浚仪（今属河南开封）人。

④ 陈抟：五代宋初道士，字图南，自号扶摇子，亳州真源（今属河南鹿邑）人，举进士不第，隐居武当山，服气辟谷二十余年，后移居华山。认为万物一体，只有超绝万有的"一大理法"存在。

⑤ 饶先：让先。围棋术语，双方棋力有差距，不能分先对局时，由水平略低的一方执黑子先弈。

⑥ 阑：将尽。

译 文

南岳李岩老喜欢睡觉，别人吃饱了饭下棋，岩老找枕头上床睡觉，经历很多局后他才翻身，问：“下了几局了？”苏东坡说：“岩老睡觉也是下棋，用床作棋盘，和衣而卧恰似一颗大黑棋子。可以与边韶打个平手，如今碰到了陈抟，被他推让先行。输赢就在睡梦里，醒来了却什么也没有。”欧阳诗里说：“夜凉吹笛千山月，路暗迷人百种花。棋罢不知人换世，酒阑无奈客思家。”意思都是一样的。

评 析

苏东坡这篇文的主题更多的是关于睡觉的议论，实则脱离了睡觉本身。陈抟一睡八百年的故事则是纯粹夸张的说法，充其量也不过是“睡的时候多，醒的时候少”而已。只是在高卧图里，他那逍遥自在的得意劲儿让人羡慕不已，但那也是他多次推却官家的邀请才换来的。

学问篇

记六一语[①]

顷岁孙莘老识欧阳文忠公[②③]，尝乘间以文字问之[④⑤]，云："无它术，惟勤读书而多为之，自工[⑥]。世人患作文字少，又懒读书，每一篇出，即求过人[⑦]，如此少有至者。疵病不必待人指摘[⑧]，多作自能见之。"此公以其尝试者告人，故尤有味。

注 释

① 六一：即欧阳修。欧阳修号"六一居士"。

② 顷岁：近年。

③ 孙莘老：孙觉，字莘老，高邮（今江苏高邮）人。

④ 乘间：趁机。

⑤ 文字：文章。

⑥ 工：擅长，善于。

⑦ 过人：超出别人。

⑧ 指摘：指出缺点错误。

译 文

近年间，孙莘老认识了欧阳修，曾经趁机向他请教写文章的方法，欧阳修说：“没有特别的方法，只需要勤于读书而且多写文章，自然会有所长进。但是世人的通病在于文章写得很少，又懒于读书，而且一篇文章一写出来，就希望它超过别人，像这样，很少有能获得成功的。文章的毛病不用别人指出来，自己多写文章自然就发现毛病了。”欧阳修将自己写文章的经验告诉别人，因此意味尤其深长。

评 析

这篇文章告诉我们：写作水平的高低与是否勤于读书和勤于练笔有着密切联系。勤于读书，多写文章，才可能提高自己的写作水平，除此之外别无他法。作者苏东坡，主人公欧阳修，皆为享誉古今的文学大家，欧阳修能将自己的写作经验告诉他人，苏东坡又将他所言写出来告知世人，可见他们都很注重学习他人的成功经验。大家尚且如此，我们更应该多多借鉴别人的良好经验，以更好地提高自己。

命分篇

退之平生多得谤誉[①]

退之诗云："我生之辰，月宿南斗。"乃知退之磨蝎为身宫[②]，而仆乃以磨蝎为命，平生多得谤誉[③]，殆是同病也。

注 释

① 退之：韩愈，字退之，唐代文学家。

② 磨蝎：星名，十二宫之一。迷信星象的人说生平遇事多折磨不利者为遭遇磨蝎。身官，谓生日干支。命，意思是立命之官。

③ 谤誉：实谤虚誉，即诽谤、非议。谤：诽谤。誉：称人之美。

译 文

韩愈诗里写道："我出生的时辰，月亮正处于南斗。"于是知道韩愈的身宫是磨蝎，而我也是磨蝎命，我俩平生都遭到肆意的诽谤，估计我俩有相同的运数。

评 析

苏东坡生于宋仁宗三年十二月十九日，按照星座的划分，属于摩羯座。韩愈和苏东坡两人似乎注定了会因为言语招致祸患，而且是再三地遭受祸患。韩愈唱着“一封朝奏九重天，夕贬潮阳路八千”南下了，苏东坡走得就更远了，竟然到了海南岛。这时候，苏东坡想起昌黎，心里不由得泛起一种不可抗争的宿命感，而一些很主观的个人感受更增加了他对于命定的相信。

马梦得同岁[1]

马梦得与仆同岁月生，少仆八日。是岁生者，无富贵人，而仆与梦得为穷之冠[2]。即吾二人而观之，当推梦得为首。

注 释

① 马梦得：字正卿，杞（今属河南杞县）人。

② 穷之冠：最贫穷的人。

译 文

马梦得与我同年同月出生，比我小八天。这年出生的，没有富贵人，而我和马梦得都是最贫穷的人。就我们两个人来看，当数马梦得最穷。

评 析

宋朝很多摩羯座的人在写诗或给友人写信时都会自嘲星宫不如意，苏东坡也是如此。另外，南宋人方大琮在给朋友的信中写道：“惟磨蝎所莅之宫，有子卯相刑之说，昌黎值之而掇谤，坡老遇此以招谗。而况晚生，敢攀前哲？”南宋理宗朝的牟巘也曾在给友人的信中自黑：“生磨蝎之宫，人皆怜于奇分。”差不多同时代的于石也写诗自嘲道：“顾予命亦坐磨蝎，碌碌浪随二公后（二公即韩愈和苏东坡）。”摩羯座已然被“黑”成了“磨难座”。

人生有定分①

吾无求于世矣，所须二顷田以足饘粥耳②，而所至访问，终不可得。岂吾道方艰难，无适而可耶③？抑人生自有定分④，虽一饱亦如功名富贵不可轻得也？

注 释

① 定分：固定的名分。

② 饘粥：稠粥。

③ 无适而可：没有合适的。可：合适，正好。

④ 抑：表示轻微的转折。

译 文

我在世上别无所求了，只需要二顷田用来煮稠粥糊口就够了，因此我所到之处就寻访土地，却始终找不到。莫非因为我正处在艰难时期，所以很难找到一个合适的地方？或者人生的命运早已注定，即使只求一饱，也像功名富贵那样不能轻易取得？

评 析

苏东坡路过金陵，会见王安石，两人把酒读诗，盘桓数日，很是愉快，临走时说要买田地，将来与王安石做邻居。到底是文人狂野，说说而已，还是当时心中煞有介事，我们都不知道。不过，若是真的到了无所求，大隐于市朝，终南即长安，哪里会有“所至访问，终不可得”的情形。

送别篇

昙秀相别①

昙秀来惠州见予，将去，予曰："山中见公还，必求一物，何以与之？"秀曰："鹅城清风，鹤岭明月②，人人送与，只恐它无着处③。"予曰："不如将几纸字去，每人与一纸，但向道：此是言法华书，里头有灾福④。"

注 释

① 昙秀：僧人，又称芝上人，苏东坡的好友。

② 鹅城清风，鹤岭明月：鹅城的清风，鹤岭的明月。鹅城与鹤岭疑是惠州境内的地名。

③ 着处：接触或放在什么上面。

④ 法华：即《法华》，全称《妙法莲华经》，是释迦牟尼晚年在王舍城灵鹫山所说，是大乘佛教初期经典之一。

译 文

昙秀到惠州来看我，快要离开时，我说：“山中人看见你回来，必定会求赐一件东西，你会给他们什么呢？”昙秀说：“鹅城的清风，鹤岭的明月，人人都赠送，只怕带回去没有地方搁置。”我说：“不如把我写的字带回去送给朋友，只向人们说：这是‘言法华’所写的，里面预言灾福之事呢。”

评 析

在本文中，苏东坡送给昙秀自己所抄的纸书，说明苏东坡非常看中昙秀这个友人。苏东坡的书法在他活着的时候已经很出名了，这也使得他更加吝惜自己的书法，非常不愿意拿出来示人或是送人，甚至对一般的朋友也不愿意赠送。在送昙秀《法华》时，苏东坡的灾福概念已经超越了浮屠的境界了。他已经不再抱怨和记恨别人并坦然接受了自己遭遇的挫折磨难。在他的眼里，世界上没有不好的人，一切构成因果，却无所谓报应。

别石塔

石塔别东坡，予云：“经过草草①，恨不一见石塔。”塔起立云：“遮着是砖浮屠耶②③？”予云：“有缝塔。”塔云：“若无缝，何以容世间蝼蚁④？”予首肯之⑤。

注 释

① 草草：匆促。

② 遮着：这个。遮通“这”。

③ 浮屠：梵文佛塔的音译。

④ 蝼蚁：蝼蛄和蚂蚁，比喻力量微小或地位低微、无足轻重的人物。

⑤ 首肯：点头表示同意。

译 文

石塔前来向苏东坡告别，苏东坡说：“我走得匆促，遗憾未能看到一座石塔。”石塔竖立起来说：“这个是砖砌的浮屠吧？”苏东坡说：“可是它是个有缝的。”石塔回答：“如果没有缝隙怎能包容世间像蝼蛄和蚂蚁一样的小生命呢？”苏东坡点头同意。

评 析

石塔与苏东坡的对话，趣味良多。借“塔之有缝”来做文章，“若无缝，何以容世间蝼蚁”，这是一篇之骨，也是一篇之眼。“蝼蚁”比喻世间小人。此篇可作寓言来读，也可为讽刺小品。

别姜君[1]

元符己卯闰九月，琼守姜君来儋耳，日与予相从，庚辰三月乃归。无以赠行，书柳子厚[2]《饮酒》《读书》二诗，以见别意。子归，吾无以遣日[3]，独此二事日相与往还耳[4][5]。二十一日书。

注 释

① 姜君：姜君弼，字唐佐。琼州（今海南）人。

② 柳子厚：柳宗元，字子厚，河东（今山西永济）人，世称柳河东。唐代文学家、哲学家、散文家和思想家。

③ 遣日：打发、消遣日子。

④ 二事：指饮酒与读书。

⑤ 相与：相交往。

译 文

元符己卯闰九月，琼州太守姜君来到儋耳，每天陪伴我，到庚辰三月才回去。没有东西给他送别，我就抄写了柳宗元的《饮酒》《读书》两首诗，用来表示我的惜别之意。你回去后，我就不容易消磨时光，只有这两件事还可以让我们每日保持联系。二十一日记。

评 析

苏东坡被贬海南后，兴办教育事业，为海南培育了一批人才，姜唐佐就是其中之一。苏轼与姜唐佐的关系亦师亦友。姜唐佐赠给苏

轼茶，苏轼给姜唐佐的信中写道：“奇茆佳惠，感服至意，当同啜也。”后来又写道“今日雨霁，尤可喜，食已，当取天庆观乳泉泼建茶之精者，念非君莫与共之。”“同啜”“非君莫与共之”这短短的几句话，体现了东坡先生对姜唐佐的喜爱之意。东坡遇赦离琼时，赠姜唐佐一句诗：“沧海何曾断地脉，白袍端合破天荒。”并对他说：“异日登科，当为子成此篇。”不久，姜唐佐果然中举，成为海南历史上第一个举人。崇宁二年，他在汝阳遇见苏辙，这时苏东坡已去世。苏辙替胞兄给姜唐佐补足赠诗曰：

“生长茅间有异芳，风流稷下古诸姜。适从琼管鱼龙窟，秀出羊城翰墨场。沧海何曾断地脉，白袍端合破天荒。锦衣今日千人看，始信东坡眼力长。”

卷二

卷二共分为九篇：祭祀篇、兵略篇、时事篇、官职篇、致仕篇、隐逸篇、佛教篇、道释篇和异事篇。

祭祀篇

八蜡三代之戏礼[1]

八蜡，三代之戏礼也[2]。岁终聚戏，此人情之所不免也，因附以礼义[3]。亦曰："不徒戏而已矣。祭必有尸，无尸曰'奠'[4]，始死之奠与释奠是也。今蜡谓之'祭'，盖有尸也。"猫虎之尸[5]，谁当为之？置鹿与女[6]，谁当为之？非倡优而谁[7]！葛带榛杖[8]，以丧老物，黄冠草笠，以尊野服[9]，皆戏之道也。子贡观蜡而不悦[10]，孔子譬之曰："一张一弛，文、武之道[11]。"盖为是也。

注 释

① 八蜡：古代祭礼名。

② 三代：指夏、商、周。

③ 附以礼义：（给乡人的娱乐游戏）附会以礼义。

④ 无尸曰“奠”：没有尸主的祭祀叫作“奠”。

⑤ 猫虎：八蜡中要祭以猫和虎，因为它们能吃田里的老鼠和野兽，保护庄稼。

⑥ 鹿与女：狩猎捕获的鹿和战争中俘获来的女子。

⑦ 倡优：表演歌舞杂技的艺人。

⑧ 葛带榛杖：腰上缠着葛麻做的带子，手里拿着榛木棍子。榛：榛树，落叶灌木或小乔木，木质细密，可做手杖、伞柄。

⑨ 黄冠草笠，以尊野服：穿着黄色的衣服，戴着草笠，以尊重田野人穿的衣服。

⑩ 子贡观蜡而不悦：见《礼记·杂记下》：“子贡观于蜡，孔子曰：‘赐也乐乎？’对曰：‘一国之人皆若狂，赐未知其乐也。’”

⑪ 一张一弛，文、武之道：张，指紧张；弛，指松弛。文、武，指周文王、周武王，亦有泛指古代圣王之意。此处谓古代圣王治国之道，要使百姓劳逸相参，劳动和娱乐不可偏。

译文

八蜡，是夏、商、周三代的祭礼游戏。大家在年底聚集在一起嬉戏，这是人之常情、在所难免的事情。先贤借此赋之以礼义，说：“这不是单纯的游戏。凡祭祀必定有尸位之制，没有尸位就称为‘奠’，这就是人刚死之祭奠与下葬后释奠之仪式。现在把‘蜡’称为‘祭’，想来应该设置尸位。”为猫和虎所立的尸位，找谁来充当呢？狩猎捕获的鹿和战争中俘获来的女子，又找谁来充当呢？不找表演歌舞杂技的艺人，还能找谁呢？腰上缠着葛麻做的带子，手里拿着榛木棍子，以此物品送别丧者老者，穿着黄色的衣服，戴着草笠，用作尊敬野民之服，均属游戏策略。子贡观看蜡礼不开心，孔子启导他，说：“一紧一松，是治理邦国的文、武策略。”大概就是这道理了。

评 析

苏东坡清楚地意识到，蜡祭实际上是一种年终岁尾带有礼乐文化表演性质的戏剧。在苏东坡看来，蜡祭不仅有着祈祷年景丰裕的目的，而且是“岁终聚戏”的艺术形式。在他看来，“聚戏”是首要的，而礼仪只是一种附丽，是“附以礼义”。尤其需要注意的是，苏东坡以诗人的敏锐注意到蜡祭礼仪中的扮演，“尸”不仅仅代表已经死去的灵魂受祭的人，而且是整个艺术活动的主角，而这个主角是一种模拟，是对神灵的扮演，具有戏剧表演的性质。其中“猫”“虎”等是配角，但也是由人扮演的。

记朝斗[①]

绍圣二年五月望日，敬造真一法酒成，请罗浮道士邓守安拜奠北斗真君[②③]。将奠，雨作[④]，已而清风肃然，云气解驳[⑤]，月星皆见，魁标皆爽[⑥⑦]。彻奠[⑧]，阴雨如初。谨拜首稽首而记其事[⑨]。

注 释

① 朝斗：朝拜北斗真君。

② 拜奠：拜祭。

③ 北斗真君：道家崇拜的神，即北斗星。

④ 作：开始。《老子》：天下大事，必作于细。

⑤ 解驳：分解杂乱。形容云消雾散。驳：马毛色不纯，引申为混杂、杂乱。

⑥ 魁：北斗七星中形成斗形的前四颗星。标：也称杓或斗杓，北斗第五、六、七颗星的名称。

⑦ 爽：看得清楚。

⑧ 彻奠：撤掉祭品，表示祭奠完毕。彻：除去，通“撤”。

⑨ 拜首稽首：拜首，古代一种表示敬意的礼节，行礼时双膝着地，拱手与心平，俯首至手。稽首，古时的一种礼节，跪下，拱手至地，头也至地。

译 文

绍圣二年五月十五日，我虔诚地酿造成了真一法酒，请罗浮道士邓守安拜祭北斗真君。开始拜祭时下雨。结束时清风肃然，云消雾散，能看得见月亮和星星，北斗七星中构成斗形的前四颗星都清晰可见。撤掉祭品，又像开始时那样下雨。为了表示对这种礼节的敬意，我跪着，头也不敢抬、气也不敢出地写了这篇文字。

评 析

在神话和道教的教义里面，北斗真君是主管人生祸福和死后去向的神明。并且还有一种理论认为，人如果在活着的时候始终朝拜北斗真君的话，就会在死后成为神仙，所以苏东坡才会这样殷勤地讨好北斗真君。文末，苏东坡说自己是跪着，头也不敢抬、气也不敢出地写了这篇文字。这远远超出老子所嘉许的“敬如在”的态度了。

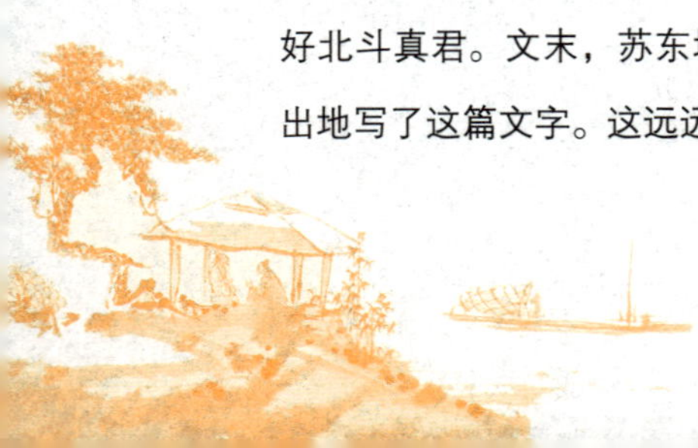

兵略篇

匈奴全兵

匈奴围汉平城[①]，群臣上言："胡者全兵[②]，请令强弩傅两矢外乡[③]，徐行出围。"李奇注"全兵"云："惟弓矛，无杂仗也[④]。"此说非是。使胡有杂仗，则傅矢外乡之策不得行欤？且奇何以知匈奴无杂仗也？匈奴特无弩耳[⑤]。全兵者，言匈奴自战其地，不致死[⑥]，不得与我行此危事也。

注释

① 匈奴围汉平城：汉高祖七年（公元前200），匈奴把汉高祖刘邦围困在平城。

② 胡：中国古代对北方和西方少数民族的泛称，此处指匈奴。

③ 强弩傅两矢：战斗力强的弓弩手带着两支箭。

④ 杂仗：没有杂项的兵器。

⑤ 弩：弩弓，利用机械力量射箭的弓。

⑥ 致死：到死的地步。

译 文

匈奴把汉高祖刘邦围困在平城，群臣上奏：“胡人全兵，请让战斗力强的弓弩手随带两支箭向外射击，徐行出围。”李奇注“全兵”说：“只用弓矛，没有其他杂项的兵器。”这一说法不对。如果胡人有杂项兵器，则“傅矢外乡”的策略就行不通了吗？况且李奇怎么知道匈奴没有杂项兵器呢？匈奴只是没有弩机而已。所谓全兵，是说匈奴在他们自己的土地上作战，不想送死，无意和我们决一死战。

评 析

李奇注“全兵”把兵字当作兵器，似有些不妥。李善注援引《孙子兵法》，较为准确。苏东坡与李善注相近，均是从战略上着手。

八阵图[1]

诸葛亮造八阵图于鱼复平沙之上[2]，垒石为八行，相去二丈。桓温征谯纵[3][4]，见之，曰：“此常山蛇势也[5]。”文武皆莫识。吾尝过之，自山上俯视，百余丈，凡八行，为六十四蕝[6]，蕝正圜[7]，不见凹凸处，如日中盖影。予就视[8]，皆卵石，漫漫不可辨，甚可怪也。

注 释

① 八阵图：三国时诸葛亮推演兵法设置的一种阵法。

② 鱼复：古县名，春秋时庸国鱼邑，秦置县。在今四川奉节东白帝城。

③ 桓温：东晋谯国（今安徽怀远）人，字元子。公元345年任荆州刺史，握有长江上游的兵权。

④ 谯纵：十六国时期后蜀国君，公元405—413年在位。巴西南充（今属四川）人。初任东晋安西府参军，义熙元年（405年）蜀地士兵不愿东去而拥他据蜀，因称成都王。次年向后秦姚兴称臣，后被东晋朱龄石击灭。

⑤ 常山蛇势：即常山蛇阵。一种阵法。

⑥ 蕝：古代演习朝会礼仪时束茅以表明位次之称。

⑦ 圜：通“圆”。

⑧ 就：靠近，接近。

译 文

诸葛亮在鱼复平沙之上造八阵图，用石头堆垒成八行，每行相距二丈。桓温讨伐谯纵，看见这个阵，说：“这是常山的蛇势。”文武官属都不明白。我经过这里，从山上向下看，发现这个阵有一百多平方丈，共八行，树立六十四茅束以为标记，茅束成正圆形，看不出当中有凹凸的地方，犹如正午时分，完全遮盖。我接近观察，发现都是用卵石堆砌成的，卵石遍布而难以辨别，感觉很奇怪。

评 析

八阵图传说是三国时期的诸葛亮创设的一种阵法。相传诸葛亮用乱石堆成石阵，按遁甲分成生、伤、休、杜、景、死、惊、开八门，这个阵法变化万端可用来抵挡十万精兵。诸葛亮作八阵图见于史书记载，在流传过程中，八阵图被人为神化，并与阴阳五行、八卦、道教符箓化的遁甲术相联，愈加扑朔迷离。如果说八阵图本身的特点是它神化的基础，那么诸葛亮的人格魅力和后人对他的推崇则是促进八阵图神化的重要条件。诸葛亮在老百姓心目中是中华民族智慧的化身，他所作八阵图，岂能和常人一样，大众很自然地将它神化。因此，孔明自身的人格魅力和大众对他的推崇是八阵图神化的重要因素。

时事篇

唐村老人言

儋耳进士黎子云言：城北十五里许有唐村，庄民之老曰允从者，年七十余，问子云言："宰相何苦以青苗钱困我[1][2]？于官有益乎？"子云言："官患民贫富不均，富者逐什一益富[3]，贫者取倍称[4]，至鬻田质口不能偿[5]，故为是法以均之。"允从笑曰："贫富之不齐[6]，自古已然，虽天公不能齐也，子欲齐之乎？民之有贫富，由器用之有厚薄也。子欲磨其厚，等其薄[7]，厚者未动，而薄者先穴矣！"元符三年，子云过予言此。负薪能谈王道[8][9]，正谓允从辈耶？

注 释

① 宰相：指王安石。王安石任宰相期间，推行了一系列新法。

② 青苗钱：王安石推行"青苗法"，农民在每年青黄不接时，可至当地官府借贷现钱或谷粮，借以补助耕作，称青苗钱。推行新法过程中，王安石遭到众多官僚的反对，苏东坡也是反对派之一。

③ 什一：十分之一。

④ 倍称：借贷以倍还。

⑤ 质口：做人质。

⑥ 不齐：不整齐，不均衡。

⑦ 等：相同，一样，使相同。

⑧ 负薪：背柴。引申指地位低微的人。

⑨ 王道：与“霸道”对称。指国君以仁义治天下、以德服人的统治方法。

译 文

儋耳进士黎子云对我说：城北大约十五里的地方有一个唐村，村里有一位叫允从的七十多岁的农民，他向子云问道：“王安石宰相为什么要用青苗钱来使我困苦呢？这样做对于官方有好处吗？”子云回答道：“官府担忧百姓贫富不均，富人追逐十分之一的利润会更加富有，穷人借高利贷出加倍利息，直到变卖田地、典质家口也无法清偿，因此用这方法来平均社会贫富。”允从笑着说道：“贫富不均一，自古以来都是如此，即使上天也不能使贫富均衡啊，难道你还想使贫富平均吗？百姓分贫富，就像器物分厚薄一样。你想把厚的物品磨薄，使之与薄的物品相等，可是厚的未变薄，薄的却出现破洞了！”元符三年，子云来探访我向我谈起此事。背负木柴的樵夫能谈王道，就是指允从这类人吧？

评 析

在这一小记里，苏东坡假借别人之口说自己关心的事情，笔调用

的是“我听别人说”，可见很委婉。新法是苏东坡一生的陷阱，在王安石主张并推行变法的时候他竭力反对，在宋哲宗皇帝尽废前法的时候他又说有一些还需要保留，这使得他徘徊在新党和旧党之间，始终不能获得一个牢固的地位。苏东坡在小记里并不是向别人推荐这位说起话来“一鞭一道痕”的允从，而是有所申诉，而“负薪谈王道”，可见王道不在庙堂，却在民众中间。

记告讦事①

元丰初，白马县民有被杀者②，畏贼不敢告，投匿名书于县。弓手甲得之而不识字③，以示门子乙④。乙为读之，甲以其言捕获贼，而乙争其功。吏以为法禁匿名书⑤，而贼以此发，不敢处之死，而投匿名者当流⑥，为情轻法重，皆当奏。苏子容为开封尹⑦，方废滑州，白马为畿邑⑧，上殿论奏：“贼可减死，而投匿名者可免罪。”上曰：“此情虽极轻，而告讦之风不可长。”乃杖而抚之。子容以谓贼不干己者告捕，而变主匿名，本不足深过，然先帝犹恐长告讦之风，此所谓忠厚之至。然熙宁、元丰之间每立一法⑨，如手实、禁盐、牛皮之类⑩，皆立重赏以劝告讦者，皆当时小人所为，非先帝本意。时范祖禹在坐⑪，曰：“当书之《实录》。”

注 释

① 告讦：匿名攻击别人或揭发别人的罪恶。

② 白马县：古县名，在今河南滑县。

③ 弓手：弓箭手。宋元时期，州郡设有弓手，主要任务是负责

缉捕。

④ 门子：县衙内守门的人。

⑤ 法禁匿名书：法律禁止以匿名信告状。

⑥ 流：古代的一种刑罚，流放。

⑦ 苏子容：苏颂，字子容，泉州（今属福建）人。宋代天文学家、天文机械制造家、药物学家。

⑧ 畿邑：国都周围的城邑。

⑨ 熙宁、元丰：宋神宗的年号。

⑩ 手实：唐宋时令民户自报田亩数，据以征收赋税，叫手实法。宋神宗时，吕惠卿等人建议推行手实法。

⑪ 范祖禹：宋成都华阳（今属四川成都）人，字淳甫，一字梦得。

译文

元丰初年，白马县有人被杀，县民害怕贼人不敢告发，就向县府投匿名书。弓手甲得到匿名书但不识字，把它拿给门子乙看。乙为甲解读，甲根据匿名书所说抓获贼人，而乙争夺功劳。官吏认为法令禁止寄匿名书，而贼人由于匿名书的告发被抓，因此不敢将他处死，但认为投匿名书的人依法应当判处流放之刑，这种情况属于犯罪情节轻而量刑重，合当上奏。苏颂暂代开封府尹，当时正好滑州的州制被撤销，划归开封府，白马县成为国都周围的城邑，上殿论奏：“贼可以减免死刑，但投递匿名书的人应当免于处罚。”皇上说：“案情虽极轻微，但不能助长告讦之风。”就下令杖打告发的人之后又安抚他。苏颂认为杀人贼与告讦人无关系而告发才使贼人被抓获，告发者要替人出头才匿名，本来不宜以深罪严加责罚，但先帝仍恐怕会助长告讦之风，这可真是忠厚之至啊。然而熙宁、元丰之间每立一法，如手实法、禁盐法、牛皮法之类，朝廷皆立下重赏，以劝励告讦者，这都是当时小人所做的事，并非先帝的本意。当时范祖禹在座，说："应该写在《实录》里面。"

评析

在这一小记里面，苏东坡做了两件事情：第一，对比了情法相互矛盾的法律诉讼难题；第二，精略地陈述了惩治告讦的法理。封建时代，一切事情皇帝一人说了算，是人治而非法治，谁也不敢反对皇帝的做法，故把反对告讦之风，美化为"忠厚之至"。在这里，苏东坡也用最微弱的声音和最隐蔽的意思，委婉表达了一下对自己遭遇的不满。

官职篇

记讲筵[①]

秘书监侍讲傅尧俞始召赴资善堂[②③④]，对迩英阁[⑤]。尧俞致谢，上遣人宣召答曰：“卿以博学参预经筵[⑥]，宜尊所闻，以辅不逮[⑦]。”尧俞讲毕曲谢，上复遣人宣谕[⑧]：“卿讲义渊博，多所发挥，良嘉深叹。”是日，上读《三朝宝训》[⑨]，至天禧中[⑩]，有二人犯罪，法当死，真宗皇帝恻然怜之，曰：“此等安知法，杀之则不忍，舍之无以励众[⑪]。”乃使人持去，笞而遣之，以斩讫奏。又祀汾阴日[⑫]，见一羊自掷道左，怪问之，曰：“今日尚食杀其羔[⑬]。”真宗惨然不乐，自是不杀羊羔。资政殿学士韩维读毕[⑭]，因奏言：“此特真宗皇帝小善耳，然推其心以及天下，则仁不可胜用也。真宗自澶渊之役却狄之后[⑮⑯]，十九年不言兵而天下富，其源盖出于此。昔孟子论齐王不忍杀觳觫之牛[⑰]，以为是心足以王。今恩足以及禽兽而功不及于百姓，岂不能哉？盖不为耳！外人皆云皇帝陛下仁孝发于天性，每行见昆虫蝼蚁，违而过之，且敕左右勿践履，此亦仁术也。臣愿陛下推此心以及百姓，则天下幸甚！”轼时为右史[⑱]，

奏曰：“臣今月十五日侍迩英阁，切见资政殿学士韩维因读《三朝宝训》至真宗皇帝好生恶杀，因论皇帝陛下在宫中不忍践履虫蚁，其言深切，可以推明圣德，益增福寿。臣忝备位右史，谨书其事于册，又录一本上进，意望陛下采览，无忘此心，以广好生之德，臣不胜大愿[19]！”

注 释

① 讲筵：讲席。此处指为皇帝讲解经史。

② 秘书监：官名，东汉时设置，属太常寺，典司图籍。南北朝末期以后为秘书省长官，掌管图书著作等事，明代取消。

③ 侍讲：官名。唐代开始设立集贤院侍讲学士、翰林侍讲学士。

④ 傅尧俞：字钦之，宋郓州须城（今山东东平）人，官至中书侍郎。

⑤ 迩英阁：北宋皇宫内的宫殿名。

⑥ 经筵：宋代为皇帝讲解经传史鉴特设的讲席。

⑦ 不逮：不及，不够。

⑧ 宣谕：宣布解说。谕：告诉，使人明白。

⑨《三朝宝训》：宋仁宗时编撰的载述前代事迹的著作。

⑩ 天禧：宋真宗的年号。

⑪ 励众：劝勉众人。

⑫ 祀汾阴：祭祀后土。

⑬ 尚食：官名，掌管帝王的膳食。

⑭ 韩维：字持国，宋代大臣，曾任迩英阁侍讲、龙图阁学士。

⑮ 澶渊之役：公元1004年，辽兵大举南下，深入宋境，宋真宗率兵抵抗，在澶渊取胜，却又派人与辽议和，在次年订立澶渊之盟，由宋每年给辽白银十万两、绢二十万匹，而辽撤兵。澶渊在今河南濮阳。

⑯ 却狄：使辽退兵。狄：北方一少数民族。后来泛指北方的少数民族。

⑰ 觳觫：因恐惧而战栗。

⑱ 右史：古代官名。左史记言，右史记事。

⑲ 不胜大愿：最大的愿望。

译文

秘书监侍讲傅尧俞刚被召赴资善堂，在迩英阁回答皇上提出的问题。尧俞致谢，皇上派人宣召说：“卿因博学而参与经筵，理应重视所闻，以便辅助我的不足。”尧俞讲完后连连称谢。皇上再次派人宣谕：“卿讲义渊博，多所发挥，实可嘉许，令人深叹。”

这天，皇上读《三朝宝训》，至天禧中期，有二人犯罪，依法当处死。真宗皇帝怜悯地说："这种人怎会知道法律，杀死他们我实在不忍心，但如果不追究他们的罪责又无法激励民众。"于是派人带走，命笞打后遣送他们，没想到官员却回奏称已经把他们处斩了。又在祭祀汾阴之日，看见一头羊自己摔倒在道路左边，感到疑惑而问，臣下问答："今日尚食官烹御膳，要杀其子羔。"宋真宗忧伤不乐，从此不再杀羊羔。资政殿学士韩维知道后，立刻上奏说："这不过是真宗皇帝的小善而已，如果能推其爱心遍及天下，则其仁德不可胜用。真宗自澶渊之役打退北狄契丹后，十九年不谈军事而天下富足，其根源大概于此。从前，孟子论齐宣王不忍心杀战栗的牛，以为这种爱心足以统治天下。现在恩惠足以遍及禽兽，但作用却无法到达百姓身上，难道是无法做到吗？相信只是不去做而已！外人都说皇帝陛下仁孝出自天性，每次走路看见昆虫蝼蚁，就转过身跨过它们，又命令侍从不要践踏它们，这也是仁的行为。臣希望陛下发挥这种爱心，使百姓受益，那样天下人民就会无限幸福！"我当时任右史，上奏说："臣今月十五日在迩英阁侍讲，清楚地看见资政殿学士韩维因为读《三朝宝训》至真宗皇帝重视百姓生命、厌恶滥杀，而讲到皇帝陛下在宫中不忍心践踏虫蚁，其言深刻明确，可以将皇上英明圣德发挥出去，增加福寿。臣不才能有幸担任右史官职，恭敬地把这件事记录下来，并抄录一本呈给陛下，心中盼望着陛下能够翻阅，希望陛下不要忘记这种善心，能够扩大爱好生命的德义，这是臣的宏愿！"

评 析

在这一文里面，苏东坡向皇帝进言的是仁政的思想，大有孟子和齐宣王论齐桓、晋文之事的风采，也是由小善而推及大善，寄希望于发掘人性中最深层次的光辉来照亮王道。在人心里面，大概都是觉得小善是可为且应为的，但是对于大善，却往往因为缺少相关的意识而堕入迷失。从苏东坡后面的话来看，他可能是收集了几个做过讲筵官职的人的言论写成了一本书呈给皇上，然而毕恭毕敬的语气却几乎埋没了他文字本身的教育意义。

禁同省往来[1]

元祐元年[2]，余为中书舍人[3]，时执政患本省事多漏泄，欲于舍人厅后作露篱，禁同省往来。余曰："诸公应须简要清通，何必栽篱插棘！"诸公笑而止。明年竟作之。暇日读《乐天集》，有云："西省北院[4]，新构小亭，种竹开窗，东通骑省[5]，与李常侍窗下饮酒作诗。"乃知唐时得西掖作窗以通东省，而今日本省不得往来，可叹也。

注 释

① 同省：宋分中书省、门下省、尚书省。同省，指同在一省共事。

② 元祐元年：元祐是宋哲宗的年号。

③ 中书舍人：官名。

④ 西省：中书省，也称西掖。

⑤ 骑省：即散骑常侍，也即门下省、左省、东省。门下省设侍中、散骑常侍军官。

译 文

元祐元年，我出任中书舍人，当时的中书令担心中书省的事情会泄露，想在舍人厅后面设置一排露天篱笆，用来禁止同省人员来往。我说："诸位保持简朴率真、清廉豁达的内心，哪还需要栽篱插棘！"诸公笑着停止设置篱笆。但第二年还是设置了篱笆。我闲暇时读白居易《乐天集》，有文字说："西省北院，新建小亭，种竹开窗，东通门下省，与李常侍在窗下饮酒作诗。"才知道唐时能从中书省开窗以通门下省，而今日连自己本省的人员都不能来往，真令人叹息。

评 析

唐宋时中央分中书省、门下省、尚书省。元祐年间，为防止机密泄露，同省官吏不得往来。苏东坡认为这是可叹之事。他从《乐天集》中发现唐代不仅不禁止同省官吏往来，而且中书省和门下省也可自由往来，所以叹息。苏东坡歌颂的是君子无私心、坦荡荡的胸怀，但政治事务每多诡诈，谨守机密在制度上也是必要的。

记盛度诰词[①②]

盛度，钱氏婿，而不喜惟演[③]，盖邪正不相入也[④]。惟演建言二后并配，御史中丞范讽发其奸[⑤]，落平章事[⑥]，以节度使知随州[⑦]。时度几七十，为知制诰，责词云：“三星之媾[8]，多戚里之家[9]；百两所迎[10]，皆权要之子[11]。”盖惟演之姑嫁刘氏，而其子娶于丁谓也。人怪度老而笔力不衰，或曰：“度作此词久矣。”元祐三年十二月二十一日讲筵，上未出，立延龢殿中，时轼方论周穜擅议宗庙[12]，苏子容因道此。

注释

① 盛度：字公量，祖籍河南铜陵，徙居余杭。宋真宗时为右谏议大夫、翰林学士。

② 诰词：皇帝给臣子的命令。

③ 惟演：钱惟演，北宋诗人，字希圣，临安（今属浙江）人。吴越王钱俶之子。

④ 不相入：不和，不投机。

⑤ 范讽：字补之，宋代大臣，曾任右谏议大夫、权御史中丞。

⑥ 平章事：开始于唐，凡实际任宰相之职者，必在其本官之外加同平章事衔称，意谓共同议政。

⑦ 知：主持。如知县、知事。

⑧ 三星之媾：用来代指婚姻。

⑨ 戚里：指权要人家。汉代长安城中外戚居住的地方。

⑩ 百两所迎：用来形容婚嫁的盛况。

⑪ 权要：当权的要人。

⑫ 论周穜擅议宗庙：郓州学教授周穜上疏提议，“朝廷当以故相王安石配享神宗皇帝”，天下翕然，苏东坡奏议，周穜擅议宗庙，法当弃市。宗庙：皇家王室的代称，也指古代帝王、诸侯或大

夫祭祀祖宗的场所。

译文

盛度是吴越后人钱氏的女婿，但他不喜欢钱惟演，大约是两人邪正不同不相为谋。钱惟演建言二后并配真宗庙，御史中丞范讽揭发钱惟演奸恶，请求罢其平章事一职，让他以节度使身份在随州任职。此时盛度几近七十岁，身为知制诰，代皇上撰写责词说：“子侄婚姻，多属贵戚身份之家庭；百辆香车所迎接的，都是权贵的女儿。”所言当指钱惟演之姑妈嫁刘氏，而其子娶了丁谓的女儿。世人奇怪盛度年老而笔力不衰，有人说：“盛度很久以前就事先写下这篇责词了。”元祐三年十二月二十一日讲筵，皇上未出来，我们站在延龢殿中等待，这时我正要讨论周穜擅自议论宗庙之事，苏颂于是趁机讲这件事。

评析

这一小记是苏东坡就前朝的一件政治纠纷所做的记录，他也应该知道政治事件从来都不会是个案，历史有时会重演。而苏东坡在此提起盛度的责词，是鉴于自己当时的情况而发。在钱惟演、丁谓等人在晚年被弹劾、落平章事的时候，举朝上下莫不额手相庆。而盛度对于前事和今事的记忆自然是再清晰不过的，所谓“不是不报，时候未到”。虽然是七十岁的人了，却一点也不留情面地写了上面苏东坡所援引的那些话，指斥得酣畅淋漓。于是有人就说了，这大概是他早就写好了留到现在的吧。但不论怎样，知识分子应该是构成社会的良心和政治中拒腐防变的警示力量，而以权力为唯一目的的争斗则是一种永远也不能洗去的耻辱，这当为后事之师。

张平叔制词

乐天行张平叔户部侍郎判度支制诰[1][2][3]，云：“吾坐而决事，丞相以下不过四五，而主计之臣在焉[4]。”以此知唐制，主计盖坐而论事也，不知四五者悉何人？平叔议盐法至为割剥[5]，事见退之集[6]；今乐天制诰亦云“计能析秋毫[7]，吏畏如夏日”，其人必小人也。

注 释

① 行：起草。

② 度支：官名，掌贡赋租税。

③ 制诰：即诏书。

④ 主计：官名，主管财赋而计其出纳者。

⑤ 割剥：掠夺，残害。此处引申为残酷。

⑥ 退之集：当指《韩愈文集》。韩愈，字退之。

⑦ 秋毫：鸟兽在秋天新长出来的细毛。比喻极纤小的事物。

译文

白居易执行撰写张平叔户部侍郎判度支的诏书，说："我坐下来即可决定政务，丞相以下的官员不过四五人，主计官就在其中。"以此知道唐朝的制度，主计官是坐下来讨论政事的，不知道所提到的四五个人到底是什么人？平叔议论盐法极为残酷，其事见于韩愈的文集；现在白居易所写的诰书也称他"计算能分析至秋毫无差，吏员畏惧他如害怕酷暑"，可见他必定是个小人。

评析

白居易起草了张平叔户部侍郎判度支制诰，这是皇帝批准张平叔担任此职的诏书。苏东坡读到白居易诰中的"计能析秋毫，吏畏如夏日"，再加上《韩愈文集》中提到的"平叔议盐法至为割剥"，推测出张平叔必定是个小人。从中可见苏东坡读书时认真细心，有自己独到的见解。

致仕篇

请广陵[①]

今年吾当请广陵，暂与子由相别。至广陵逾月，遂往南郡[②]，自南郡诣梓州[③]，溯流归乡[④]，尽载家书而行，迤逦致仕[⑤⑥]，筑室种果于眉[⑦⑧]，以须子由之归而老焉[⑨]。不知此愿遂否？言之怅然也。

注 释

① 广陵：古地名。今属江苏扬州。

② 南郡：郡名。战国时秦置。今属湖北省江陵。

③ 梓州：在今四川三台一带。

④ 溯流：逆流而上。

⑤ 迤逦：曲折连绵。

⑥ 致仕：年老退休。

⑦ 筑室：造房子。

⑧ 眉：眉山。今属四川省乐山。

⑨ 归而老：告老还乡。老：养老。

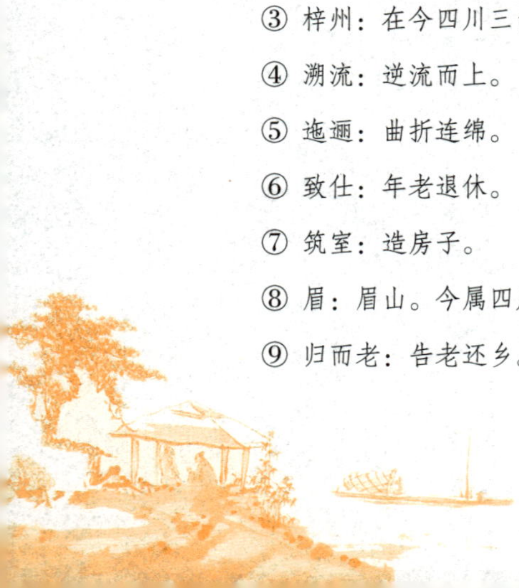

译文

今年我应该请求去广陵任职，暂时与弟弟子由告别。至广陵超过一个月，接着去南郡，再自南郡到梓州，从长江逆流而上回乡，尽载家书而行，走曲折的路退休回乡，在眉州修建一所小屋，小屋周围种植果树，等待子由返回家乡与我一起养老，不知道这一愿望能否达成？说起来令人惆怅不已。

评析

此篇文章作于元祐七年，此时苏东坡在广陵做官，这时他五十六岁，却早已怀“致仕”退隐之思。“致仕”是一种历经宦海沉浮而求平稳退隐的万全之策。这个时候的苏轼，曾因反对王安石变法而被贬为杭州通判，又因“乌台诗案”横遭冤狱，被谪黄州，再贬汝州、常州，经历了一次次的人生变故，看透了仕途蹭蹬、官场险恶。所以他只想着早做准备，以便全身而退。作为一个嗜文如痴的文人，他幻想着回乡养老的悠闲生活，并想等待着弟弟一起“致仕”归乡，共享诗书之乐，共度安适之晚年。这一篇《请广陵》，便是他“请求从广陵致仕”的一厢情愿的心灵实录，反映了苏东坡身处险恶官场而力求彻底解脱的惆怅心态。

买田求归

浮玉老师元公欲为吾买田京口[①②]，要与浮玉之田相近者，此意殆不可忘。吾昔有诗云：“江山如此不归山，江神见怪惊我顽。我谢江神岂得已[③]，有田不归如江水[④]！”今有田矣，不归无乃食言于神也耶？

注 释

① 浮玉：法号佛印禅师。

② 京口：古地名。东晋、南朝时，因城凭山临江，通称京口城，是长江下游军事重镇和东晋南朝通向北方的门户。今属江苏镇江市。

③ 谢：道歉。

④ 如江水：指着江水发誓会像江水一样。“我谢”二句的大意是：我向江神道歉，我真的是不得已，我如果有田不辞官归隐就如同江水一样逝去。

译 文

浮玉老禅师元公想帮我在京口买田，所购置的要与浮玉的田地相近，他的好意我是不应该忘记的。我从前有诗句说：“有如此江山丽景而不归隐山林，江神见了也会责怪惊异我的顽固偏执。我向江神谢罪，我实在不得已，如果有田而不归隐，我必如江水滔滔逝去！”现今我真的有田了，如果我还不归隐，难道真的要我对神灵食言？

评 析

这篇文章是苏东坡在广陵任上写的，与上一篇可视为姐妹篇。广陵与京口仅一江之隔。京口买田实际上是想退隐官场，回归山林。文中所引的诗句来自《游金山诗》，此诗写于熙宁四年（1071），

距写此文时已有二十几年。他如今已经买好田地，有田地而不归隐，便是对神灵食言。田地都买好了，由此可见苏东坡归隐之心强烈。

贺下不贺上

贺下不贺上，此天下通语。士人历官一任[①]，得外无官谤，中无所愧于心，释肩而去，如大热远行，虽未到家，得清凉馆舍，一解衣漱濯，已足乐矣。况于致仕而归，脱冠佩，访林泉，顾平生一无可恨者，其乐岂可胜言哉！余出入文忠门最久[②]，故见其欲释位归田，可谓切矣。他人或苟以借口，公发于至情[③]，如饥者之念食也，顾势有未可者耳。观与仲仪书[④]，论可退之节三，至欲以得罪、病而去。君子之欲退，其难如此，可以为进者之戒。

注 释

① 历官一任：做官一任。古代官吏三年为一任，考其政绩或升或降。

② 文忠：欧阳修，字永叔，号醉翁，谥文忠，唐宋八大家之一。

③ 公发于至情：欧阳修发自内心的真情。

④ 与仲仪书：欧阳修写给王素的书信。仲仪，即王素，工部尚书，谥号懿敏。

译 文

祝贺退职不祝贺升迁，这是天下通行的说法。做官的人做满一任官职，对外能够没有遭到官场毁谤，心中不怀愧疚，就像可以把肩上的重担放下行走，这时的感受就像在酷暑时节远行，虽然未到家里，但能够得到清凉的馆舍除下衣裳漱口洗脸，已经感到心满意足。何况退休而归，脱去冠冕及佩戴之物品，欣赏林泉，回想平生无丝毫之遗憾，这种乐趣怎说得完呢？我出入欧阳文忠之门最久，因此能够了解他一直想退隐回乡的恳切态度。他人有的意图苟且、贪恋权势，欧阳公却像饥饿的人渴望食物一样渴望归隐，只是形势未能许可他归隐而已。看他写给仲仪的书信里面多次谈到想要隐退的想法，甚至想以得罪、得病的借口告归而去。君子之心切切于退隐，却如此难以实现，这可以让一心进取的人有所警惕。

评 析

文中苏东坡列举欧阳文忠公最想释位而归，并且说他与欧阳修接触时间最久，相互之间最为了解。从释位讲，苏东坡说得非常正确。翻开《欧阳修全集》，表奏书启卷有五十余篇，辞奏之文占了这类公文的相当分量。仅看这些辞状的题目，就可以知道他不是辞了一

个官职，而是辞了多个职位。另外文中说：“贺下不贺上，此天下之通语。”然而，现实中却经常是贺上不贺下。可是，从文忠公的行为和苏东坡的思想，我们可以看出他们认为隐退后才会真正快乐。文中写道，辞官之后，“释肩而去，如大热远行，虽未到家，得清凉馆舍，一解衣漱濯，已是乐矣”。可谓无官一身轻啊。试想将一生的案牍之苦，变成“访林泉”之乐，自然是“岂可胜言哉”了。对于苏东坡而言，常常是任职一处，居而安之，总没有异乡人之悲怆。他到了黄州就想安家于黄州，买田地，建雪堂，结友人。到了儋耳，也是如此买田、筑屋，居安则心安矣。此篇写归田之乐，亦可反衬官场之险恶。

隐逸篇

书杨朴事

昔年过洛[1]，见李公简，言：“真宗既东封[2]，访天下隐者，得杞人杨朴[3][4]，能诗。及召对，自言不能。上问：‘临行有人作诗送卿否？’朴曰：‘惟臣妾有一首云：更休落魄耽杯酒[5]，且莫猖狂爱咏诗。今日捉将官里去，这回断送老头皮[6]。’上大笑，放还山。”余在湖州，坐作诗追赴诏狱[7][8]，妻子送余出门，皆哭。无以语之，顾语妻曰：“独不能如杨处士妻作诗送我乎[9]？”妻子不觉失笑，余乃出。

注释

① 洛：即河南府（在今河南洛阳）。

② 东封：宋真宗在大中祥符元年冬，曾亲赴泰山封禅，并过曲阜拜谒孔庙。

③ 杞：县名。今河南杞县。

④ 杨朴：字契元，号东野，自称东里遗民。

⑤ 落魄：随意，不拘小节。

⑥ 老头皮：指脑袋。

⑦ 坐：因为，为着。

⑧ 诏狱：奉皇帝诏令拘禁犯人，也指奉诏审讯案件。

⑨ 杨处士：指杨朴。

译 文

往年路过洛阳，见到李公简，他说：“宋真宗泰山封禅之后，遍寻世间隐士，得知杞地有个叫杨朴的人，擅长作诗。等皇帝把他召来问话时，他却说自己不会作诗。皇帝问：‘你临行时有人为你作诗送行吗？’杨朴说：‘只有我的妻子作了一首诗送我：更休落魄耽杯酒，且莫猖狂爱咏诗。今日捉将官里去，这回断送老头皮。’皇帝听后哈哈大笑，就放他回家了。”我在湖州时，因为作诗而被下令逮捕入狱，妻子和孩子都哭着送我出来。我不知道该对他们说什么，只好回头对妻子说：“你就不能学杨朴的妻子那样为我作诗送行？”妻子破涕为笑，我才从家里出来。

评 析

在“乌台诗案”中，苏东坡经历了自己一生中最有惊无险的时刻。他本是无意在自己的句子里影射朝廷和皇上的，奈何偏有小人加以附会，并且给皇帝进谗言。此篇更像一出喜剧，而苏东坡也在暗自庆幸。或许，是亲人们在临别时候那种破涕为笑的情景让他自己也觉得安慰了，从而才坚持着在别人的诋毁中站立不倒，做到了“举世而非之而不加沮，定乎内外之分，辩乎荣辱之境”。

白云居士

张愈[1]，西蜀隐君子也，与予先君游[2]，居岷山下白云溪，自号白云居士。本有经世志[3]，特以自重难合[4]，故老死草野[5]，非槁项黄馘盗名者也[6]。偶至西湖静轩，见其遗句，怀仰其人，命寺僧刻之石。

注 释

① 张愈：字少愚，益州郫（今四川郫县）人。游学四方，屡举不第。曾在四川青城山白云溪杜光庭故居居住。

② 先君：指苏东坡的父亲苏洵。

③ 经世：治理世事。

④ 自重难合：注重自己的言行而难以与人相合。

⑤ 草野：乡野。与朝廷、廊庙相对。

⑥ 槁项黄馘：枯槁的颈项、黄瘦的面容。馘：脸，面容。

译 文

张愈，是西蜀一位有才德的隐士。我与父亲交游，就居住在岷山下的白云溪。这个地方张愈曾经居住过，他还为此自称白云居士。他本来有经世致用的志向，只因为太洁身自好，难以与人融合，所以最后只能老死在乡野，但他肯定不是一个穷困潦倒欺世盗名的人。我偶然到西湖静轩游玩，看见他遗留下的文句，因怀念及仰慕他，就命令寺里的僧人把他的遗句刻在石头上。

评 析

白云居士“本有经世志”，无奈身处乱世洁身自好难以与世人相合，故选择归隐。达则兼济天下，穷则独善其身，这真是千古智慧。

佛教篇

读《坛经》[1]

近读六祖《坛经》，指说法、报、化三身[2]，使人心开目明。然尚少一喻；试以眼喻：见是法身，能见是报身，所见是化身。何谓见是法身？眼之见性[3]，非有非无，无眼之人，不免见黑，眼枯睛亡，见性不灭，故云见是法身。何谓能见是报身？见性虽存，眼根不具[4]，则不能见，若能赡养其根，不为物障，常使光明洞彻，见性乃全，故云能见是报身。何谓所见是化身？根性既全，一弹指顷，所见千万，纵横变化，俱是妙用，故云

所见是化身。此喻既立，三身愈明。如此是否？

注 释

① 《坛经》：全称《南宗顿教最上大乘摩诃般若波罗蜜经六祖惠能大师于韶州大梵寺施法坛经》，简称《坛经》，是由禅宗六祖慧能在广东韶州（今属广东韶关）大梵寺口述，弟子法海加以辑录，后人陆续增订而成的一部典籍。它是研究禅宗思想渊源的重要依据。

② 法、报、化三身：即法身、报身、化身。

③ 见性：为眼之自性，也就是眼之体。

④ 眼根不具：即没有眼根。佛教称眼、耳、鼻、舌、身、意六者为罪孽的根源，也就是六根。眼为视根，耳为听根，鼻为嗅根，舌为味根，身为触根，意为念虑根。

译 文

最近阅读六祖惠能的《坛经》，指明及解说什么是法身、报身及化身，读后真让人心明眼亮。但当中还缺少一个解说，试以眼睛为例：见之本质是法身，能够看见是报身，所看到的是化身。为什么说见是法身呢？眼睛具有看见物体的性质，这个性质并非实有也并非实无。那些没有眼睛的人，看到的不免就是全黑，即使眼睛失明，眼睛看见物体的性质不会消失，所以说见是法身。为什么说能见是报身呢？因为眼睛看见物体的性质虽然存在，但视力不好不足以使眼睛看得清清楚楚，若能安心保养它的视觉神经，不为凡物所阻碍，常使光明洞彻，视觉之本质即得以保全，所以说能见是报身。为什么说所见是化身呢？因为视觉特质既保全，一弹指之间，所见万千事物纵横变化，全属微妙作用，所以说看到的是化身。此解说确立后，三身之说就更加清楚。如此解释是否恰当呢？

评 析

六祖的思想把佛教带进了一种真空的境地，以至于可以空空无我地“见性成佛”。在《坛经》里，他玄之又玄地谈论了三种依次递进的修为状态，即法身、报身和化身。当然，在这里品读的不是佛学上专业的讲求，更多的是将其作为一种可以使人获得观念和能力的方法论来看待。

改观音咒①②

《观音经》云③：“咒咀诸毒药④，所欲害身者⑤，念彼观音力，还著于本人⑥。”东坡居士曰：“观音，慈悲者也。今人遭咒咀，念观音之力而使还著于本人，则岂观音之心哉？”今改之曰：“咒咀诸毒药，所欲害身者，念彼观音力，两家总没事。”

注 释

① 观音：本译作观世音，因避唐太宗“世”字讳，略称观音。传说观音大慈大悲，救苦救难，有求必应。

② 咒：信奉某些宗教的人以为念着可以除灾或降灾的话。

③ 《观音经》：原名为《妙法莲华经·观世音菩萨普门品》，简称《观音经》。

④ 咒咀诸毒药：咒咀如同各种毒药一样。

⑤ 所欲害身者：要加害于别人之身的人。

⑥ 著：附上，落在。

译 文

《观音经》说："诅咒如种种毒药，本欲残害被诅咒人的身体，盼望观音大师借其神力，把伤害送回给发咒语的人。"苏东坡居士说："观音，是慈悲的神灵。现在有人遭到咒诅，却盼望借观音神力而送还给发咒语的人，这难道是慈悲为怀的观音的用心？"如今把它修改为："诅咒就如同种种毒药，本想残害别人身体的人，盼望观音大师借其神力，让两家都没事。"

评 析

这一段文字里，苏东坡在谈论报应。佛教教义里所谓报应，其实与私心所主张的报复是无异的，只是说得较为冠冕堂皇一些。苏东坡的《改观音咒》，以天下太平皆大欢喜为结尾。这大概反映了苏东坡的真实思想。这个时候的他，尽管被别人坑害得惨不忍睹，却拒绝对那些应该对此负责的人心怀怨愤。他的心态与行为虽然说有点逆来顺受，但确实是对自我的一种超越。

诵经帖[1]

东坡食肉诵经，或云："不可诵。"坡取水漱口，或云："一碗水如何漱得！"坡云："惭愧，阇黎会得[2]！"

注释

① 诵经帖：指诵念经文。

② 阇黎：梵语，阿阇黎的略称，指能纠正弟子品行、做弟子规范的人。

译文

苏东坡吃肉而诵念佛经，有人说："不可诵经。"东坡取水漱口，有人说："一碗水，怎么能够洗漱干净！"东坡说："真惭愧，但佛教徒做得到！"

评析

苏东坡在这里把这一段文字当作自己经历的一个笑话说给大家听，实则是一个寓言。这则寓言告诉我们，对于那些苛刻之人的要求不能盲目地加以迁就，因为一旦迁就起来，他们就会没完没了地纠缠下去。

诵《金刚经》帖[①]

蒋仲甫闻之孙景修言：近岁有人凿山取银矿至深处，闻有人诵经声。发之，得一人[②]，云："吾亦取矿者，以窟坏不能出，居此不知几年。平生诵《金刚经》自随，每有饥渴之念，即

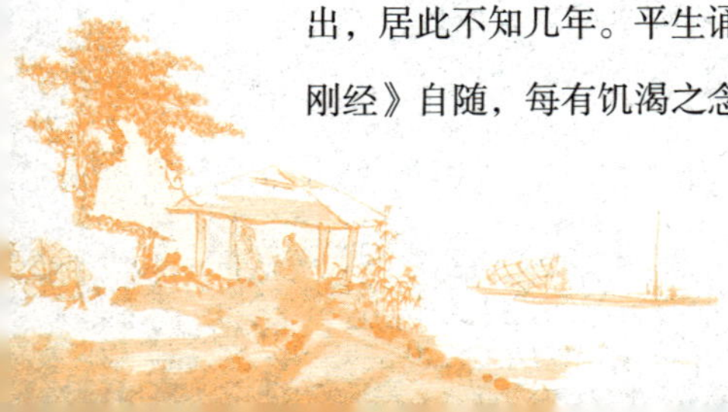

若有人自腋下以饼饵遗之。”殆此经变现也。道家言“守一”[3]，若饥，“一”与之粮；若渴，“一”与之浆。此人于经中，岂所谓得“一”者乎？

注释

① 《金刚经》：全称为《金刚般若波罗蜜经》，是大乘佛教的重要经典。

② 得：发现。

③ 守一：道家语。指在身心安静的情况下，把意念集中到身体的某一部位。《庄子·在宥》曰：“我守其一，以处其和。”

译文

蒋仲甫听见孙景修这样说：近几年有人凿山挖掘银矿挖到了很深的地方，听到有人诵读佛经。经过挖掘，找到一个人，这个人说：“我也是来开采银矿的，因为洞窟崩坏，不能出去，住在这里面不知道多少年了。我平生把《金刚经》带在身边诵读，每有饥渴念头，就好像有人从腋下拿饼送给我。”大概是《金刚经》变化显现的吧。道家说“守一”，若遇饥饿，“一”能供给粮食；若遇口渴，“一”能供给水浆。此人于经而言，难道就是得“一”的人？

评析

诵《金刚经》如此灵验，自不可信。在现代地震灾难中发现，被困在废墟下的人能抗拒饥渴，十几日不死。人若能不吃不喝坚持数年，恐是夸张的神话。能坚持十几日的，也必须具备强健的体质、有利的环境条件等因素，单凭意志，也未必能够成功。但值得注意的是苏东坡将《金刚经》的疗饥救渴的神奇功效与道家的“守一”相联系，反映了道、佛合流的思想倾向。

僧伽何国人[1][2]

泗州大圣《僧伽传》云：“和尚何国人也。又世云莫知其所从来，云：‘不知何国人也。’”近读《隋史·西域传》，乃有何国。余在惠州，忽被命责儋耳[3][4]。太守方子容自携告身来，且吊余曰：“此固前定，可无恨。吾妻沈素事僧伽谨甚[5]，一夕梦和尚告别，沈问所往，答云：‘当与苏子瞻同行。后七十二日，当有命。’今适七十二日矣，岂非前定乎！”余以谓事之前定者，不待梦而知。然余何人也，而和尚辱与同行，得非夙世有少缘契乎[6]？

注释

① 僧伽：唐代的西域高僧。据说是西域何国人。

② 何国：唐时西域国名。在今乌兹别克撒马尔罕西北。

③ 责：责罚。1097年苏东坡被贬至海南儋州。

④ 儋耳：即儋州。汉时在此地的郡名，唐时改为儋州。

⑤ 僧伽：此处僧伽之意是佛家对出家修行者的称呼，简称僧。

⑥ 夙世：佛教中所说的前生。同“宿世”。

译文

泗州大圣《僧伽传》写道：“和尚本是何国人。又说世间的人

都不知道他从哪里来，说：‘不知道是何国人。’”我最近读《隋史·西域传》，才发现有一个国家叫“何国”。我在惠州，忽然接到自己被责罚派往儋耳的命令。惠州太守方子容亲自携带委任文书来到这里，并且安慰我说：“这都是前世注定的事情，你大可不必感到遗憾。我妻子沈素一向小心地侍奉僧徒，有一晚她梦见和尚向她告别，沈素问他往哪里去，和尚回答说：‘应当与苏子瞻同行。此后七十二日，会接到命令。’今天刚巧七十二日，这难道不是前世所定！”我认为事情如果有前定，无须从梦境得知。然而，我是什么人呢？竟辱大和尚与我同行，难道我前世与僧人有因缘关系？

评 析

在此文中，苏东坡以“事之前定者，不待梦而知”来解释自己被贬海南的命运，可以看出他在苦苦地思考、探索自己的命运成因。他想找到自己官海沉浮的原因，却又不能触及真正的原因，只能无奈地以宿命来解释。本篇与卷一的《退之平生多得谤誉》《马梦得同岁》《人生有定分》等篇表达的是同样的意旨，都是在探索命运，反映了他当时对于命运的无奈。

袁宏论佛说[1]

袁宏《汉纪》曰：“浮屠，佛也，西域天竺国有佛道焉[2]。佛者，汉言觉也，将以觉悟群生也。其教也，以修善慈心为主，不杀生，专务清净[3]，其精者为沙门[4]。沙门，汉言息也，盖息意去欲，归于无为。又以为人死精神不灭，随复受形，生时善恶皆有报应，故贵行修善道以炼精神，以至无生，而得为佛也。”东坡居士曰：此殆中国始知有佛时语也，虽浅近，大略具足矣。野人得鹿，正尔煮食之耳，其后卖与市人，遂入公庖中，馔之百方。然鹿之所以美，未有丝毫加于煮食时也。

注释

① 袁宏：东晋文学家、史学家，字彦伯，阳夏（今属河南太康）人。

② 天竺国：古代中国对印度的称呼。

③ 清净：佛家语，意思是远离罪恶与烦恼。

④ 沙门：梵文“沙门那”的略称，亦译“桑门”，勤修善法、止息恶行的意思。

译文

袁宏《汉纪》记载：“浮屠，指的是佛，西域天竺国有佛法。所谓‘佛’，用汉语解释就是觉悟的‘觉’，指的是讲道理让众生觉悟。这一宗教以修善慈心为主，不杀生，专心求清净，能精解的人可作沙门。沙门用汉语来说就是止息的‘息’，大概就是停止意念、除去人欲，归结于人生无所追求。该教又认为人死后精神不会消失，随即再次投胎受孕获得躯体；而在生时的所作所为，善恶都会有报应，因此应重视践行修习向善的功德来提炼精神，以期早日到达无生无死的境界，从而成佛。”东坡居士说：这大概就是中国开始知道佛法存在时的文字记录，语言虽然浅显，大略情形却具体充足。就像乡野之人得到一只鹿，只知道煮着来吃，后来把它拿到市场上售卖，鹿肉于是进入了众人的厨房中，烹饪方法就有了上百种。但鹿肉之所以美味，关键在于煮食时不加入其他东西。

评 析

佛教自东汉和帝时期传入中土。苏东坡认为袁宏在《汉纪》中所记载的佛教之说，大概是所知道的中国最早的佛法存在的文字记录。文末以食鹿为喻，苏东坡想要说明，人们对佛教的认识，从开始知道有佛之时直到现在，并没有深刻多少。同时也说，“然鹿之所以美，未有丝毫加于煮食时也”，那么对于佛教之美，大概也在于它不含任何其他东西吧。

道释篇

赠邵道士

耳如芭蕉[①]，心如莲花，百节疏通，万窍玲珑[②]。来时一[③]，去时八万四千。此义出《楞严》[④]，世未有知之者也。元符三年九月二十一日，书赠都峤邵道士[⑤]。

注 释

① 耳如芭蕉：形容耳朵很大。

② 万窍玲珑：形容非常聪明。玲珑：明彻的样子。

③ 来时一：来到世上时只有一人。

④《楞严》：全称《大佛顶如来密因修证了义诸菩萨万行首愣严经》，简称《楞严经》。

⑤ 都峤：山名，在今广西容县南。最高峰曰八叠峰，有南北二

洞。都峤山洞，道家名为宝玄洞天。

译文

芭蕉形状的耳朵，莲花般洁净的心灵，全身关节疏通畅达，心灵与经络流通身体各窍，精神玲珑剔透。刚出生时只有一赤子之躯，离开世间时却有八万四千化身。这是出自《楞严经》的观念，如今世上还没有精通它的人。元符三年九月二十一日，我把它写好后赠给都峤山邵道士。

评析

《楞严经》是著名的佛学经典，是阐述心性本体的。而苏东坡书赠邵道士的这几句话，也涉及心性本体。因此说“此义出《楞严》”。苏东坡认为此义“世未有知之者也”，说明他从佛经中有所体悟。苏东坡赠道士，双方固皆有襟怀，也是唐宋以来佛、道合流的一个印记。

书李若之事

《晋·方技传》有幸灵者[①]，父母使守稻，牛食之，灵见而不驱。牛去，乃理其残乱者。父母怒之，灵曰：“物各欲食，牛方食，奈何驱之？”父母愈怒，曰：“即如此，何用理乱者为？”灵曰：“此稻又欲得生。”此言有理，灵固有道者耶？吕猗母足得痿痹病十余年[②]，灵疗之，去母数步坐[③]，瞑目寂然。有顷，曰：“扶起夫人坐。”猗曰：“夫人得疾十年，岂可仓卒令起耶？”灵曰：

“且试扶起。”两人夹扶而立，少顷，去夹者，遂能行。学道养气者[4]，至足之余，能以气与人，都下道士李若之能之[5]，谓之“布气”。吾中子迨少羸多疾[6]，若之相对坐为布气，迨闻腹中如初日所照，温温也。盖若之曾遇得道异人于华岳下云[7]。

注 释

① 幸灵：人名。

② 痿痹：肢体不能动作之病。

③ 去：距离。

④ 学道养气：道家的一种修炼方法。

⑤ 都下：京城。这里指北宋的都城汴京。

⑥ 子迨：苏轼之子苏迨。

⑦ 华岳：西岳华山，在今陕西省东部，属秦岭东段。因远望像花，故名华山。主峰太华山，古称西岳，所以又称华岳。

译 文

《晋·方技传》记载有个叫幸灵的人，父母让他看守稻谷，牛吃水稻，幸灵看见了，却不驱赶牛。牛离开后他才去整理杂乱的水稻。父母怒骂他，幸灵说：“生物各自都想进食，牛正在吃食物，我怎么忍心驱赶它？”父母更加愤怒地说：“就算你说得对，那么事后为什么还去整理杂乱的水稻？”幸灵回答：“因为这水稻还想生长下去。”这句话讲得很有道理，幸灵应该是一个有道之士吧？吕猗的母亲足部患痿痹病有十多年了，幸灵给她治疗，他在距离吕母几步远的地方坐下，闭着双眼，静寂不语。过了一会儿说：“把

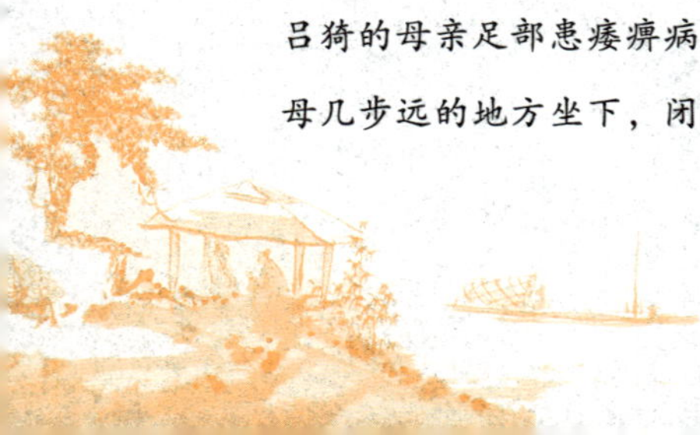

夫人从座位扶起来。”吕猗说：“夫人患病十年，怎么能在一刹那间请她起身？”幸灵说：“姑且试试扶她起来。”两人从两旁架着将她扶起站立，一会儿，去掉扶持的人，吕母就能走路了。学道养气的人，功力修养到达富足之后，就能把真气输送给人，汴京有一位名叫李若之的道士，就能这样做，他把这称作“布气”。我的次子苏迨，从小就瘦弱多病，李若之和他相对而坐，为他布气，苏迨感到腹中好像得到了初升的太阳照耀，暖暖的。听说李若之曾经在华山下遇到了得道的异人。

评 析

这是一个道士兼气功师治病的例子，我们在武侠小说和电视剧里经常看到用气功为人驱毒疗伤，事实果真如此吗？气功确实能够帮助我们强身健体，但它并不像小说和电视剧里宣扬的那么神奇。对苏轼的这篇文章我们要辩证地看待，有了疾病还是应该去正规医院接受医生的检查和治疗。

记苏佛儿语

元符三年八月，余在合浦，有老人苏佛儿来访，年八十二，不饮酒食肉，两目烂然[①]，盖童子也。自言十二岁斋居修行，无妻子。有兄弟三人，皆持戒念道[②]，长者九十二，次者九十。与论生死事，颇有所知。居州城东南六七里。佛儿：“尝卖菜之东城，见老人言：‘即心是佛，不在断肉[③]。’余言：‘勿作此念，众人难感易流。’老人大喜，曰：‘如是，如是。’”

注 释

① 烂然：明亮的样子。

② 持戒念道：坚守斋戒不忘修炼。

③ 断：禁绝，戒除。

译 文

元符三年八月，我在合浦，有一位叫苏佛儿的老人来我家探访，他八十二岁，不饮酒也不吃肉，两眼炯炯有神，估计怀童子功。他说自己十二岁时就一个人静居修行，没有妻子。家里有兄弟三人，都持戒念道，老大九十二岁，老二九十岁。跟他讨论生死问题，我发现他颇有见识。他居住在州城东南六七里的地方。佛儿说："我曾经到东城去卖菜，见到一位老人说：'此心是佛，就不必戒断食肉。'我回答说：'不要持有这种念头，普通人很难感化，却很容易堕入流俗之中。'老人听后很高兴，说：'正是，正是。'"

评 析

在东汉时期，佛教是通过海上丝绸之路进入中国的，而合浦正是古代中国海上丝绸之路的始发港，因此合浦很早就成为佛教文化圣地。苏东坡在合浦与老人苏佛儿禅佛后写下《记苏佛儿语》。此文反映了合浦佛教文化的普及以及佛教对人的身心之益，同时，佛教也成为苏东坡安抚心灵的港湾，引领着他对人生、对命运的深刻思考。苏东坡曾在与王巩论道的信中提到廉州丹材："大抵道士非金丹不能羽化，而丹材多在南荒。故葛雅川求岣嵝令，竟化于廉州，

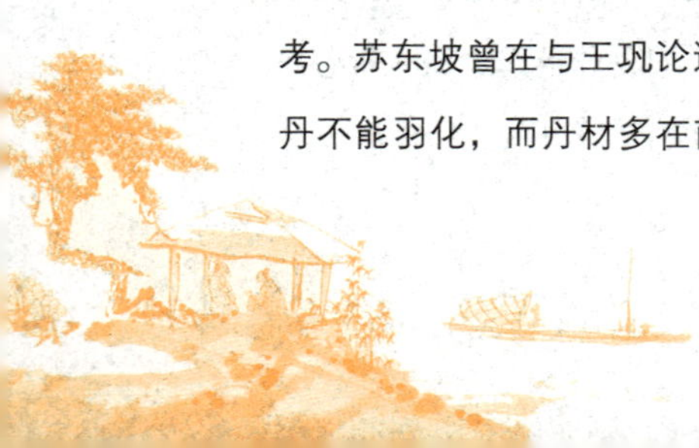

不可不留意也。”佛家与道家文化中渗透着苏东坡安贫乐道的思想，而这正是他在岭南艰难生活的精神支柱。

记道人戏语

绍圣二年五月九日，都下有道人坐相国寺卖诸禁方[1][2]，缄题其一曰：卖“赌钱不输方”。少年有博者，以千金得之。归，发视其方，曰：“但止乞头[3]。”道人亦善鬻术矣，戏语得千金，然亦未尝欺少年也。

注 释

① 相国寺：也叫大相国寺，在今河南开封市。

② 禁方：秘方。

③ 乞头：唐宋时开赌场的人向赢钱的赌徒抽钱叫乞头。

译 文

绍圣二年五月九日，汴京有一位道士坐在相国寺卖各种秘方，其中一个封皮上题字写道：卖“赌钱不会输的秘方”。一位喜欢赌博的少年，用千钱买去。回家，打开秘方，发现里面写道：“停止付赌场所抽佣金。”这位道人也算精于贩卖之术了，用一句戏语就获得千金，却也不算欺骗那位少年。

评析

苏东坡在这里记述的是一个劝人戒赌的故事。涉赌成瘾的人都希望少输多赢，甚至只赢不输。但天下哪有如此好事呢？赌是怎样的一回事情呢？可以肯定的，赌资的绝大部分最终都只会流到赌场老板的腰包里。参赌的人越多，每个人成为大赢家的概率就越小，但是由于最终的头彩会越大，所以就会吸引更多的人参赌。并且赌桌上的输赢永远是未知的事情，不会有定论，今天赢了，但明天未必不会将所赢的输掉，有时还要赔进去更多。在文末，苏东坡夸奖这个道士的高明手段，既得了钱，又没留下犯经济诈骗罪的口实，语气好似有点羡慕。

寿禅师放生

钱塘寿禅师，本北郭税务专知官[1]，每见鱼虾，辄买放生[2]，以是破家。后遂盗官钱为放生之用，事发坐死[3]，领赴市矣。吴越钱王使人视之[4]，若悲惧如常人，即杀之；否，则舍之[5]。禅师淡然无异色，乃舍之。遂出家，得法眼净[6]。禅师应以市曹得度[7][8]，故菩萨乃现市曹以度之。学出生死法，得向死地走之一遭，抵三十年修行。吾窜逐海上[9]，去死地稍近，当于此证阿罗汉果[10]。

注释

① 税务专知官：专门掌管收税的官员。

② 放生：指释放鸟鱼等动物。信佛的人把放生看作一种善举。

③ 坐：指定罪。

④ 吴越钱王：五代十国时期十国中的吴越国，国君钱姓。

⑤ 舍：通“赦”。赦免。

⑥ 法眼净：清净法眼。佛教有五眼说，慧眼和法眼都能洞见实相，仅次于佛眼。

⑦ 市曹：商肆集中的地方。

⑧ 度：使人离俗出家。

⑨ 海上：指海南岛。

⑩ 证阿罗汉果：佛教称修炼很久、悟道有得为证果。阿罗汉，梵文，也译“阿罗诃”，简称“罗汉”，小乘佛教修行的最高果位。

译 文

钱塘寿禅师，本是在城外的北郊负责税务的官员，每次看到有人贩卖鱼虾，就买来放生，由此倾家荡产。后来他就偷盗官钱，作为放生之用，因事件被揭发而被判处死刑，被带往刑场准备处决。吴越国王命人前去观察，假如他像普通人那样悲哀恐惧，就把他处死；反之，就把他释放。结果禅师神态安然，吴越国王便命人释放了他。于是，他就此出家获得了小乘法眼净道。禅师应该是在市集刑场离俗出家的，所以菩萨乃显现于市集以引导他入佛法。修习离开生死之法门，得向死亡之地走一趟，这样可以抵三十年的修行功力。我被驱逐到海南岛，这个地方距离死亡之地比较近，应当在这里修炼得道。

评析

苏东坡在小记里讲到的这个人的故事可作为奇谈。信仰或是宗教理智地来看，更可能是当事人的一种主观态度，而任何附会其上的灵异事件都只能是妄谈。比如这个寿禅师，他认为自己的行为是正确的，所以就坚决地去做了，并且对于后果无惧无畏，这是很难得的。从这一点来说，世界上没有如来，只有释迦；没有上帝，只有耶稣和他的门徒。他们都是人，而他们的见地就成为宗教和信仰，他们的行为就被记载下来成为经典。苏东坡是崇尚道教的，对此，他一点也不避讳。所以，人们从他的信仰里，能够隐约地看到当时文化的优秀成果，自然也有一些糟粕。

僧正兼州博士[①②]

杜牧集有《敦煌郡僧正兼州学博士僧慧苑除临坛大德制词》，盖宣宗复河、湟时事也[③④]。蕃僧最贵中国紫衣师号[⑤]，种世衡知青涧城[⑥]，无以使此等，辄出牒补授。君子予其权，不责其专也。

注释

① 僧正：管理众僧的官。

② 州博士：州经学博士。

③ 宣宗：唐宣宗李忱。

④ 河、湟：指今天甘肃黄河和湟水流域。

⑤ 紫衣：古代皇帝特赐的紫色袈裟。僧人以紫色袈裟为尊贵。

⑥ 种世衡：宋洛阳（今属河南洛阳）人，字仲平，曾知青涧

等地。

译文

杜牧文集有一篇《敦煌郡僧正兼州学博士僧慧苑除临坛大德制词》，大约是记载唐宣宗收复黄河与湟水两川流域的事情。蕃僧以中国赐紫衣袈裟和封号为最贵重，种世衡担任青涧城知府时，无法使用这等方法，就私自发出牒文补授官衔。在朝君子，既然已经给予地方官权力，就不会追究种世衡自作主张了。

评析

僧人是方外之人，除了宗教封号之外，一般不担任地方行政官职，但是也有例外，苏东坡举出两个例子，前一个例子是前朝典故，后一个例子为本朝典故。

僧文荤食名①②

僧谓酒为“般若汤”③，谓鱼为“水梭花”，鸡为“钻篱菜”④，竟无所益，但自欺而已，世常笑之。人有为不义而文之以美名者，与此何异哉！

注释

① 文：掩饰，修饰。

② 荤：俗称肉食为荤，还包括葱、蒜、韭菜等佛家禁食的菜。

③ 般若：梵文，智慧的意思。

④ 钻篱菜：鸡钻篱笆，为掩饰“鸡”字，所以称为“钻篱菜”。

译 文

僧人把酒称为“般若汤”，把鱼叫作“水梭花”，把鸡叫“钻篱菜”，实际上一点益处也没有，只是自欺罢了，世人常常取笑他们。世人有做不义的事却用美好的名称来文饰的，与此相比，有何不同呢？

评 析

本文旨在讽刺文过饰非的人，即“为不义而文之以美名者”。做了不义之事，却用美好的名称来文饰，实际上也是自欺欺人。

卓契顺禅话

苏台定惠院净人卓契顺[1,2,3]，不远数千里，陟岭渡海[4]，候无恙于东坡。东坡问：“将什么土物来[5]？”顺展两手。坡云：“可惜许数千里空手来。”顺作荷担势，信步而去。

注 释

① 苏台：即姑苏台，在今苏州吴中区东南的姑苏山上，后用以称苏州。

② 净人：寺院中担任守护及杂役

的俗人。

③ 卓契顺：江苏宜兴人，在定惠院学佛。

④ 陟：登高。

⑤ 土物：本地产物。

译文

苏州姑苏台定惠院的杂役卓契顺攀登南岭，渡过大海，不远千里到海南岛来问候东坡是否无恙。东坡问他："带着什么土特产来看望我？"契顺展开空空的两手。东坡说："可惜走这数千里的路，却空着手来。"契顺做担着重担的姿势，然后漫步走开。

评析

苏东坡一生与禅师的交往非常密切，他与很多禅师都建立了很深的情谊。苏东坡在苏杭的时间前后有七八年之久，苏杭在东坡看来已成为他的第二故乡。苏杭不但风光秀美、经济繁荣，且高人云集、禅师辈出，卓契顺就是其中一个。禅宗注重顿悟，不重语言。受此风影响，卓契顺做出负荷重担之姿势，乃以身体语言表示自己有承担，而且担子非轻，表面上不带任何东西，但万水千山，肩负责任，比实物更重。

本、秀非浮图之福

稷下之盛[①]，胎骊山之祸[②③]；太学三万人[④]，嘘枯吹生[⑤]，亦兆党锢之冤[⑥⑦]。今吾闻本、秀二僧，皆以口耳区区奔走王公，汹汹都邑[8]，安得而不败？殆非浮屠氏之福也。

注 释

① 稷下：战国时齐国都城临淄（今属山东临淄市）稷门附近地区。

② 胎：事物的基始。

③ 骊山之祸：指秦始皇焚书坑儒。

④ 太学三万人：东汉桓帝时，太学生非常多，而且受李膺、陈蕃等影响，成为党人的主要力量。

⑤ 嘘枯吹生：指辩才高超。

⑥ 兆：事物发生前的征候或迹象。

⑦ 党锢：东汉桓帝时，宦官势大。士大夫李膺等人捕杀其党。宦官告李膺等人与太学游士结为朋党，诽谤朝廷，有两百多人被禁锢终身。后来汉灵帝重新起用李膺，李与大将军窦武谋杀宦官，结果失败，李与百余人被杀，死徙废禁者多达六七百人。

⑧ 汹汹：形容喧扰。

译 文

齐国稷下学子众多，成为秦始皇在骊山焚书坑儒这场灾祸的根源；汉桓帝时太学的学子达到了三万人，他们一律吹嘘，可使生者变枯、枯者变生，于是形成了党锢冤狱的端兆。今天我听说本、秀二位僧人，都用口耳相传的方法竭尽全力地在王公大臣家奔走，使尽浑身解数与他们结交，这样做使得京城内人声鼎沸，怎会不招致祸患呢？这恐怕不是佛家的福事。

评 析

宋代士大夫文人与禅宗僧人交往普遍，王安石、黄庭坚、张商英都与僧人有着密切的来往。苏轼一生跌宕起伏也令他对佛教产生了浓厚的兴趣，并喜爱结交僧人。本文中他对本、秀二僧与王公大臣交往密切感到不安，这反映了他对僧人的关心、对佛家的热爱，还表现了他居安思危崇尚中庸之道的人生哲学。

异事篇

记道人问真

道人徐问真[1]，自言潍州人，嗜酒狂肆，能啖生葱鲜鱼，以指为针[2]，以土为药，治病良有验。欧阳文忠公为青州，问真来从公游，久之乃求去。闻公致仕，复来汝南[3]，公常馆之[4]，使伯和父兄弟为之主。公常有足疾，状少异，医莫能喻。问真教公汲引气血自踵至顶[5]，公用其言，病辄已[6]。忽一日求去甚力，公留之，不可，曰："我有罪，我与公卿游，我不复留。"公使人送之，果有冠铁冠丈夫长八尺许[7]，立道周俟之。问真出城，雇村童使持药笥[8]。行数里，童告之求去。问真于髻中出小瓢如枣大，再三覆之掌中，得酒满掬者二，以饮童子，良酒也。自尔不复知其存亡，而童子径发狂，亦莫知其所终。

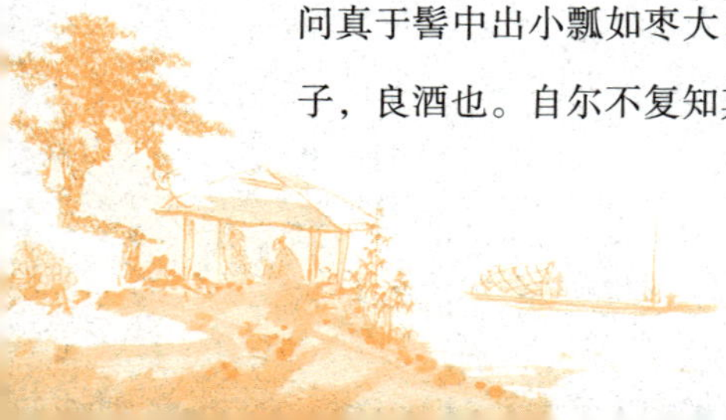

轼过汝阴[9]，公具言如此。其后贬黄州，而黄冈县令周孝孙暴得重腿疾[10]，轼试以问真口诀授之，七日而愈。元祐六年十一月二日，与叔弼父、季默父夜坐话其事[11][12]，事复有甚异者，不欲尽书，然问真要为异人也。

注释

① 徐问真：宋代潍州（在今山东潍坊）人。

② 以指为针：以手指当灸针。

③ 汝南：郡名。汉高帝四年置。隋唐时改蔡州、豫州为汝南郡。在今河南驻马店一带。

④ 馆：接待宾客的房舍，在此指留宿。

⑤ 自踵至顶：从脚到头。

⑥ 已：停止。引申为消除。

⑦ 冠：头戴。

⑧ 笥：盛物用的方形竹器。

⑨ 汝阴：古县名，在今安徽阜阳一带。西汉时属汝南郡，三国后历为汝阴郡、颍州、顺昌府治所。元忽必烈废县入颍州。

⑩ 腿：脚肿。

⑪ 叔弼父：欧阳修之子欧阳棐，字叔弼。

⑫ 季默父：欧阳修之子欧阳辩，字季默。

译文

道人徐问真，自己说是潍州人，嗜酒如命狂放不羁，能吃生葱和鲜鱼，可以用手指当灸针，以土为药，治病效果很灵验。欧阳修在青州做官时，问真到这里来和他游玩，时间久了，要求回去。后来听说欧阳修退休了，他就又到汝南来拜访欧阳修，欧阳修仍旧像往常那样招待他住宿，命伯和兄弟负责接待他。欧阳修的脚有毛病，状态有些异常，大夫无法讲清楚他的疾病。问真教欧阳修自脚至头顶汲引气血，欧公采纳他的方法后病就好了。忽然，问真有一天态度坚决地请求归去，欧阳修挽留他，问真不肯留下，说："我有罪，我与公卿交游，我不再留下。"欧阳修派人送他走，果然有身高八尺有余头戴铁冠的男子站立道旁等候他。问真出城，请村童为他拿药箱子。走了数里路，村童告诉他要回去了。问真在发髻中取出像枣一般大的小瓢，把它多次倒在掌中，得到了满满一手掌的酒，如此两次，给那童子喝这酒，酒的味道十分醇美。自此之后大家不知他的生死，童子也立刻发狂不知下落。我经过汝阴，欧阳公向我描述了事情的详细经过。后来我被贬黄州，而黄冈县令周孝孙突然患了严重腿疾，我试着把问真的口诀传授给他，七日便痊愈了。元祐六年十一月二日，与欧阳棐、欧阳辩夜间坐谈，提及此事，而事情有更奇异的，我不想全部写下来，然而，问真确实是一个异人。

评析

本文苏东坡记述的是一个有本事的道士。古人关于道士的传说有许多，苏东坡对于有本事的道士的记叙也是乐此不疲。

记罗浮异境

有官吏自罗浮都虚观游长寿，中路睹见道室数十间[1]，有道士据槛坐[2]，见吏不起。吏大怒，使人诘之[3]，至则人室皆亡矣。乃知罗浮凡圣杂处，似此等异境，平生修行人有不得见者，吏何人，乃独见之！正使一凡道士见己不起，何足怒？吏无状如此，得见此者必前缘也。

注 释

① 道室：道士居住之处。

② 据槛：倚着门槛。

③ 诘：责问。

译 文

有个官吏从罗浮都虚观到长寿院去游览，在途中看到了几十间道士居住的房子，还有个道士倚靠门槛坐着，看见官吏过来也不起身。这让官吏大为恼火，就派人前去责问他，走到那里突然发现道士和院落都消失了，才知道罗浮山是凡人与仙人混杂居住的地方。像这等奇异境界，平生修行的人都未必有机会看见，这官吏是何等人，竟然可以见到！即使一个平凡的道士见到自己而不起身行礼，何须震怒？这个官吏如此嚣张，却能够见到如此奇异的场景，必定是前世与其有缘。

评 析

罗浮异境如海市蜃楼，转瞬“人室皆亡”。俗吏因有前缘，得见异境于瞬间，苏东坡的这种说法带有迷信色彩。文中的官吏嚣张跋扈值得批判，为官一任要造福一方，要为民请命，不可有官僚主义和特权思想。

东坡升仙

吾昔谪黄州[1]，曾子固居忧临川[2][3][4]，死焉。人有妄传吾与子固同日化去[5]，且云：“如李长吉时事[6]，以上帝召他。”时先帝亦闻其语，以问蜀人蒲宗孟[7]，且有叹息语。今谪海南，又有传吾得道，乘小舟入海不复返者，京师皆云，儿子书来言之。今日有从黄州来者，云太守何述言吾在儋耳，一日忽失所在，独道服在耳，盖上宾也[8]。吾平生遭口语无数[9]，盖生时与韩退之相似，吾命在斗间而身宫在焉[10]。故其诗曰：“我生之辰，月宿南斗。”且曰：“无善声以闻，无恶声以扬。”今谤我者，或云死，或云仙，退之之言良非虚尔。

注 释

① 昔谪黄州：元丰三年，苏东坡被贬为黄州团练副使。

② 曾子固：曾巩，字子固，北宋文学家，“唐宋八大家”之一，南丰（今属江西南丰）人，世称南丰先生。

③ 忧：指父母之丧。

④ 临川：在今江西抚州。当时临川下辖南丰。

⑤ 化：死。

⑥ 李长吉：李贺，字长吉，福昌（今河南宜阳）人。唐代诗人，有《昌谷集》。

⑦ 蒲宗孟：字传正，阆州（在今四川南部）人。

⑧ 上宾：道家比喻升天，做天帝的上宾，借喻为死。

⑨ 口语：指言论或议论。

⑩ 身官：生日干支。

译 文

以前我被贬到黄州做官，曾巩在临川遭遇母亲丧事，竟然死了。当时的人们妄传，说我和曾巩在同一天羽化升天了，并且说："就像李贺当年的情况一样，因天帝召唤而去的。"其时先帝也听到了这个传言，就以此来询问蜀人蒲宗孟，而且说了感叹的话。现在我谪居海南，又有谣传说我得道，乘小船进入大海没有回来，京城都这么传言，儿子寄信来说了这些事。今日有从黄州来的人，说太守何述说我在儋耳，有一天忽然失去踪迹，只留下了道服，可能升天了。我平生遭遇的谣言无数，大概出生的时间与韩愈一样，命在斗牛之间，而干支八字却属磨蝎宫。韩愈诗说："我生之辰，月宿南斗。"又说："没有好名誉可传闻，没有坏名声足以传播。"现在毁谤我的人，或者说我死了，或者说我升仙，韩愈的话句句适合我用，确实不虚。

评 析

苏轼在这篇文章中摘录了别人对他的一些议论，有人说他死掉了，有人说他成仙了。在苏轼看来，这些都是诽谤。面对这些诽谤，苏轼自嘲这与自己的出生日期有关，并说这个时间出生的人命不好，还拿韩愈举例说明。“我生之辰，月宿南斗。”苏轼引用韩愈的话，说自己处在语言和人身攻击之间，很难有好的境遇。苏轼的一生仕途不顺，确实没有好的境遇，但他心性豁达，面对挫折能够保持乐观。本文中苏轼把他人对自己的诽谤进行记录，还用韩愈的话进行自嘲，他这种豁达的心态值得我们学习。

黄仆射[1]

虔州布衣赖仙芝言[2]：连州有黄损仆射者[3][4]，五代时人。仆射盖仕南汉官也[5]，未老退归，一日忽遁去，莫知其存亡。子孙画像事之，凡三十二年。复归，坐阼阶上[6]，呼家人。其子适不在，孙出见之。索笔书壁云：“一别人间岁月多，归来人事已消磨。惟有门前鉴池水，春风不改旧时波。”投笔竟去，不可留。子归，问其状貌，孙云：“甚似影堂老人也[7]。”连人相传如此。其后颇有禄仕者[8]。

注 释

① 仆射：官名，起于秦代。凡侍中、尚书、博士、谒者、郎等官，都有仆射，以所领职事作称号，意思是其中的首长。

② 虔州：州名。隋代设置，以虔化水得名，治赣县（今属江西赣州市），南宋时改名为赣州。

③ 连州：地名。隋开皇十年置州。在今广东连平一带。

④ 黄损：字益之，连州人。

⑤ 南汉：五代时十国之一，公元917年在今广东、广西建立，史称南汉。

⑥ 阼阶：古代指东面的台阶，主人迎接宾客的地方。

⑦ 影堂：悬挂先人遗像的灵堂。

⑧ 禄仕：意思是做官。禄：俸禄，官吏的俸给。

译 文

虔州的平民赖仙芝说：连州有一个人叫黄损仆射，他是五代时期的人。付射应是出任南汉时的官职，没有到年迈的时候他就退任回家了。有一天他忽然失踪了，人们不知道他的生死。他的子孙就画了画像拜祭他。三十二年后，他却回到家中，坐在大堂前的台阶上，呼喊家人。他儿子刚巧不在家，孙儿出来看他。他索取笔砚，在壁上写道："尘世稍别，却已经历许多岁月，回来发觉人事变迁已极多。只有门前一道如镜之池水，春风一吹依然似旧日之风波。"他写完后放下笔就离开了，不肯留下。他的儿子回家后问起他的样貌，孙子说："很像影堂上那位老人家。"连州人都这样口口相传。他的后代出了许多做官的人。

评 析

黄损，字益之，后梁龙德二年登进士第，后官至南汉尚书左仆射。

他为人耿直、重利轻义，为百姓做了很多好事，曾经捐资修筑高良之邪陂，灌溉非常之广。黄损与当时的北方名士齐丘、桑维翰多有来往，经常一起讨论天下大事。他还是一位传奇人物，在冯梦龙的《醒世恒言》第三十二卷《黄秀才徼灵玉马坠》中对他有生动的描述。苏东坡在本篇记录的黄损的事迹，显然是民间传说，可以当作志怪小说来读。

癯仙帖[①]

司马相如谄事武帝[②③]，开西南夷之隙。及病且死，犹草《封禅书》[④]，此所谓死而不已者耶？列仙之隐居山泽间，形容甚癯，此殆“四果”人也。而相如鄙之，作《大人赋》，不过欲以侈言广武帝意耳[⑤⑥]。夫所谓大人者，相如孺子[⑦]，何足以知之！若贾生《鹏鸟赋》[⑧⑨]，真大人者也[⑩]。庚辰八月二十二日，东坡书。

注 释

① 癯仙：骨姿清瘦的仙人。癯：瘦。

② 司马相如：汉代文学家，字长卿，成都人。汉武帝时，因献赋被任命为郎。

③ 谄事：以谄媚之态服侍。

④ 草《封禅书》：指司马相如因病免官后，仍起草《封禅书》，由家人上奏汉武帝。

⑤ 侈言：夸大之词。

⑥ 广：宽心，宽慰。

⑦ 孺子：儿童、后生。此处含有贬义。

⑧ 贾生：贾谊，洛阳（今河南洛阳）人，年少博学，汉文帝召为博士，迁太中大夫。世称贾太傅，又称贾生。

⑨《鹏鸟赋》：贾谊名作。

⑩ 大人：圣人或高官贵族。

译 文

司马相如阿谀奉承汉武帝，开通西南夷，造成华夷之间的嫌隙。到他得病快死的时候仍然在起草《封禅书》，这就是死而不止的人吧？各位仙人在山泽之间隐居，外形容貌相当清瘦，这几乎是得道高僧了。可是，相如鄙视他们，作《大人赋》，不过是想用夸张的语言增强武帝的野心罢了。所谓大人，像司马相如这等小子，怎有资格去了解呢！像贾谊撰写的《鹏鸟赋》，才是真正的大人啊。庚辰年八月二十二日，东坡书。

评 析

此文放在《异事》中，苏东坡却没有用过多的笔墨去写异事，而是在文中比较了司马相如和贾谊的思想操守，捎带着附会了一下神仙。在此，苏东坡对相如严加指责，其中最甚的便是“此所谓死而不已者耶”。苏东坡在这里高举贾谊而脚踏司马相如，但贾谊和司马相如都是西汉时期的文学家，他们的文章都有很高的文学价值。他们的个人操守实有不同，司马相如的德行可能确实不如贾谊高，但说他是阿谀奉承的小人，并说他到死还在谄媚武帝，未免有些太过了吧！

记鬼

秦太虚言[1]：宝应民有以嫁娶会客者[2]，酒半，客一人竟起出门。主人追之，客若醉甚将赴水者，主人急持之。客曰：“妇人以诗招我，其辞云：‘长桥直下有兰舟，破月冲烟任意游。金玉满堂何所用[3]？争如年少去来休。’仓皇就之，不知其为水也。”然客竟亦无他。夜会说鬼，参寥举此，聊为之记。

注 释

① 秦太虚：秦观，字太虚。

② 宝应：县名。在今江苏扬州市北。汉为射阳、平安两县，唐改名为宝应。

③ 金玉满堂：极言财富之多。

译 文

秦观说：宝应县有一个人因嫁娶而召集宾客举办宴会。宴会进行到一半，一个客人竟然匆匆离席，主人连忙追赶他。客人好像喝醉了，一心想要冲进河水里，主人急忙拖住他。客人说道：“有一位妇女用诗招呼我，诗句说：‘长桥直下有兰舟，破月冲烟任意游。金玉满堂何所用？争如年少去来休。’我于是仓皇之间跟着她走，没有注意到那是河水呀。”然而客人后来也没有什么事。我们在夜间聚会聊起鬼魅，参寥子举出此事，我姑且记下来。

评 析

本文是参寥子听秦观讲的故事。我们可以当灵异故事听一听，不必当真。

李氏子再生说冥间事

戊寅十一月[①]，余在儋耳，闻城西民李氏处子病卒两日复生[②]。余与进士何旻同往见其父，问死生状。云：初昏，若有人引去，至官府幕下。有言："此误追。"庭下一吏云："可且寄禁[③]。"又一吏云："此无罪，当放还。"见狱在地窟中，隧而出入。系者皆儋人，僧居十六七。有一妪身皆黄毛如驴马，械而坐，处子识之，盖儋僧之室也。曰："吾坐用檀越钱物[④][⑤]，已三易毛矣。"又一僧亦处子邻里，死已二年矣，其家方大祥[⑥]，有人持盘及钱数千，云："付某僧。"僧得钱，分数百遗门者，乃持饭入门去，系者皆争取其饭。僧饭，所食无几。又一僧至，见者擎跪作礼。僧曰："此女可差人速送还。"送者以手擘墙壁使过[⑦]，复见一河，有舟，使登之。送者以手推舟，舟跃，处子惊而寤[⑧]。是僧岂所谓地藏菩萨耶[⑨]？书此为世戒。

注释

① 戊寅：即宋哲宗绍兴五年。

② 处子：未出嫁的女子；处女。

③ 寄禁：暂时关着。

④ 坐：因为。

⑤ 檀越：梵语，施主的意思。

⑥ 大祥：父母死后两周年的祭礼。周年称小祥。

⑦ 擘：分开，用手指掰开。

⑧ 寤：睡醒。

⑨ 地藏菩萨：地藏译自梵文，地指大地，藏是储藏、存有。意谓如同大地一样，含藏着无数善根的种子。

译文

戊寅年十一月，我在儋耳时，听说城西李家有个女孩在病死两天后又复活了。我与进士何旻一起到李家见她父亲，打听相关情况。李父说：“她开始时昏迷不醒，后来她仿佛被人领到官府的帷幕下面。听见有人说：‘抓错人了。’庭下一个小吏说：‘可以暂且关着。’又有个小吏说：‘这个人没有罪，应当把她放回去。’她看见牢狱在地窟里，通过隧道与外界相连。被关押的都是儋耳人，其中十分之六七是僧人。有一个老妇全身都是黄毛，如驴似马，带着枷锁坐在那里。女孩认识她，她是儋耳一个僧人的妻子。她说：‘我因为私拿了施主的财物犯了罪，身上的毛已换了三次了。”还见到一个僧人，也是这个女孩的邻居，已经死去两年了。他家里刚刚为他办了死后两周年的祭礼，有人拿着祭祀的饭菜和数

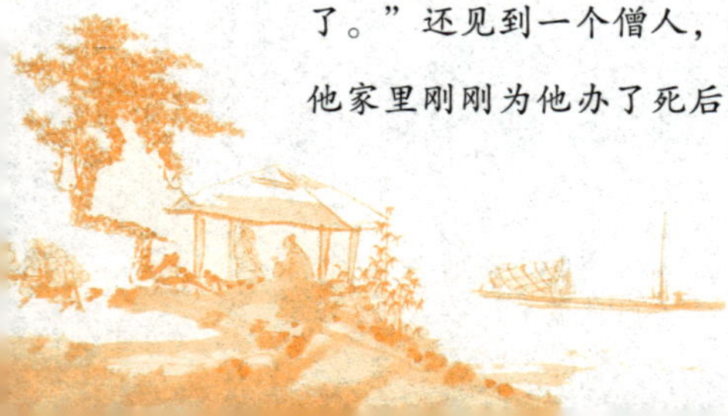

千钱，说：‘送给某个僧人。’僧人拿到钱后，把几百钱给了看门人，就端着饭菜进门了。被关押的人都来抢那些饭菜，僧人也没吃到多少。又有一个僧人过来，大家都给他合掌下跪行礼。他说：‘速速派人送这个女孩回去。’只见送人者用手推开墙壁使她走过去，出去后又看见一条河，河里有条船，送人者让女孩上船。送她的人用手一推船，船一跳动，女孩受惊吓后就醒来了。”最后这个僧人难道就是人们所说的地藏菩萨吗？我写下此事，算是留给世人一个警戒吧。

评 析

这一篇文简单来说，就是讲的一个李姓人家的女儿死了两天又还阳的事情。在这里，有几点颇有趣：其一，地狱也是有行政区划的；其二，和尚堕地狱的也不在少数；其三，阴间缺吃，而货币通胀，所以逢大祥多送荤腥少烧纸钱。死而复生，可能是一种暂时性的严重昏迷，例如现代的脑中风病人，每有昏睡数天而苏醒过来的案例。至于昏睡期间的所见所闻，各有不同，这些是神学及脑神经科学很好的研究材料。

道士张易简

吾八岁入小学，以道士张易简为师。童子几百人[①]，师独称吾与陈太初者[②]。太初，眉山市井人子也。余稍长，学日益，遂第进士制策[③④]，而太初乃为郡小吏。其后余谪居黄州，有眉山道士陆惟忠自蜀来，云：“太初已尸解矣[⑤]。蜀人吴师道为汉州太守[⑥]，太初往客焉。正岁日[7]，见师道求衣食钱物，且告别。持所得尽与市人贫者，反坐于戟门下[8]，遂卒。师道使卒舁往野外焚之[9]，卒骂曰：‘何物道士，使吾正旦舁死人！’太初微笑开目曰：‘不复烦汝。’步自戟门至金雁桥下，趺坐而逝[10]。焚之，举城人见烟焰上眇眇[11]焉有一陈道人也。”

注 释

① 几：几乎，接近。

② 陈太初：苏东坡同时代人。

③ 第：科举时代考试及格的等次。

④ 策：竹简。造纸发明前，以简作书。

⑤ 尸解：道家认为修道者死后，留下形骸，魂魄散去成仙，称为尸解。

⑥ 汉州：唐垂拱二年设置，在今四川广汉。唐乾元时改名汉州。

⑦ 岁日：农历初一。

⑧ 戟门：也称棘门。古代官门立戟，唐制三品以上官员亦得于私门立戟，因称显贵之家为戟门。

⑨ 舁：抬。

⑩ 趺坐：双足交叠而坐。

⑪ 眇眇：远远望去。

译 文

我八岁开蒙进学堂，拜道士张易简为师。同学将近一百人，老

师唯独夸赞我和陈太初。陈太初是眉山的平民子弟。我渐渐长大，学问见识日渐增长，后来参加进士制度考试并考上了，而这时的陈太初还是郡里的低级官员。之后我贬官寓居黄州，眉山道士陆惟忠从蜀地来，告诉我说："陈太初已经成仙而去了。蜀地人吴师道任汉州太守，陈太初在他家作客。正月初一，他去拜见吴师道并索求衣服食物钱财杂物，接着与他道别。他把索要的东西尽数送给大街上那些穷人，然后回到州府门前坐下，就这样死了。吴师道派士兵将太初的尸体抬到野外火化，士兵骂道：'什么道士，让我们大年初一抬死人！'只见陈太初面露微笑，睁开眼睛说：'不再麻烦诸位。'说完他起身从州府门前步行到金雁桥下，盘腿坐着死去。火化时，全城的人都看到陈太初影影绰绰地出现在烟火之上。"

评 析

若论苏东坡的学识，可谓学富五车，才高八斗。苏东坡在《子由生日以檀香观音像及新合印香银篆盘为寿》中有言，"君少与我师皇坟，旁资老聃迦文"，可知苏东坡幼时确实是儒释道等百家之书无不拜读。他八岁开蒙进学堂，拜颇有名气的道士张易简为师。从此文中提到的"童子几百人，师独称吾与陈太初者"可知，能够师从名师张易简，又独得其称赞赏识，苏东坡对此颇为得意，同时也足见他的聪颖和能够快速接受道士的传教。

辨附语[①]

世有附语者，多婢妾贱人，否则衰病不久当死者也。其声音举止皆类死者，又能知人密事，然皆非也。意有奇鬼能为是耶？昔人有远行者，欲观其妻于己厚薄[2]，取金钗藏之壁中，忘以语之。既行而病且死，以告其仆[3]。既而不死。忽闻空中有声，真其夫也，曰："吾已死，以为不信，金钗在某处。"妻取得之，遂发丧。其后夫归，妻乃反以为鬼也。

注释

① 附语：死人附在活人身上说话。

② 厚薄：此处指感情的深浅。

③ 以告其仆：通过附语告诉仆人。

译文

世上有死者附在活人身上讲话的事，但这种事多属婢妾等卑贱的人做的，否则就是衰病快要死的人了。被附的人声音举止都和死者类似，并能知道人的秘密，其实都是骗人的。难道他们以为有奇鬼能如此做吗？从前有人要出远门，想观察自己的妻子对待自己的态度是亲厚还是刻薄，就取来金钗藏在墙壁之中，忘记告诉她。远行之后得了很严重的病将要客死他乡，就把墙壁藏金的事情告诉了仆人。后来他却没有死去。一天，他的妻子忽然听到空中有声音，并且那声音是她丈夫发出的，说："我已经死了，你如果不信，金钗放在某处。"妻子取得金钗，就为他举行丧礼。丈夫归来后，妻子反而以为是个鬼魂。

评 析

这篇文章，拥有一些反迷信的色彩。可见对鬼神之事，苏东坡并非全信。

三老语

尝有三老人相遇，或问之年。一人曰："吾年不可记，但忆少年时与盘古有旧[①]。"一人曰："海水变桑田时，吾辄下一筹[②]，尔来吾筹已满十间屋。"一人曰："吾所食蟠桃，弃其核于昆仑山下，今已与昆山齐矣。"以余观之，三子者与蜉蝣朝菌何以异哉[③④]？

注 释

① 盘古：盘古氏，我国神话中开天辟地之人。

② 筹：用竹签做成的筹码。

③ 蜉蝣：虫名，有数种，体细长，寿命短者数小时，长者六七日。

④ 朝菌：菌类植物，朝生暮死。借以比喻生命短促。

译文

曾经有三个老人相遇，有人问他们多大年纪了。一个老人说："我的年龄已经记不清了，只记得我小时候和盘古有交情。"另一个老人说："当海水变成桑田的时候，我就放一个筹码来记录一次，到现在我的筹码已经堆满十间屋子了。"还有一个老人说："我吃掉蟠桃，都把桃核扔在昆仑山下，现在它们已经与昆仑山一样高了。"在我看来，这三个人和蜉蝣、菌类生物又有什么差别呢?

评析

这篇文章是苏东坡记录的三位老人吹牛的话，苏东坡在文章最后有些伤感地感慨人生短暂。这种感叹是好多人都会发出的，每当此时大家应该试着读一下曹孟德的《龟虽寿》。

桃花悟道

世人有见古德见桃花悟道者，争颂桃花，便将桃花作饭，五十年转没交涉①。正如张长史见担夫与公主争路而得草书之气②，欲学长史书，便日就担夫求之，岂可得哉?

注释

① 交涉：关联。

② 张长史：张旭，唐代吴人，字伯高。曾任坐率府长史，故又称张长史。精楷法，尤善草书，又称"草圣"。

译 文

世人听到传言说古代的有德之士因见桃花而悟道，于是争相歌颂桃花，即使拿桃花来煮饭，五十年也没见效果。正如唐代的张旭长史，见挑夫与公主争路而获得启发，悟得了草书之精神。想学张旭书法，便日日接近挑夫以追求书法精神，难道就可获得吗?

评 析

认为拿桃花煮饭吃就可以悟道，自然可笑，至于“欲学长史书，便日就担夫求之”，则与拿桃花煮饭一样可笑。学习必须讲求科学方法。方法错，效果就会打折扣。张旭见挑夫与公主争路而顿悟，后人偶也因类似经验而产生另一种顿悟，未必无益。不过，若日日接近挑夫以追求书法精神，自然是愚蠢透顶了。

卷三

卷三共分为六篇：异事下篇、技术篇、四民篇、女妾篇、贼盗篇和夷狄篇。

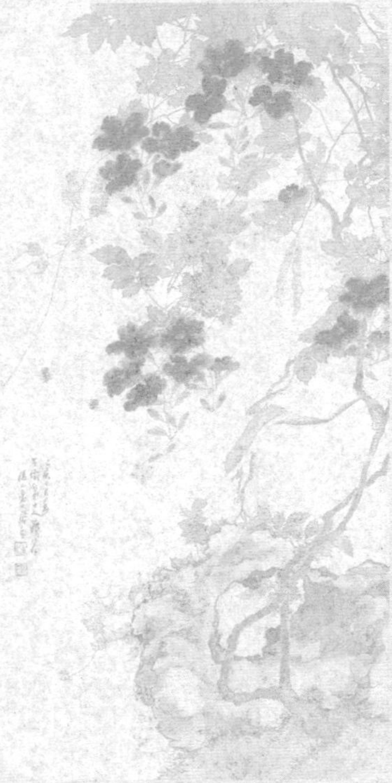

异事下篇

朱炎学禅

芝上人言：近有节度判官朱炎学禅，久之，忽于《楞严经》若有所得者。问讲僧义江曰："此身死后，此心何住？"江云："此身未死，此心何住？"炎良久以偈答曰[1]："四大不须先后觉[2][3]，六根还向用时空[4]。难将语默呈师也，只在寻常语默中。"师可之。炎后竟坐化[5]，真庙时人也[6]。

注 释

① 偈：佛经中的唱词。

② 四大：佛教以地、水、火、风为四大，认为此四者广大，能

够产生出一切事物和道理。

③ 觉：指领悟佛教的真谛。

④ 六根：也叫六情，指人身的眼、耳、鼻、舌、身、意。根是“能生”的意思。佛教认为眼、耳、鼻、舌、身、意具有能摄取相应的六境（色、声、香、味、触、法）、产生相应的六识（眼识、耳识、鼻识、舌识、身识、意识）的六种功能。

⑤ 坐化：也叫“坐脱”。佛教称僧人端坐而死。

⑥ 真庙：指宋真宗。庙：已死皇帝的代称。

译 文

芝上人说，最近节度判官朱炎开始学禅，时间久了，忽然对《楞严经》好像有些心得。他向讲僧义江法师问道：“这个身躯死后，那心住在哪里？”义江说：“这个身躯未死时，这个心住在哪里？”过了好长一段时间，朱炎才以偈语回答：“何须了解地水火风四物的先后，眼耳鼻舌身意六根用时还向性空。难将不语心事呈告师父，一切只在闲常不言之中。”法师觉得不错。朱炎后来竟然坐化了。他是真宗时代的人。

评 析

“此身未死，此心何住？”是宗教的特点，就是让人反省生命，导人深思生命之来源去向，包括在生时如何安身立命的问题。

故南华长老重辨师逸事

契嵩禅师常瞋[1]，人未尝见其笑；海月慧辨师常喜，人未尝见其怒。予在钱塘，亲见二人皆趺坐而化。嵩既荼毗[2]，火不能坏，益薪炽火[3]，有终不坏者五。海月比葬，面如生，且微笑。乃知二人以瞋喜作佛事也。世人视身如金玉，不旋踵为粪土，至人反是[4]。予以是知一切法以爱故坏，以舍故常在，岂不然哉！予迁岭南，始识南华重辨长老[5]，语终日，知其有道也。予自岭南还，则辨已寂久矣。过南华吊其众，问塔墓所在，曰："我师昔有寿塔南华之东数里[6]，有不悦师者葬之别墓，既七百余日矣，今长老明公独奋不顾，发而归之寿塔。改棺易衣，举体如生，衣皆鲜芳，众乃大愧服。"东坡居士曰：辨视身为何物，弃之尸篮林[7]，以饲乌鸢何有，安以寿塔为？明公知辨者，特欲以化服同异而已。乃以茗果奠其塔而书其事，以遗其上足南华塔主可兴师[8][9]。时元符三年十二月十九日。

注 释

① 契嵩禅师：宋代高僧，字中灵。

② 荼毗：梵语音译，也称阇毗。意思是僧人逝后焚烧。

③ 益薪：增加柴火。

④ 至人：道德修养达到最高境界的人。

⑤ 南华：地名。

⑥ 寿塔：生前建造的塔。塔：又称浮屠或浮图，用于供奉佛骨、佛像，后来也用于收藏佛经或收藏僧人遗体。

⑦ 尸篮林：佛家指西域弃尸的地方，梵语尸多婆那。

⑧ 上足：徒弟的美称，即所谓高徒。

⑨ 可兴：僧人法名。

译文

契嵩禅师经常发怒，别人从来没有见过他笑，海月慧辨禅师常常很高兴，别人从来没有见过他发怒。我在钱塘时，亲眼看见他们俩双足交叠同时离世。契嵩禅师死后进行火化，火却烧不坏他的尸体，于是增加木柴使火烧旺，一直加了五次木柴也没有烧坏他的尸体。等到海月慧辨禅师安葬时，面容跟活的时候一样，而且带着微笑。才知道这两人分别用怒和喜来修炼佛法。世人把自己的身体视为金玉般宝贵，却终究会在片刻之间化为粪土，真正得道的人正好相反。我据此得知，一切佛法，都因为贪恋而无法修成，因为懂得舍弃才能得道，难道不是这样吗？我被贬至岭南，在这儿认识了南华重辨长老，终日与他交谈，知道他确实是得道之人。我从岭南迁往外地之时，他已经圆寂很久了。我路过南华寺时去凭吊他，问他的塔墓在哪，他的弟子说："我师傅从前在南华以东数里处建有寿塔，他死后有不喜欢他的人把他葬在了别的地方，已经有七百多天了，如今明公长老力排众议，将他迁回寿塔。想为他更换棺木改穿寿衣，打开棺木时发现他的全身还像活着时一样，衣服都还和下葬时一样新。大家都敬仰他并自愧不如。"苏东坡说："重辨长老怎样看待自己的尸体，可以把尸体丢弃在荒野之间，用来喂食乌鸦飞鹰也无妨，如何还要寿塔啊！明公是知道重辨长老的人，他这样做不过是想感化教育同道中人和存有不同看法的人罢了。"于是我摆上供品，将这件事记录下来，送给重辨长老的高徒可兴师傅，当时是元符三年十二月十九日。

评 析

元符三年十二月十九日是苏东坡的生日，十多天后就是建中靖国元年。苏东坡的北归路线，是经粤北韶关南华寺北上。他在自己生日的时候谈论法师尸体的处理方法，固然有客观事缘背景，但让人怀疑他在借此抒发看破生死的感慨。真正对人类作出贡献的人，他的名字自然会流传下来，哪里用得到想方设法地选墓地保存尸体呢！

冢中弃儿吸蟾气

富彦国在青社[①]，河北大饥，民争归之。有夫妇襁负一子[②]，未几，迫于饥困，不能皆全，弃之道左空冢中而去[③]。岁定，归乡过此冢，欲收其骨，则儿尚活，肥健愈于未弃时，见父母，匍匐来就。视冢中空无有，惟有一窍滑易，如蛇鼠出入，有大蟾蜍如车轮，气咻咻然[④]，出穴中。意儿在冢中常呼吸此气[⑤]，故能不食而健。自尔遂不食，年六七岁，肌肤如玉。其父抱儿来京师，以示小儿医张荆筐。张曰："物之有气者能蛰[⑥]，燕蛇虾蟆之类是也。能蛰则能不食，不食则寿，此千岁虾蟆也。决不当与药，若听其不食不娶，长必得道。"父喜，携去，今不知所在。张与余言，盖嘉祐六年也[⑦]。

注 释

① 富彦国：富弼，字彦国，北宋大臣，封郑国公。洛阳（今属

河南洛阳）人。

② 褓负：用襁褓包裹着婴儿负于背上。襁：包裹婴儿用的宽带子。

③ 左：旁边，附近。

④ 咻咻：形容喘气的声音。

⑤ 意：猜想。

⑥ 蛰：伏藏。主要指昆虫的蛰伏。

⑦ 嘉祐：宋仁宗年号。

译 文

富彦国在青州时，河北闹饥荒，百姓都争相去投奔他。有一对夫妇背着尚在襁褓的孩子逃难，没多久，迫于饥饿困顿，一家不能顾全，只好把孩子遗弃在路旁的空冢中离开。一年后，这家人返乡路过这个空冢，想把孩子的尸骨带回去安葬，却看到孩子还活着，并且比遗弃的时候还要健康肥硕，看见父母就爬过来。父母观察冢中发现什么都没有，只有一个洞穴边缘特别光滑，像是有蛇鼠经常出入，有一只大蟾蜍，像车轮那么大，嘘嘘喘着气，从洞穴中出来。他们猜测孩子在洞穴中常常呼吸蟾蜍呼出的气，因此能不吃东西而保持健康。从此以后，孩子都不吃饭，到六七岁时他的肌肤像玉一样光洁。他的父亲抱着他来到京城，让医生张荆筐查看。张荆筐说："燕蛇蟾蜍这类动物有气就能冬眠，能冬眠就能不吃东西，不吃东西就能长寿，那可是一只千年蟾蜍啊。坚决不能给孩子吃药，如果能让他不吃东西，不结婚娶妻，以后必会得道。"孩子的父亲非常高兴，带他离开了京城，现在不知道在哪。张荆筐把这件

事告诉我，这大概是嘉祐六年的事。

评 析

这则故事读起来既让人心酸又让人惊奇：迫于饥困，父母不得已将孩子丢弃于空冢之中，令人心酸；孩子靠呼吸千年蟾蜍之气，能不食而健，让人惊奇。但是，这个故事没有把那个孩子最后的情形如何说出来。所以，也只能列在异事里面，让读者在心中留有疑惑与猜想。通过冢中弃儿这个小故事使我们深刻地了解到了中国古代贫苦老百姓的悲惨生活。试想如果那个孩子死了，他的父母在收尸的时候该有多么难过。

石普见奴为祟

石普好杀人[①]，以杀为娱，未尝知暂悔也。醉中缚一奴，使其指使投之汴河[②]，指使哀而纵之。既醒而悔，指使畏其暴，不敢以实告。居久之，普病，见奴为祟，自以必死。指使呼奴示之，祟不复出，普亦愈。

注 释

① 石普：宋初大将。

② 指使：北宋低级武官，后指使亦为提举保甲司、安抚使司属官。

译 文

石普喜欢杀人，以杀人为乐，从来没有为此后悔过。他有一次喝醉酒后绑了一个仆人，让他的指使官把这个仆人扔进汴河。指使官很同情这个仆人，就把他放了。石普酒醒后感到很后悔，但指使官畏惧他的残暴，不敢把实情告诉他。过了很久，石普病了，常常看到那个仆人的鬼魂作祟，就以为自己肯定要死了。指使官把那个仆人带过来见石普，于是石普看不到鬼魂出现了，石普的病也就痊愈了。

评 析

石晋竟然以杀人为乐，真是惨无人道。但在《宋史》中并未记载他嗜杀成性，因此本文在一定程度上可以补充历史记载所缺。“见奴为祟”是他疑心生暗鬼，从科学的角度思考是他的潜意识在作怪。心病还须心药医，指使官了解事情的来龙去脉，于是“指使呼奴示之，祟不复出”，治好了石普的心病。

陈昱被冥吏误追

今年三月，有书吏陈昱者[①]，暴死三日而苏，云：初见壁有孔，有人自孔掷一物，至地化为人，乃其亡姊也。携其手自孔中出，曰：“冥吏追汝，使我先。”见吏在旁，昏黑如夜，极望有明处，空有桥，榜曰“会明”[②]。人皆用泥钱，桥极高，有行桥上者。姊曰：“此生天也[③]。”昱行桥下，然犹有在下者，或为乌鹊所啄。姊曰：“此网捕者也。”又见一桥，曰“阳明”，人皆用纸钱。有吏曹十余人，以状及纸钱至者，吏辄刻除之，如抽贯然。已而见冥官，则陈襄述古也[4]。问昱何故杀乳母，昱曰：“无之。”呼乳母至，血被面，抱婴儿，熟视昱曰：“非此人也，乃门下吏陈周。”官遂放昱还，曰：“路远，当给竹马。”又使诸曹检己籍，曹示之，年六十九，官左班殿直。曰：“以平生不烧香，故不甚寿。”又曰：“吾辈更此一报，即不同矣。”意谓当超也。昱还，道见追陈周往。既苏，周果死。

注 释

① 书吏：承办文书的吏员。

② 榜：原指写在宫阙门额上的大字，后来泛指招牌一类的大字。

③ 生天：佛家称死后更生于天界。

④ 陈襄述古：陈襄，字述古，宋代侯官（今属福建福州）人。庆历二年进士，因反对王安石新法，被贬陈州。

译 文

今年三月，有个叫陈昱的书吏得暴病死后三天又复活了。他说，开始时看见墙壁上有个孔，有人通过这个孔投了一个东西出来，这个东西落地后变成了人，是他死去的姐姐。姐姐拉着他的手从孔中进去，说：“冥间要逮捕你，让我带路。”他看见冥间的官吏就在她的身旁，四周像夜晚一样黑，远远望去有光明的地方，空中有座桥，上面写着“会明”。那里的人都使用泥做的钱币，桥非常高，有人在桥上行走。姐姐说：“这是升天的。”陈昱在桥下走，然而在他们下面还有人，有人经常被乌鸦啄食。姐姐说：“这些都是用网捕鸟的人。”又看见一座叫“阳明”的桥，那儿的人都使用纸做的钱币。在那儿有十余个官吏，等到那些拿着状纸和纸钱的人过来，官吏就将纸钱取过去，像抽贯一样。不久见到了冥间的长官，是陈襄述古。他问陈昱为什么杀害乳母，陈昱说：“并无此事。”官员就传乳母过来对质，乳母满脸是血，抱着一个婴儿，仔细看了看陈昱后，说：“不是这个人，是他门下的小吏陈周。”长官就把陈昱放回去了，并说：“路途遥远，应当给他竹竿。”又让书记员查看他的生死簿，书记员让他看，只见上边写着，他可以活到六十九岁，官至左班殿直。有人说：“因为他平生不烧香，所以不太长寿。”又说：“因为经过此难，寿命就会不同了。”意思是应该会超过六十九岁。陈昱回来的时候，在路上看见追捕陈周的官吏。等他醒来时，陈周果然已经死了。

评析

本文中写的是书吏陈昱死而复生的故事。故事中他在冥间的所见所闻都十分曲折离奇。从本文可以推断，冥间断案似乎比人间更公正，不该死的人如果误抓就会被放回去。关于陈襄在冥间当官之事，应当是民间传说，或者是苏东坡杜撰的。

猪母佛

眉州青神县道侧有一小佛屋[1]，俗谓之“猪母佛”，云百年前有牝猪伏于此[2]，化为泉，有二鲤鱼在泉中，云：“盖猪龙也。”蜀人谓牝猪为母，而立佛堂其上，故以名之。泉出石上，深不及二尺，大旱不竭，而二鲤莫有见者。余一日偶见之，以告妻兄王愿，愿深疑，意余之诞也。余亦不平其见疑，因与愿祷于泉上曰："余若不诞者，鱼当复见。"已而二鲤复出，愿大惊，再拜谢罪而去。此地应为灵异。青神文及者，以父病求医，夜过其侧，有髽而负琴者邀至室[3]，及辞以父病，不可留，而其人苦留之，欲晓乃遣去。行未数里，见道傍有劫贼所杀人，赫然未冷也，否则及亦未免耳。泉在石佛镇南五里许，青神二十五里。

注释

① 青神县：今属四川乐山青神。北周时改青衣为青神。宋时属眉州。

② 牝猪：母猪。牝：雌性，用于禽兽。

③ 髽：妇人的丧髻，以麻发合结曰髽。

译文

眉州青神县道路旁边有一个小佛屋，当地人俗称它为"猪母佛"。据说，一百年前有一只母猪隐藏在这里化为泉眼，有两条鲤鱼在泉中游动，有人说："这大概是猪龙。"四川人称母猪为母，在这个上面建立佛堂，所以用"猪母佛"来命名。泉水从石头上流出来，深不过两尺，大旱时也不枯竭，而传说中的两条鲤鱼却没人看见。我有一天偶然见到了，就把这事告诉了我妻子的哥哥王愿，他深表怀疑，认为我说的话很荒诞。我也因为他的怀疑感到不高兴，因而和他一起到泉边祈祷："如果我不是胡说的，就请鲤鱼再次出现。”过了一会两条鲤鱼果然出现了，王愿大惊，多次谢罪才离开。这个地方确实是很灵异的。青神有个人叫文及，因为父亲生病求医而在夜晚路过此地，在泉上有一个盘着发背着琴的老妇人邀请他进屋里，文及以父亲生病为理由推辞，他再三声明不能留下，但老妇人苦苦相留，直到天快亮的时候才得以离开。他走了数里地看到路旁有被劫匪杀害的人，那人的尸体还有余温，如果不是老人挽留，文及可能也已经被杀了。泉在石佛镇南边大概五里远的地方，离青神县有二十五里。

评 析

苏东坡在这则小记里所运用的讲故事的手法是最经典的：就现实事物加以发挥，发挥之中既有自己所亲身体验的事情，又有听别人讲的事情。如此调和在一起，就像一杯香醇的美酒，只要喝下去就会在眼前浮现出迷人的美景。故事本身就建立在可信和不可信之间，所以注定了对它的一切真实性的探讨都会不了了之。整体说来，这是一个讲得很漂亮的故事，而一切隽永有趣的故事，也莫不借此构思而成。

王翊梦鹿剖桃核而得雄黄[1]

黄州岐亭有王翊者，家富而好善。梦于水边见一人为人所殴伤，几死，见翊而号，翊救之得免。明日偶至水边，见一鹿为猎人所得，已中几枪。翊发悟，以数千赎之。鹿随翊起居，未尝一步舍翊。又翊所居后有茂林果木，一日，有村妇林中见一桃，过熟而绝

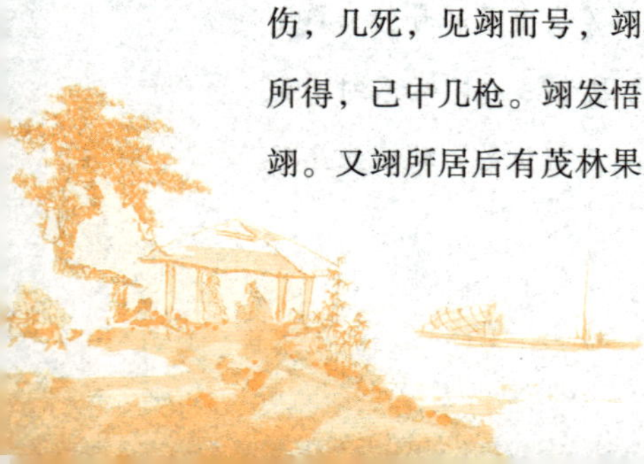

大，独在木杪，乃取而食之。翊适见，大惊。妇人食已弃其核，翊取而剖之，得雄黄一块如桃仁，及嚼而吞之，甚甘美。自是断荤肉，斋居一食，不复杀生，亦可谓异事也。

注 释

① 雄黄：矿物名，也称“鸡冠石”，常与雌黄共生，可做颜料，并可入药。

译 文

黄州岐亭有个叫王翊的人，不仅家中富裕而且乐善好施。他曾经梦见河边有一个被人殴打受伤的人即将死去，看见王翊就大声哭喊，王翊救了他的性命。第二天，他偶然来到水边，看见一只鹿被猎人捕获，鹿的身上已经中了好几枪。王翊若有所悟，就用几千钱把鹿买了下来。鹿跟随王翊生活，从未离开他半步。王翊家的后面有一片茂盛的果林，一天，有个村妇在林中看见一个桃子，这个桃子已经熟了并且长得很大，单独长在树梢上，村妇就摘下来吃了。

王翊正好看见，极为惊奇。妇人吃完后把桃核丢弃了，王翊拾取桃核剖开，得到一块像桃仁的雄黄，便嚼了嚼咽下去了，他感觉味道非常甘美。从此王翊断绝荤腥，每天只吃一顿饭，不再杀生，这也可以说是一件异事。

评 析

佛家主张“放生”“不杀生”，又主张“救人一命，胜造七级浮屠”，王翊做了很多善事，因此得到剖桃核而得雄黄的善报。这可以说是一件异事，却也符合佛家善有善报的思想。只是雄黄有毒不可乱吃。

徐则不传晋王广道①②

东海徐则隐居天台③④，绝粒养性。太极真人徐君降之曰：“汝年出八十，当为王者师，然后得道。”晋王广闻其名，往召之。则谓门人曰：“吾年八十来召我，徐君之言信矣。”遂诣扬州。王请受道法，辞以时日不利。后数日而死，支体如生，道路皆见其徒步归，云：“得放还山。”至旧居，取经书分遗弟子，乃去。既而丧至。予以谓徐生高世之人，义不为炀帝所污，故辞不肯传其道而死。徐君之言，盖聊以避祸，岂所谓危行言逊者耶⑤？不然，炀帝之行，鬼所唾也⑥，而太极真人肯置之齿牙哉！

注 释

① 徐则：隋代东海郯（今属山东郯城）人。

② 晋王广：隋炀帝杨广，受封晋王，镇守扬州。

③ 东海：古郡名。隋改海州为东海郡。在今江苏连云港市西南。

④ 天台：指天台山，在今浙江天台县北。

⑤ 危行：正直的行为。

⑥ 炀帝之行，鬼所唾也：隋炀帝的行为，被鬼所唾弃。

译文

东海人徐则隐居在天台山，断绝饮食以养真性。太极真人徐君降临下来对他说："你到八十多岁的时候，会成为王者之师，然后才能得道。"晋王杨广听说了徐则的名声，派使臣前去征召他。徐则告诉门人说："我年纪八十岁时来召我，徐君所言是可信的啊。"于是到扬州。晋王请他教授道法，徐则以时日不利为由推辞了。数日之后徐则就死了，他的尸体却跟活的时候一样，路上的人都看见他徒步返回，并对众人说："恩准返回山中。"到了家里，他将经书分赠给弟子，然后便离开了。不久，他的灵柩被送回来了。我认为徐则是世外高人，他心性坚韧不为隋炀帝玷污，因此推辞，不肯传授其道法而死。徐君所说的话，只是为了避祸罢了，哪里是不畏灾祸直言之人？不然的话，隋炀帝的所作所为，连鬼都唾弃，太极真人又怎么可能提到他呢！

评析

这篇文章是苏东坡读《隋书·徐则传》的随感录。在此文里，苏东坡关注的是太极真人是否对徐则说过"汝年出八十，当为王者师，然后得道"这样的话。他的结论是没有，论据也很充分：杨广那样的人，神仙是绝对不屑于提及的。他认为，这句话是徐则自己杜撰的，目的在于为自己开脱。徐则不想追随杨广，也不愿因自己给弟子门人招来麻烦，所以就在去扬州之前说了那一番话，同时也抱定了此去必死的决心。此文弘扬的就是这种精神。

先夫人不许发藏[①][②]

昔吾先君夫人僦宅于眉[③][④]，为纱縠行。一日，二婢子熨帛，足陷于地。视之，深数尺，有大瓮覆以乌木板，先夫人急命以土塞之。瓮有物如人咳声，凡一年乃已，人以为此有宿藏物欲出也[⑤]。夫人之侄之问者，闻之欲发焉。会吾迁居，之问遂僦此宅，掘丈余，不见瓮所在。其后某官于岐下[⑥]，所居大柳下，雪方尺不积；雪晴，地坟起数寸。轼疑是古人藏丹药处，欲发之。亡妻崇德君曰[⑦]：“使吾先姑在[⑧]，必不发也。”轼愧而止。

注释

① 先夫人：苏轼亡母程氏。先：已亡之人，多指长辈。

② 发藏：发掘地下的宝物。

③ 僦：租赁。

④ 眉：眉州。

⑤ 宿藏物：以前藏着的东西。

⑥ 岐下：地名。苏轼曾任凤翔府判官。凤翔府下辖岐下。

⑦ 崇德君：苏轼妻子王弗，眉州青神人。

⑧ 先姑：指苏轼之母。姑：婆婆。

译 文

我的母亲曾经在眉山的纱縠行租房子居住。一天，两个婢女在熨帛时，脚陷到了地里。察看时发现脚已经陷入地下好几尺，在那里有用乌木板盖着的大瓮，母亲急忙命令用土塞满。瓮里好像有东西发出像人咳嗽一样的声音，大约一年以后这种声音才消失，大家都认为这里有以前埋的物品现在想要出来。母亲的侄子之问听说这件事后想要把它挖出来。恰逢我家迁居，之问便租了那个房子，掘地丈余，都没有找到那个瓮。后来，我到岐下为官，所住地方的大柳树下，雪下得很大也不会有积雪；雪过天晴后，那块地会鼓起数寸。我怀疑那是古人藏丹药的地方，想要挖掘。现已亡故的妻子王弗说："如果我的婆婆还在的话，肯定不会挖掘。"我感到很惭愧，便停止了挖掘。

评 析

在苏轼十岁或是十一岁的时候，苏东坡举家从眉山搬到城内的纱縠行，这里说的"先夫人"，是他的母亲。在地主家庭的传统组织架构里，总有那样一个又严又慈的女性在最上面对全家的老小发出命令或号召，而苏东坡的父亲是基本不操心家里的生计的。在纱縠行的房子是租来的，所以在其中也隐藏了一些不为人知的秘密。这里，苏东坡把事儿记述得有点过于神奇了。以大瓮和乌木板的情势来看，这里面装的一定是尘世间的东西，但至于尘世间的东西何以会"瓮有物如人咳声，凡一年乃已"，这就有点让人捉摸不透了。大概这件事是苏东坡听自己的长辈说的，他可能未必亲耳听见这样的声响。人的注意力太容易被吸引到一件事情离奇的部分上，并对此一再夸大，却从来难以冷静地把一整件事情从头到尾梳理通了之后再下定论。

记范蜀公遗事[①]

李方叔言[②]：范蜀公将薨数日[③]，须发皆变苍，郁然如画也。公平生虚心养气，数尽神往而血气不衰，故发于外耶？然范氏多四乳，固与人异，公又立德如此，其化也必不与万物同尽，盖有不可知者也。元符四年四月五日。

注 释

① 范蜀公：范镇，字景仁，成都华阳（今属四川成都）人，累封蜀郡公，又称范蜀公。

② 李方叔：李廌，字方叔，北宋文学家，华州（今属陕西华县）人。

③ 薨：君主时代称诸侯或大官之死为薨。

译 文

李方叔说：范镇逝世前几天，胡须和头发都变得苍白，形象优雅如画。范公平生虚心养气，虽年岁已尽、精神离去，但气血不衰，因此才会体现于外表吧？范氏有四乳，肯定与凡人不同，他又立下如此崇高德操，他的物化也就不会跟万物一般耗尽，其中可能有些是我们不可能明白的事。元符四年四月五日。

评 析

“其化也必不与万物同尽，盖有不可知者也。”这句话很有道理。现代科学虽然比古代先进了很多，但仍然有许多科学无法解释的事。有人死了许多天后复生，有植物人睡了十多年忽然苏醒，等等，早已不是奇闻。男性有多至四个乳房，其实也绝非罕见。范镇死前情状安宁优雅，也是很平常的事。

记张憨子[1]

黄州故县张憨子，行止如狂人，见人辄骂云：“放火贼！”稍知书，见纸辄书郑谷雪诗[2]。人使力作，终日不辞。时从人乞，予之钱，不受。冬夏一布褐[3]，三十年不易，然近之不觉有垢秽气。其实如此，至于土人所言，则有甚异者，盖不可知也。

注 释

① 憨子：傻气，傻子。

② 郑谷：唐代诗人。袁州人，字守愚。少即为司空图所重，称

其“当为一代风骚主”。其鹧鸪诗闻名当时，时称“郑鹧鸪”。

③ 布褐：粗布袍子。

译 文

黄州旧县有一位张憨子，行动举止像狂人，见人就骂：“放火贼！”稍微懂得书写，见到纸张就写郑谷的《雪中偶题》。有人请他做苦工，他做一整天都不推辞。他经常向人乞讨，但当别人给他钱时他却不接受。无论冬夏，他都穿一身褐色的衣服，三十年不曾改变，但接近他并不觉得他的身上有污垢或污秽的气味。他的实际情况就是这样，据当地人说他还有许多奇闻异事，但多数都无从考证。

评 析

恃才傲物、愤世嫉俗的轻狂之士古今皆有。张憨子逢人就骂“放火贼”这种举动很有趣。但他为什么会做出这种举动呢？现代心理学认为像张憨子这种人都有心理毛病。张憨子自己是否就是放火贼呢？苏轼的这篇文章中记载的张憨子的这几件事都不详尽。他能写郑谷《雪中偶题》，是否就只学会了这一首诗呢？不接受钱，是否接受其他东西如食物呢？身无污垢秽气，是否永远只穿着同一布料的褐色衣服却每天更换呢？文章留有尾巴：土人所言，还有很多异事，但苏轼未能证实而不写，可见他行文非常谨慎。

记女仙

予顷在都下，有传太白诗者[①]，其略曰："朝披梦泽云。"又云："笠钓清茫茫。"此非世人语也，盖有见太白在肆中而得此诗者。神仙之道，真不可以意度。绍圣元年九月[②]，过广州，访崇道大师何德顺。有神仙降于其室，自言女仙也。赋诗立成，有超逸绝尘语。或以其托于箕帚[③]，如世所谓"紫姑神"者疑之[④]。然味其言，非紫姑所能至。人有入狱鬼、群鸟兽者托于箕帚，岂足怪哉；崇道好事喜客，多与贤士大夫为游，其必有以致之也哉？

注 释

① 太白：唐代诗人李白，字太白，号青莲居士。

② 绍圣元年：公元1094年。

③ 箕帚：吴中风俗，每年正月十五夜，点烛焚香，用装饰过的箕和帚迎紫姑神，以问祸福。

④ 紫姑神：民间传说之坑三姑娘，即厕神，山东莱阳人。唐垂拱六年，被寿阳刺史李景纳为妾，遭李妻妒忌，在正月十五杀于厕中。天帝怜悯她，封之为厕神，因此后世人们在每年正月十五夜迎祀紫姑。民俗中也称她为三姑。

译 文

我近日在都城听到有人传诵李白的诗，大概是说"朝披梦泽云”，又有“笠钓清茫茫。”这不是世人所说的语言，据说有人看见李白在酒肆中因而得到此诗。神仙之道，真不能以人意揣测。绍圣元年九月，我路过广州，去拜访崇道大师何德顺。有神仙降临他的房间，自称是女神仙。她在很短的时间就能作出诗歌，诗歌超脱飘逸绝非凡尘之语。不过有人认为诗句中流露出愿为人妻的意思，怀疑是世人所说的“紫姑神”。然而细细品味她的诗句，并非紫姑仙子所能达到的。还有人把入狱鬼、群鸟兽等托付于箕帚之神，又何必感到奇怪呢；崇道大师喜欢做事及擅长结交宾客，他与贤士大夫多有交游，他一定有感召仙女的办法吧？

评 析

世上究竟有没有神仙？古人总是在思考这个问题，苏东坡也没能免俗。此文中苏轼提到的神仙他自己也不能确定是否真的存在。古人总是把不能解释的现象归结为鬼神所为，读者要辩证地看待这些问题。

池鱼踊起

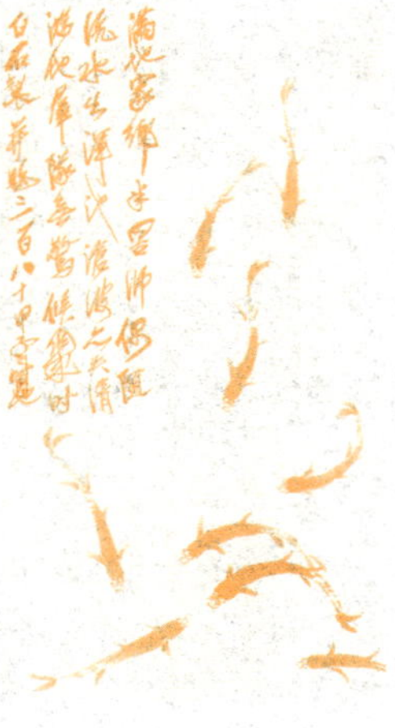

眉州人任达为余言：少时见人家畜数百鱼深池中，沿池砖甃[1]，四周皆屋舍，环绕方丈间凡三十余年，日加长[2]。一日天晴无雷，池中忽发大声如风雨，鱼皆踊起，羊角而上[3]，不知所往。达云：“旧说不以神守，则为蛟龙所取[4]，此殆是尔。”余以

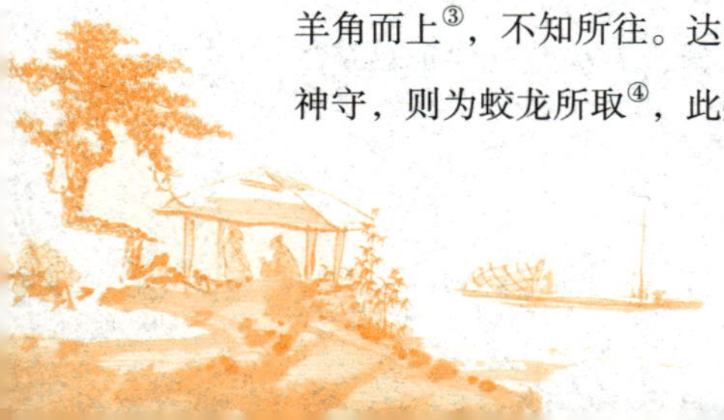

为蛟龙必因风雨，疑此鱼圈局三十余年[5]，日有腾拔之念，精神不衰，久而自达，理自然尔。

注 释

① 甃：用砖砌的池子。

② 日加长：一天天加长了。指鱼长大了。

③ 羊角：盘曲而上升的旋风。

④ 蛟龙：古代传说的动物。蛟龙得水，即能兴云作雾，飞往天空。

⑤ 圈局：被困于狭小的地方。

译 文

眉州人任达曾经跟我说：小时候看见别人家在很深的池子里养了几百条鱼，池子用砖镶嵌，池子四周都是房屋，鱼被养在方丈之间的池子里达三十多年，鱼一天天不断长大。一天，天气晴朗，池子里忽然发出像风雨一样很大的声音，鱼都跳跃而起，用羊角的形状盘旋着飞上天空，不知道最后飞到了哪里。任达说："从前人们说不能得到神灵守护，就会被外邪侵蚀，这可能就是吧。"我认为蛟龙借助于风雨而出，可能是这些鱼被圈养在池里三十多年，每天都有飞腾的想法，这种想法持续时间久了，自己就能通达天道，按理应该是这样。

评 析

"池鱼踊起"的现象很是异常，本文最后苏东坡认为，池中之鱼是因为已被圈禁许久，不愿再作池中之物，才有此种现象的出现，似乎有所寓意。其中表达的应该是苏东坡不屈不挠的精神。

孙抃见异人[①]

眉之彭山进士有宋筹者，与故参知政事孙抃梦得同赴举[②]，至华阴，大雪，天未明，过华山下。有牌堠云“毛女峰”者[③]，见一老姥坐堠下，鬓如雪而无寒色。时道上未有行者，不知其所从来，雪中亦无足迹。孙与宋相去数百步，宋先过之，亦怪其异，而莫之顾。孙独留连与语，有数百钱挂鞍，尽与之。既追及宋，道其事。宋悔，复还求之，已无所见。是岁，孙第三人及第，而宋老死无成。此事蜀人多知之者。

注释

① 孙抃：字梦得，宋眉山（今四川乐山）人，谥文懿。

② 参知政事：官名。唐以中书令、侍中、尚书令共议国政为宰相。以他官而居宰相职位的，有参议得失、参知政事等名目。宋于宰相外，另外设参知政事，为宰相的副职。

③ 牌堠：土堆上的牌子。堠：古代记里程的土堆。五里单堠。

译文

眉州的彭山上有个叫宋筹的进士，与以前的参知政事孙抃一起去参加科举考试，到了华阴，遇上大雪，天还没亮时，经过华山脚下。有个记录路程的牌子上写着“毛女峰”，他们看见一个老妇人

坐在牌子下面，鬓发如雪却面无寒色。当时路上还没有行人，不知道她从哪儿来，雪地上也没有脚印。孙抃与宋筹相隔几百步之远，宋筹先过去，虽然也感到奇怪，却并没有流连。孙抃看到后不忍她受苦就停下来跟她说话，并把挂在马鞍上的几百钱都给了她。等到孙抃追上宋筹，告诉他这件事。宋筹很后悔，返回去寻找她，却已经找不见了。当年，孙抃获得殿试第三名，而宋筹到死的时候都一无所成。知道这件事的蜀人有很多。

评 析

关心孤寡老人是应该的，鼓励世人做善事也是应该的。但是若以为好心必有好报，却可能是逻辑错误。孙抃的文才可能本来就比宋筹高，若关心老人的换成宋筹，宋筹也未必能高中。何况，科举之阅卷，也有主观成分。

修身历

子由言：有一人死而复生，问冥官如何修身，可以免罪？答曰："子宜置一卷历，昼日之所为，莫夜必记之[①]，但不记者，是不可言不可作也。无事静坐，便觉一日似两日，若能处置此生常似今日，得至七十，便是百四十岁。人世间何药可能有此效！既无反恶[②]，又省药钱。此方人人收得，但苦无好汤使，多咽不下。"晁无咎言[③]：司马温公有言[④]："吾无过人者，但平生所为，未尝有不可对人言者耳。"予亦记前辈有诗曰："怕人知事莫萌心。"皆至言，可终身守之。

注 释

① 莫夜：暮夜，晚上。莫：“暮”的本字。

② 反恶：反而得到疾病，即副作用的意思。恶：疾病。

③ 晁无咎：名补之，字无咎，济州巨野（今属山东）人。北宋诗人。

④ 司马温公：即司马光，字君实，陕州夏县（今属山西）人，北宋史学家。世称涑水先生，死后追封温国公。

译 文

子由说：有一个人死而复生，他在阴间曾经询问冥官如何修身才可以免罪。冥官回答说：“你应该放置一卷日历，在晚上的时候把自己白天的所作所为记录下来，所不记的，是不可讲不可做的事情。无事而静坐，就会觉得一天好像两天，如果能够把自己的生活都安排得像今天一样，活至七十岁，便等于一百四十岁。人世间哪里有药物可以达到如此效果！既然没有坏处，又省药钱，这药方人人可吸收，但苦无好汤使用，人们多数吞咽不下。”晁无咎说，司马温公谈过：“我没有什么过人的地方，但我这一生光明磊落，没有做过不能对外人讲的事情。”我也记得前辈有一首诗说：“怕人知道事情，就莫要萌生歹念。”这些话都是值得我们终身遵守的至言啊。

评 析

俗话说：“为善最乐。”其最大的好处，未必是业报。做了善事内心会快乐，就如西方圣贤所说，施比受更有福。内心喜乐可以培养自信，增强成功的信念，做起事来更有把握。

技术篇

医生

近世医官仇鼎，疗痈肿为当时第一[①]，鼎死，未有继者。今张君宜所能，殆不减鼎。然鼎性行不甚纯淑，世或畏之。今张君用心平和，专以救人为事，殆过于鼎远矣。元丰七年四月七日[②]。

注 释

① 痈肿：中医外科病名。由风火、湿热、痰凝、血瘀等邪毒引发，而在皮肉之间局部化脓的疾病。

② 元丰七年：元丰是宋神宗的年号。

译 文

近代的医生仇鼎，治疗痈肿的技术最为高超，仇鼎死后，技艺没有流传下来。如今的张君宜所能做到的，大概不输与仇鼎。不过仇鼎的性情品行不太单纯美好，常常使人畏惧。张君宜用心平和，只以救人为职责，这就比仇鼎强多了。元丰七年四月七日。

评析

医术重要，医德也同样重要。任何一方面出问题，皆可置人于死地。医患关系不好处理自古以来都是如此，但作为一名医生理应遵守职业操守。仁心仁术是任何时代对医生的要求。

论医和语①

男子之生也覆②，女子之生也仰，其死于水也亦然。男子内阳而外阴，女子反是。故《易》曰“《坤》至柔而动也刚”，《书》曰“沉潜刚克”，世之达者，盖如此也。秦医和曰：“天有六气③，淫为六疾：阳淫热疾④，阴淫寒疾，风淫末疾，雨淫腹疾⑤，晦淫惑疾，明淫心疾。夫女阳物而晦时，故淫则为内热蛊惑之疾。”女为蛊惑，世之知者众，其为阳物而内热，虽良医未之言也。五劳七伤，皆热中而蒸，晦淫者不为蛊则中风，皆热之所生也。医和之语，吾当表而出之⑥。读《左氏》，书此。

注释

① 医和：春秋时秦国的名医。

② 覆：面朝下，背朝上。

③ 六气：指阴、阳、风、雨、晦、明。

④ 淫：过多。

⑤ 风淫末疾，雨淫腹疾：受过多的风会使四肢得病，雨水过多会得腹泻的疾病。

⑥ 表而出之：把它（医和之语）记录下来公布于众。

译 文

男子出生时脸朝下，女子出生时脸朝上，溺水而死时也这样。男子内阳而外阴，女子相反。所以《易经》上说“《坤》至为柔顺，而一动则刚强无比”，《尚书》说“潜能克服刚锐”，世上通达之人，大都如此。秦国的医和说：“大自然有六种气候，若过头则会产生六种疾病：阳气过盛就会出现热病，阴气过盛就会有寒疾，受风过多就会四肢患病，雨下过量肚子就容易生病，夜间纵欲过度易生迷乱，白天不加节制会产生心理毛病。女人是男人的性工具，在夜间使用，故属阳物。过多行房，就会体内高热有毒蛊而受迷惑之病。”女色使人沉迷就像受到毒虫之害，世上了解此类事情的人有很多，但女性成为男人性工具而导致的内热，即使良医也未能说清楚。五劳七伤，都是中心过热使躯体蒸发消耗，夜里过分纵欲的人即使不受毒虫所害，也会中风，这都来源于心中过热。医和的话，我应当标记并揭示出来。读了《春秋左氏传》，就写下了这些话。

评 析

苏轼看了《左传·昭公元年》抒发意见，该段话提及晋侯专注女色，纵心淫欲，造成病患。用今天的话说，就是晋侯由于性生活过度而得了病。篇幅所限，无法详说。医和的中心思想为节制，凡事“不节不时”则有害。医和推测，晋侯沉溺于女色，国家可能大乱，主政大臣赵孟可能有危险，甚至可能有生命危险。

记与欧公语

欧阳文忠公尝言：有患疾者，医问其得疾之由，曰：“乘船遇风，惊而得之。”医取多年柂牙为柂工手汗所渍处[1]，刮末，杂丹砂、茯神之流[2]，饮之而愈。今《本草注·别药性论》云[3]：“止汗，用麻黄根节及故竹扇为末服之[4]。”文忠因言：“医以意用药多此比，初似儿戏，然或有验，殆未易致诘也。”予因谓公：“以笔墨烧灰饮学者，当治昏惰耶？推此而广之，则饮伯夷之盥水[5]，可以疗贪；食比干之馂余[6]，可以已佞；舐樊哙之盾，可以治怯；嗅西子之珥[7,8]，可以疗恶疾矣。”公遂大笑。元祐六年闰八月十七日[9]，舟行入颍州界[10]，坐念二十年前见文忠公于此，偶记一时谈笑之语，聊复识之。

注释

① 柂牙：船舵上的轴。柂：即舵，船上控制方向的设备。

② 茯神：抱根的茯苓，入药。

③ 《本草注·别药性论》：《本草注》即《神农本草经》。

④ 麻黄：植物名。属麻黄科，小灌木，茎可入药。

⑤ 伯夷：商代孤竹君的儿子，与弟弟叔齐互让王位。周灭商后，两人不食周粟，逃到首阳山，采薇而食，直至饿死。古代把伯

夷、叔齐当作高尚守节的典型。

⑥ 比干：商代纣王的叔父，因多次劝谏纣王，被剖心而死。

⑦ 西子：西施，战国时越国美女。

⑧ 珥：用珠子或玉石做的耳环，也叫珰。

⑨ 元祐六年：公元1091年。

⑩ 颍州：古地名。北魏置颍州，治汝阴，辖境相当于今安徽阜阳市。

译 文

欧阳修曾经说过：有个人患病，医生询问他是如何得的病，他说："我乘船遇到风浪，受到惊吓而生病。"医生取出使用多年的柂牙，在柂工的手出汗染渍的位置刮下粉末，混合上丹砂、茯神等药物，让他喝下病就痊愈了。如今的《本草注·别药性论》写道："止汗，用麻黄根节及故竹扇为末服之。"文忠根据这个说："医生根据心意给患者服用药物多数像这种情况，刚开始看像儿戏，既有证验，大概不可轻易就指责。"我于是对欧阳修说："把笔墨烧灰给学者喝，应当可以治迷乱懒惰了吧？推而广之，喝伯夷的洗脸水，可以治疗贪婪；吃比干剩下的食物，可以治疗谄媚；舐樊哙的盾牌，可以治胆怯；闻西子的耳环，可以治疗恶疾了。"欧阳修听完后哈哈大笑。元祐六年闰八月十七日，坐船进入颍州地界，因想起二十年前在这里见到了欧阳修，偶然记起了当时我们的谈笑之语，姑且再把它记下来。

评析

几千年来，中国研究者用血汗和经历累积宝贵的医疗知识，记下药方和药物性质，这本来不值得开玩笑。但中医的缺点，是未能以现代科学所要求的方式提供客观明确的数据以证明，就使人误会其玄虚。新一代中医学者不断努力，随着时间过去，总有一天，中医必能像西医一样使人信服。

参寥求医

庞安常为医，不志于利，得善书古画[①]，喜辄不自胜。九江胡道士颇得其术，与予用药，无以酬之，为作行草数纸而已，且告之曰：“此安常故事，不可废也。”参寥子病，求医于胡，自度无钱，且不善书画，求予甚急。予戏之曰：“子粲、可、皎、彻之徒[②]，何不下转语作两首诗乎[③]？”庞、胡二君与吾辈游，不曰“索我于枯鱼之肆”矣[④]。

注释

① 善书：好的书法作品。

② 粲、可、皎、彻：均为唐代人物。粲：唐代诗僧，三祖僧粲；可：无可，本姓贾，贾岛从弟，范阳（今河北涿

州）人；皎：皎然，唐代诗僧，字清昼，本姓谢，为南朝谢灵运十世孙，湖州（今浙江吴兴）人，有《皎然集》十卷；彻：灵彻，唐代诗僧，会稽（今浙江绍兴）人，本姓汤，字源澄。

③ 转语：禅宗让人开悟的语句。

④ 枯鱼：干鱼。常用来比喻处境困窘的人。

译 文

庞安常行医，主要目的不在图利，他得到好的古书和古画，就会不胜欢喜。九江胡道士的医术很多是向庞安常学来的，胡道士给我治病，我无以为报就写了几张行草书法送给他，并且告诉他：“这是安常以前的做法，这种做法不可废除啊。”参寥子生病后要向胡道士求医，考虑到自己没钱又不擅长书画，就紧急向我求助。我对他开玩笑说：“你是子粲、可、皎、彻之类的人，为什么不做两首诗送给他？”庞、胡两位医者与我们交游，无异于“到卖咸鱼的店铺找我”（干死）呀。

评 析

这个故事非常有趣，是苏东坡和他的穷酸朋友们开的玩笑，文字里面涉及的四个人，一僧一道一儒一医，也是相映成趣。

王元龙治大风方

王斿元龙言[①]：“钱子飞有治大风方[②]，极验，常以施人。一日梦人自云：‘天使已以此病人，君违天怒，若施不已，君当得此病，药不能愈。’子飞惧，遂不施。”仆以为天之所病，不可疗耶，则药不应服有效；药有效者，则是天不能病。当是病之祟，畏是药而假天以禁人耳。晋侯之病，为二竖子[3]；李子豫赤丸[4]，亦先见于梦，盖有或使之者。子飞不察[5]，为鬼所胁。若余则不然，苟病者得愈，愿代受其苦。家有一方，能下腹中秽恶，在黄州试之，病良已。今后当常以施人。

注 释

① 王斿，字元龙。

② 大风：古代风疾有三种，一种为脑血管栓塞导致的半身不遂，即中风；一种是麻风，症状是头发皆落，遍体脓血不止；另一种是精神病，疯癫。

③ 晋侯之病，为二竖子：详见《左传·成公十年》：“晋侯（晋景公）梦大厉被发及地，搏膺而踊曰：‘杀余孙不义！余得请于帝矣！’坏大门及寝门而入。公惧，入于室。又坏户。公觉，召桑田巫。巫言如梦。公曰：‘何如？’曰：‘不食新矣。’公疾病，求医于秦。秦伯使医缓为之。未至，公梦疾为二竖子，曰：‘彼良医也，惧伤我，焉逃之？’其一曰：‘居肓之上、膏之下，若我何？’医至，曰：‘疾不可为也。在肓之上、膏之下，功之不可，达之不及，药不至焉，不可为也！’公曰：‘良医也！’厚为之礼而归之。”

④ 李子豫赤丸：故事见《续搜神记》。

⑤ 不察：不明白，看不清楚。

译文

王斿元龙说："钱子飞有治严重风疾的药方，极为灵验，常常用来施救于人。一天梦中有人对他说：'上天让我用这种病施加到人的身上，你违抗天命惹怒上天，如果你继续给他们药方，你就会得这种病，那时药也治不好你的病。'子飞害怕了，就不再赠给人们药方了。"我认为上天所传播的疾病，如果真的不能治愈的话，那就不应该服用药物后有疗效，服药后有疗效那就是上天无意使人们染病。应当是病魔鬼祟害怕这种药物而假借天意用来制止人类治疗罢了。晋侯的病，源于两个小病鬼，李子豫用赤丸治病，也是先在梦中相见，可能有这回事而被鬼驱使。子飞不去探究，被鬼胁迫。如果换作我，我就不会这样做，如果可以使患者康复，我甘愿代替他们忍受病痛的折磨。我家中有一个药方，能帮助排出腹中的秽物，在黄州曾试用过它，患者能很快康复。今后我应当常常用它赠送别人。

评析

钱子飞在梦中受到威胁，因为害怕自己受到连累就不再为人施药治病。对于此事，苏东坡发表了自己的看法，他认为即便是受到胁迫，只要能治好病人的病，自己也愿意承担一切痛苦。钱、苏二人对此所持态度截然不同，形成鲜明的对比，凸显了苏东坡慈心济世的人格魅力。

延年术

自省事以来[①]，闻世所谓道人有延年之术者，如赵抱一、徐登、张元梦，皆近百岁，然竟死，与常人无异。及来黄州，闻浮光有朱元经尤异，公卿尊师之者甚众，然卒亦病，死时中风搐搦[②]。但实能黄白[③]，有余药金皆入官。不知世果无异人耶？抑有而人不见，此等举非耶？不知古所记异人虚实，无乃与此等不大相远，而好事者缘饰之耶？

注 释

① 省事：视事，办公事。

② 搐搦：抽搐。

③ 黄白：古代指方士烧炼丹药点化金银的法术。

译 文

从我懂事以来就听说世上有所谓的延年益寿的办法，像赵抱一、徐登、张元梦，都活了近百岁，可最终还是死了，和常人没有不同。我来到黄州，听说浮光的朱元经是个奇异之人，公卿尊他为师的有很多，然而他最终也生病了，死时中风抽搐。但其实他懂得冶炼金银的法术，他死后剩余的药材和金子都归了官府。不知世上是否真的没有异人？或者有异人而凡人遇不到，做出炼药举止的都不是异人？不知古代所记载的异人是真是假，莫非与这些人相去不远，而只是爱好张扬的人大事夸张修饰的结果？

评 析

苏东坡在此文中对古代所谓异人延年之术的记载表示怀疑，认为都是人们大事夸张的结果。他的这种勇于质疑的精神值得我们学习。

单骧孙兆

蜀人单骧者，举进士不第[1][2]，顾以医闻[3]。其术虽本于《难经》[4]《素问》[5]，而别出新意，往往巧发奇中，然未能十全也。仁宗皇帝不豫[6]，诏孙兆与骧人侍，有间，赏赉不赀[7]。已而大渐[8]，二子皆坐诛，赖皇太后仁圣，察其非罪，坐废数年[9]。今骧为朝官，而兆已死矣。予来黄州，邻邑人庞安常者，亦以医闻，其术大类骧，而加之以针术绝妙。然患聋，自不能愈，而愈人之病如神。此古人所以寄论于目睫也耶？骧、安常皆不以贿谢为急，又颇博物，通古今，此所以过人也。元丰五年三月，予偶患左手肿，安常一针而愈，聊为记之。

注 释

① 举：旧时以科考取士之称，也指赴试或考中。

② 不第：科举考试不中，没考上。

③ 顾：反而，却。

④《难经》：原名《黄帝八十一难经》，战国秦越人扁鹊撰，共八十一章，以问答形式解释《内经》中关于脉法、经络、脏腑、疾病、针法等方面的疑义，特别对脉法、针法等内容有所发挥，是研究中医学的重要文献。

⑤《素问》：书名，《黄帝内经》的一部分，为汇集各家医论，着重论述基础理论的中医学著作。

⑥ 不豫：天子有病的讳称。

⑦ 不赀：不可计算，形容价值很大。

⑧ 大渐：指病情加剧、加重。

⑨ 坐废：因罪而停职。

译文

四川人单骧，考进士没考上，反而以医术闻名于世。他的医术出自《难经》《素问》，却能用一些新颖的方法把病人治好，但并非他的方法每次都灵验。仁宗皇帝病危，诏孙兆和单骧进宫诊病，在很短的时间内他们获得了大量的赏赐。仁宗皇帝后来病情加重了，两人都因此遭受死罪，后来倚靠皇太后仁圣，体察他们没有罪过，才免了他们死罪改为罢职数年。如今单骧仍然做朝官，但是孙兆已经死了。我来黄州，邻邑人庞安常，也以医术闻名，他的医术与单骧类似，他还有一手绝妙的针灸手艺。不过他耳聋，自己无法为自己治疗，但他治疗别人的病却有神效。这就是古人说的自己的眼睛看不见自己的眼睫毛吧？单骧、安常都不注重别人的酬谢，

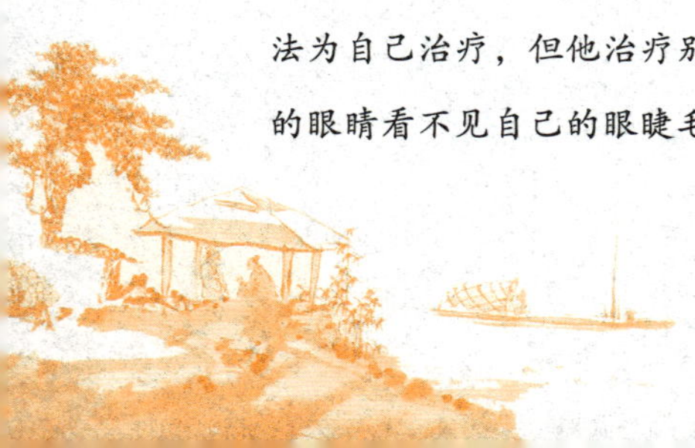

又学识渊博，博古通今，这就是他们的过人之处。元丰五年三月，我偶然得了左手肿大的毛病，安常给我扎了一针就痊愈了，聊且记下。

评 析

治病讲究对症下药，这句话说起来容易做起来却很难。首先“对症”的症状就不容易把握，因为人体结构复杂，病情的表现也复杂多变，稍不注意就可能判断失误。现在所谓“会诊”，集合多名医生共同观察分析病情，就是为了将错误减到最小，但鉴于科学研究未臻至境，未知数仍然很多，治病仍然无万全之策。另一方面，文中记录了太后不追究医官失职，太后真是一个理智之人。

僧相欧阳公

欧阳文忠公尝语：“少时有僧相我[①]：‘耳白于面，名满天下；唇不着齿[②]，无事得谤。’其言颇验。”耳白于面，则众所共见，唇不着齿，余亦不敢问公，不知其何如也。

注 释

① 相我：为我相面。相：旧时迷信，通过面相测定以后的贵贱安危。

② 唇不着齿：嘴唇不挨着牙齿。

译 文

欧阳公曾经说："小时候有僧人为我相面，说：'耳白于面，名满天下；唇不着齿，无事得谤。'说得还算应验。"耳白于面，众人都看得见，至于唇不着齿，是怎么样的我不敢询问他，不知指的是什么。

评 析

"唇不着齿"这话，如果我们能猜透，以苏东坡之聪明，理应难不倒他。他在文中这样写，一是当时他的确没有询问欧阳公，留空以纪实；二是他故弄玄虚，留白以让后人猜想。

记真君签

冲妙先生季君思聪[1]，所制观妙法象[2]，居士以忧患之余[3]，稽首洗心[4][5]，归命真寂[6]，自惟尘缘深重[7]，恐此志未遂，敢以签卜，得吴真君第三签[8]，云："平生常无患，见善其何乐[9]。执心既坚固，见善勤修学。"敬再拜受教，书《庄子·养生》一篇，致自厉之意[10]，不敢废坠[11]，真圣验之。绍圣元年八月二十一日[12]，东坡居士南迁过虔[13]，与王嵎翁同谒祥符宫，拜九天使者堂下，观之妙象，实同此言。

注 释

① 先生：宋时对道士的称呼。

② 观妙法象：观察奇妙的自然现象，指占卜。用自然现象解释

人事。

③ 居士：在家修道的居家道士。

④ 稽首：古时的跪拜礼，叩头到地，表示最为恭敬。

⑤ 洗心：洗濯邪恶之心。引申为改过自新。

⑥ 归命：归顺。

⑦ 尘缘：佛教认为色、声、香、味、触、法为六尘，是污染人心、使生嗜欲的根源。

⑧ 真君：道家称修仙得道的人。

⑨ 见善：看见好事。

⑩ 厉：通砺，磨刀石，引申为磨砺。

⑪ 废坠：放松，松懈。

⑫ 绍圣元年：公元1094年。绍圣是宋哲宗的年号。

⑬ 虔：虔州，治赣县（今属江西赣州市），南宋时改名为赣州。

译文

冲妙先生姓季名思聪，其占卜的手法，能让人观察玄妙之道，以及自然法则和万象。我东坡居士在饱经忧患之后，愿意叩头净心，归依寂静之道，自觉俗物负担极重，恐怕这归依道家之志无法达成，因此大胆地抽签占卜询问此事，获得吴真君第三签说："平生常无祸患，看见善事极为快乐。坚执之心牢固不变，见善更加勤心修炼。"我怀着虔敬的心再拜以接受教导，又抄写《庄子·养生》篇章以作自我磨砺之意，不敢废弃修为，殷切地盼望真圣验证我的诚意。绍圣元年八月二十一日我东坡居士经过虔州，与王嵓翁一起到祥符宫参拜，在堂下叩拜九天使者神像，观察奇妙的术数，情况与所言相同。

评 析

从宗教修为方面讲，“尘缘深重”带有贬义，这相当于说热衷于追名逐利，这种人虽然不能说罪孽深重，但总是离不开是非，距过障不远，早晚将堕灾劫之中。

信道、智法说

东坡居士迁于海南，忧患之余，戊寅九月晦[1,2]，游天庆观，谒北极真圣，探灵签[3]，以决余生之祸福吉凶。其辞曰：“道以信为合，法以智为先。二者不离析，寿命不得延。”览之竦然，若有所得，书而藏之，以无忘信道、法智二者不相离之意。轼恭书：古之真人未有不以信人者[4]，子思则曰[5]：“自诚明谓之性[6]。”此之谓也。孟子曰：“执中无权，由执一也[7]。”法而不智，则天下之死法也[8]。道不患不知，患不凝[9]；法不患不立，患不活。以信合道，则道凝；以智先法，则法活。道凝而法活，虽度世可也[10]，况延寿乎？

注 释

① 戊寅：即元符元年。

② 晦：农历每月最后一日。

③ 探灵签：摸取神灵的卦签。探：摸取，抽取。

④ 信人：以诚信为人。

⑤ 子思：战国初期哲学家。孔子之孙，孔伋。他把儒家的道德观念“诚”说成是世界的本原，以“中庸”为其学说的核心。

⑥ “自诚明谓之性”：见《礼记·中庸》。意思是由至诚而后有明德，是圣人的自然天性，把它称为性。

⑦ 执一：固执一义，不知通权达变。

⑧ 死法：不通达之法。死：不通，不流动。

⑨ 凝：坚定，巩固。

⑩ 度世：出世，脱离世间。

译 文

我东坡居士在贬谪海南岛的时候，历尽艰辛，元符元年九月二十九日，我去游览天庆观，参拜北极真圣像，探求灵签，想提前知道我以后的福祸，灵签写道：“道以信为合，法以智为先。二者不离析，寿命不得延。”我看后心中慌乱惊惧，若有所得，就把它写下来并收藏好，用来警示自己不要忘记信道、法智两方面不能相离弃。我恭敬地书写下来：古代的真人未尝不凭据诚信去做人。子思说：“缘出真诚而自然明白道理，叫作天性。”就是这道理了。孟子说：“执中无权，由执一也。”单纯效法以前的法却不会灵活地施行，那法就会成为天下不通达之法。道不怕人不知，最怕不凝聚团结；法不怕不能树立，最怕不能灵活施行。用诚信来结合道，道就可以凝聚众人；用智慧先决于法，法就能灵活施行。道可凝聚而法可灵活，就是升仙也可以了，何况延长寿命呢？

评析

从此文可知，苏东坡刚到海南的时候，对自己的未来还是有所担心的，可能他不知道前方还会有怎样的厄运在等着自己。不过，既然自己现在已经是日薄西山，或许接下来的情势也不会更加糟糕了。抱着这样不安的心思，他到天庆观里求了一支灵签。灵签兼有神学与科学意味："道以信为合，法以智为先。二者不离析，寿命不得延。"只有"二者不离析，寿命不得延"这两句有歧义，它既可指"二者永不能离析，所以寿命不得延长"，属于因果句；也可指"二者如不离析，寿命就不得延长"，属于条件句。

用现在的事理思考，道近宗教，唯信心是从，毋庸置疑；法近格物，以客观法规条理析之，以理智判断，不应迷信；故道法不能兼容，两者若不分开处置，相互矛盾，容易使人陷入迷思，这样怎能长寿？苏子聪明，故意折中融合，最后达到道凝而法治的境界。此中是否有歪曲概念之意，值得我们再三思考。

费孝先卦影[1]

至和二年[2]，成都人有费孝先者始来眉山，云：近游青城山，访老人村，坏其一竹床。孝先谢不敏[3]，且欲偿其直[4]。老人笑曰："子视其下字云：此床以某年月日某造，至某年月日为费孝先所坏。成坏自有数，子何以偿为！"孝先知其异，乃留师事之，老人受以《易》轨革卦影之术[5]，前此未知有此学者。后五六年，孝先以

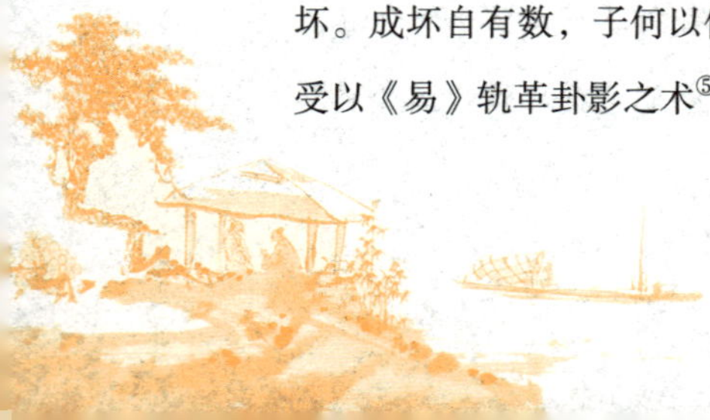

致富。今死矣，然四方治其学者，所在而有，皆自托于孝先[6]，真伪不可知也。聊复记之，使后人知卦影之所自也。

注释

① 卦影：宋代术人用图画等附会人事，预卜吉凶。后来叫圆光术。

② 至和：宋钦宗年号。

③ 不敏：不聪明。常用作自谦的话。

④ 偿其直：按价值赔偿。

⑤ 轨革：古时术人取人生辰八字成卦，附会人事、预言吉凶的占卜术。

⑥ 自：来由。

译文

至和二年，成都有一个叫费孝先的人第一次来峨眉山，说：最近游玩青城山，造访老人村，弄坏了一张竹床。孝先赔罪说自己笨拙并且想要赔偿。老人笑着说："你看它底下的字写的是：此床以某年月日某造，至某年月日为费孝先所坏。成坏自有定数，你何须赔偿！"孝先知事不寻常，就留下拜他为师，老人把《易经》轨革卦影的学问传授给他，在这之前没有知道这种学问的人。过了五六年，孝先因此致富。如今他死了，然而研究这种学问的人到处都有，都说自己的这种学问是费孝先传授的，大家不能辨别他们说法的真假。我暂且把这件事记下来，让后人知道卦影的学问是从哪里产生的。

评 析

根据魏泰记载：“自至和（1054—1056 年）、嘉祐（1056—1063 年）以来，费效先以术名天下，士大夫无不作卦影，而应者甚多。”费孝先以卦影活跃数十年，经历仁宗、英宗、神宗、哲宗四朝，影响巨大，有关记载亦十分神奇。苏东坡用一句“真伪不可知也”来概括这件事，可以说具有很深的意味。

记天心正法咒①

王君善书符②，行天心正法，为里人疗疾驱邪。仆尝传此咒法，当以传王君。其辞曰：“汝是已死我，我是未死汝。汝若不吾祟③，吾亦不汝苦。”

注 释

① 天心正法：道教的一个派系，出于天师道，强调内外兼修，以传天心正法得名。

② 书符：书写符箓。符：道士画出图形或符号用以驱使鬼神给人带来祸福的神秘文书。

③ 不吾祟：不害我。祟：作祟，鬼怪害人。

译 文

王君擅长使用书符，施行天心正法，给左右的邻居们治病驱邪。我也曾经传授这种符法，应当把我的这种符法也传给王君。其文辞说：“你是已死的我，我是未死的你。你如果不作祟害我，我

也不会让你受苦。”

评 析

苏东坡此文中这种“天心正法咒”我们不必当真，看看就好。鬼神之说不必过分深究，但这个咒中的不作祟害人可以作为为人处世的信条。从这篇文中我们可以看出苏东坡先生涉猎十分广泛，绝非一般杂家可以相比。

辨五星聚东井①

天上失星，崔浩乃云②，“当出东井③”，已而果然，所谓“亿则屡中”者耶④？汉十月⑤，五星聚东井，金、水尝附日不远；而十月，日在箕、尾⑥，此浩所以疑其妄。以余度之，十月为正，盖十月乃今之八月尔。八月而得七月节，则日犹在翼、轸间，则金、水聚于井亦不甚远。方是时，沛公未得天下，甘、石何意谄之⑦？浩之说，未足信也。

注释

① 东井：星名，即井宿。

② 崔浩：北魏清河东武城（今山东武城）人，字伯渊。长于天文历学，制定五寅元历。

③ 当出东井：详见《魏书·崔浩传》：“初，姚兴死之前岁也，太史奏：荧惑（星名）在匏瓜星中，一夜忽然亡失，不知所在。或谓下入危亡之国，将为童谣妖言，而后行其灾祸。太宗（北魏明元帝拓跋嗣）闻之，大惊，乃召诸硕儒十数人，令与史官求其所诣。浩对曰：‘案《春秋左氏传》说神降于莘，其至之日，各以其物祭也。请以日辰推之，庚午之夕，辛未之朝，天有阴云，荧惑之亡，当在此二日之内。庚之与未，皆主于秦，辛为西夷。今姚兴据咸阳，是荧惑入秦矣。’……后八十余日，荧惑星果然出于东井。明年，姚兴死，二子交兵，三年，姚秦国亡。”

④ 亿则屡中：料事非常准确。亿：预料，猜想。《论语·先进》：“赐不受命，而货殖焉，亿则屡中。”

⑤ 汉十月：汉高祖元年。

⑥ 箕、尾：星名，与下文的翼、轸都属于二十八宿。

⑦ 甘、石：甘：甘德，战国人，天文学家，著有《天文星占》八卷，今佚。石：石申，战国时魏国的天文学家。他与甘德测定的恒星记录是世界上最早的恒星表。有《甘石星经》传世。

译文

天上失去荧惑星的踪影，崔浩于是说“当出东井”，之后果然如此，他就是所谓的料事如神的人吗？汉代十月，五星聚集于

东井，金星、水星应该在太阳的附近；而十月，日在箕星、尾星之间；这是崔浩的结论，我因此怀疑他这种结论的荒诞。以我的推论，汉初用夏历的十月为正月，则第十月等于今天的八月而已。八月还在七月节范围中，太阳仍留在翼星、轸星之间，而金星、水星聚集于东井座，距离也不会太远。当时，沛公刘邦还没有得到天下，甘德、石申之类的天文历官，难道不是有意谄媚？崔浩之说，确实不可信。

评 析

苏东坡认为以星历解释社会人事是阴阳五行家的把戏，阴阳五行之说不过是天文历官为向统治者谄媚制造出来的妄说罢了。因此，苏东坡对崔浩“当出东井”的这种说法提出质疑，苏东坡读书时能思考、推测、求证，这些值得我们学习。

四民篇

论贫士

俗传书生入官库，见钱不识。或怪而问之，生曰："固知其为钱，但怪其不在纸裹中耳。"予偶读渊明《归去来辞》云："幼稚盈室，瓶无储粟。"乃知俗传信而有征[①]。使瓶有储粟，亦甚微矣，此翁平生只于瓶中见粟也耶？《马后纪》[②]：夫人见大练以为异物；晋惠帝问饥民何不食肉糜[③]，细思之皆一理也，聊为好事者一笑。永叔常言："孟郊诗[④]，'鬓边虽有丝，不堪织寒衣'，纵使堪织，能得多少？"

注 释

① 征：证明，证验。

② 《马后纪》：详见《后汉书·明德马皇后纪》。汉明帝马后，马援之女，常着大练（粗帛），宫中妃嫔视为异物。

③ 晋惠帝：即司马衷，字正度，晋代皇帝，晋武帝次子，以痴呆著称。初以贾后专权，引起皇族互相残杀的"八王之乱"。

④ 孟郊：唐代诗人，字东野，湖州武康（今属浙江德清）人。与贾岛齐名，有“郊寒岛瘦”之说。有《孟东野诗集》存世。

译文

俗语说书生入官府的库房，看见钱却不认识。有人感到奇怪便问他为什么不认识钱，书生说：“我当然知道这是钱，只是奇怪钱为什么没有用纸裹起来而已。”我偶然看五柳先生的《归去来辞》，发现它上面写道：“幼稚盈室，瓶无储藏粟。”才知道世俗传言是有依据的。即使瓶里有储存的粮食，那能有多少啊？五柳先生大概也只是在瓶子里见过粮食吧？《马后纪》中记载：宫中妃嫔看到皇后穿着粗帛，以为是奇异的物品；晋惠帝问灾民为何不吃肉糜来度生，细细想来，都是一个道理，暂且说来让好事者笑一笑罢了。欧阳公常说：“孟郊的诗中写道，‘鬓边虽有丝，不堪织寒衣’，即使可以编织，能得多少啊？”

评析

这一则写士，却是写贫士，说白了也就是穷读书人。孔子说过“君子固穷，小人穷斯滥”，这句话的意思是说君子虽然贫穷，却能够在这样的境遇里保持自己良好的操守，而小人一旦被贫穷所困扰，就会做出不法的事情来。当然，苏东坡在这里并不是想议论这些，他是想通过提供一些有趣的例子，说明君子或者好学之人的心思不在于一般的俗务上，也因此能够安贫乐道。

梁贾说

梁民有贾于南者，七年而后返。茹杏实海藻，呼吸山川之秀，饮泉之香，食土之洁，泠泠风气，如在其左右，朔易弦化[1]，磨去风瘤，望之蝤蛴然[2]，盖项领也。倦游以归，顾视形影，日有德色，徜徉旧都，踌躇顾乎四邻，意都之人与邻之人，十九莫己若也。入其闺，登其堂，视其妻，反惊以走："是何怪耶？"妻劳之，则曰："何关于汝！"馈之浆，则愤不饮；举案而饲之，则愤不食；与之语，则向墙而欷歔；披巾栉而视之[3]，则唾而不顾。谓其妻曰："若何足以当我？亟去之！"妻俛而怍[4]，仰而叹曰："闻之，居富贵者不易糟糠[5]，有姬姜者不弃憔悴[6][7]。子以无瘿归[8]，我以有瘿逐。呜呼，瘿邪！非妾妇之罪也！"妻竟出。于是贾归家三年，乡之人憎其行，不与婚。而土地风气，蒸变其毛脉[9]，啜菽饮水[10]，动摇其肌肤，前之丑稍稍复故。于是还其室，敬相待如初。君子谓是行也，知贾之薄于礼义多矣。居士曰：贫易主，贵易交，不常其所守，兹名教之罪人，而不知学术者，蹈而不知耻也。交战乎利害之场，而相胜于是非之境，往往以忠臣为敌国，孝子为格虏[11]，前后纷纭，何独梁贾哉！

注 释

① 朔易弦化：比喻岁月更迭。朔易：北方因岁时改变而变换生活方式。

② 蝤蛴：古书上指天牛的幼虫，色白长身。借以形容女颈之美。

③ 披巾栉：披，把衣服搭在肩上；巾用来擦脸、手；栉用来梳头发。这些都是妻子侍奉丈夫的事。

④ 怍：面露惭愧。

⑤ 糟糠：指贫贱时的妻子。《后汉书·宋弘传》：“弘曰：‘臣闻贫贱之知不可忘，糟糠之妻不下堂。’”

⑥ 姬姜：相传炎帝姓姜，黄帝姓姬；后来周王室姓姬，齐国姓姜。姬姜常通婚姻，因以此为贵族妇女的美称。《左传》：“虽有姬姜，无弃憔悴。”

⑦ 憔悴：瘦弱萎靡的样子，泛指折磨困苦。在此指陋贱之人。

⑧ 瘿：脖子上囊状的瘤子。

⑨ 蒸变：熏染改变。

⑩ 啜菽饮水：粗茶淡饭。形容日子清苦。啜：吃。菽：豆类的总称。

⑪ 格虏：桀骜不驯之奴仆。

译 文

有一个大梁人到南方做生意，七年之后返回家乡。他在南方长期吃杏仁和海藻等东西，呼吸山川的灵秀之气，喝香甜的泉水，吃洁净的当地土产，走起路来好像泠泠的清风总是伴随在他的左右。岁月更迭，逐渐把他脖项上的瘿瘤治好了，他的脖颈上的皮肤看起来白皙动人。如今他倦游归来，禁不住看着自己的影子，面带骄傲的神色。他在都城里悠闲地散步，得意地看着他的邻居，认为都城和四邻之人，绝大部分都不如自己。他回到自己家里，进入他的卧室，看到自己的妻子后吃了一惊，转身就要跑：“这是什么怪物啊？”妻子服侍他，他却说：“我和你有什么关系？”妻子给他端上茶水，他怒而不喝；妻子把饭菜放到盘子里端给他吃，他愤而不吃；妻子和他说话，他却面向墙壁唏嘘叹息；妻子奉上巾栉看着他，要服侍他沐浴更衣，他却吐着唾沫看也不看妻子。他对妻子说：“你怎么能配得上我呢？马上离开吧！”妻子低着头感到羞愧，又仰起头叹息道：“我听人家说：富贵了的人不会抛弃共患难的妻子；家中有美若姬姜的小妾，也不会厌弃憔悴的妻子。你现在回来没有瘿瘤了，我却因为有瘿瘤要被赶走。啊，这都是瘿瘤的错，不是我的过错啊。”最终妻子还是被他赶出了家门。这个商人回家已有三年了，乡里人都憎恶他的品行，不与他通婚。而本地的土质气候改变着他的毛发血脉，他吃的杂粮喝的水改变着他的皮肤，他又恢复了以前丑陋的样子。于是他又让妻子回来，相敬如初了。君子多认为商人这种行为薄情寡义。居士说：贫穷时变换主人，富贵了变换朋友，不能坚守道义，这就是有名教的罪人，而不学无术的人，重走贫易主、贵易交的老路而不以为耻。在关乎利害的场合交战，却在是非之地相竞逐，往往把忠诚的臣子当作敌人，把孝顺的人当作俘虏，前后变化、花样繁多的人，难道只有梁贾一人吗？

评 析

此文是一篇寓言。优秀的寓言作者从来不吝用夸张的手法和惊人的笔调来提高他的文字感染力，在这一文里，苏东坡也是这样写的。可恶之人，不一定会向文中的梁贾那样把自己内心的阴暗面赤裸裸地表现出来，他们会表现得更狡诈、更圆滑，所以这一类人的真面目若不认真地观察一段时日是不能发现的。苏东坡这一篇寓言应该具有很明确的目的性，话锋也当直指当时朝廷里的一些人和事。

梁工说

梁工治丹灶有日矣。或有自三峰来，持淮南王书[①]，欲授枕中奇秘坎离生养之法，阴阳九六之数，子女南北之位，或黄或白[②]，生生而不穷，以是强兵，以是绪余以博施济众[③]。而其始也，密室为场，空地为炉，外烬山木之上煮天一，坯父鼎母，养以既济[④]，风火絪缊[⑤]，而瓦砾化生。方士未毕其说，工悦之，然以为尽之矣。退试其术，逾月破灶，而黄金已芽矣。于是谢方士，方士曰："子得予之方，未得究其良，知其一不知其二。余弗邀利于子，后日不成，不以相仇，则子之惠也。"工重谢之曰："若之术殚于是矣，予固知之矣，岂若愚我者哉！"遂歌《骊驹》以遣送之[⑥]。束书在于腰，长揖而去。工日治其诀，更增益剂量，其贪婪无厌。童东山之木[⑦]，汲西江之水，夜火属月魄，昼火属日光，操之弥勤，而其术愈疏，为之不已。而其费滋甚，牛马销于铅汞，室庐尽于钳锤，券土田[⑧]，质妻子，萧条繿缕，而其效不进。至老以死，终不悟。君子曰：术之不慎，学之不至者然也，非师之罪也。居士曰：杇墙画墁[⑨]，天下之贱工，而莫不有师。问之不下，思之不熟，与无师同。其师之不至，杇墙画墁之不若也。不至，则欺其中，亦以欺其外。欺其中者己穷，欺外者人穷。如梁工盖自穷，亦安能穷人哉！

注释

① 淮南王书：即《淮南子》，也称《淮南鸿烈》。汉代淮南王刘安及其门客等撰，以道家思想为主，糅合了儒、法、阴阳五行等家思想，一般认为它是杂家著作。

② 或黄或白：指黄金和白银。

③ 绪余：残余。《庄子》：“道之真以治身；其绪余以为国家；其土苴以为天下。”也泛指主体外的零散部分。

④ 养以既济：《周易》中“既济”的卦辞是“亨，小，利贞”。在这里指刚开始的时候还算顺利。

⑤ 细缊：指阴阳二气交融。

⑥ 《骊驹》：《诗经》的篇名，主要内容是告别。

⑦ 童：山无草木曰童。此处指伐尽树木。

⑧ 券：契据。古代的券常分为两半，各执其一作为凭证，如今日之合同。券在此指卖了土地。

⑨ 杇墙画墁：粉刷墙壁，而又重新抹去。比喻劳而无功。杇：涂墙的工具。

译文

梁地一位工匠从事丹灶冶炼之术有很长时间了。有方士从三峰过来，拿着一本《淮南子》，想要把枕中奇秘所提到的坎离生养的方法、阴阳九六之数、求取子女及用方位定益的办法、黄白之术都传授给他，学会这些本领后可以用它获取金银财富，这可以使他们家生生不息、永不困穷，还可用这种方法来强化兵力，用剩余的小法术来救济群众。刚开始时，他们用密室作为冶炼之地，腾出地方建起炉灶，把屋外的树木都烧成灰烬，烟火腾飞到达天际，用坯鼎器具冶炼阴阳万物，符合既济亨通之卦，风助火势，推动冶炼阴阳的进程，就连瓦砾都可变化产生奇妙的物品。方士还没说完，工匠就已经很高兴了，认为自己已经把方士的技能全部学会了。他退下来就开始试验方士所说的冶炼方法。过了一个月后打开炉灶，而黄金已经初步形成了。于是感谢方士，方士说："你虽然学到了我的方法，但还没有学到优良的程度。你现在只知这种方法的一方面，不知它的另一方面。我不求能从你这里得到什么好处，如果你以后冶炼不能成功，不会仇视我，就是你对我的恩惠了。"工匠再次道谢说："你的方法已经都讲完了，我已经知道了，难道你还会愚弄我吗？"于是他就唱着《骊驹》送方士离开。方士把书本绑在腰部作长揖后就离开了。工匠每天研究他的秘诀，进一步增加剂量，他真称得上贪得无厌。他砍光了东山的树木，汲取西江的水，日夜不停地冶炼，他炼制次数越来越多，而冶炼效果却越来越差，但他却不断地炼制从不停歇。他的开销很大，卖掉牛马购买铅汞，卖掉房屋购买钳锤，卖土地，卖妻儿，最后导致家徒四壁，他衣着褴褛但冶炼之术仍旧毫无提升。工匠到老到死的时候也始终不明白为什么会这样。君子说：这是因为学艺之人不谨慎，学习目标没有完成，不是老师的罪过啊。居士说：粉刷墙壁这种低贱的工种，也需要师傅的教导。如果求教不能深入，思虑不能成熟，那就跟没有师傅是一样的。如果学习某种技艺没有学好，那会变得还不如粉刷墙壁的工人。技艺不好就会自我欺骗，也会欺骗别人。自欺的人会使自己困窘，欺人的人使别人困窘。像梁地这个工匠，是因为自己的原因而陷入困窘的境地，他哪有本事使别人困窘呢？

评 析

这也是一个寓言故事，在宋朝，已经很少有人再执着于这样一种文学样式了。但苏东坡是一个写寓言的高手，对此感兴趣的人可以去读一下朱靖华先生的《苏东坡寓言评注》。苏东坡在本文道出了“术之不慎，学之不至者然也，非师之罪也”“问之不下，思之不熟，与无师同”的观点，从中可以看出苏东坡主张学习要谦虚谨慎、深入思考并要术业有专攻。

女妾篇

贾氏五不可[①]

晋武帝欲为太子娶妇[②]，卫瓘曰[③]：“贾氏有五不可[④]：青、黑、短、妒而无子。”竟为群臣所誉，娶之，竟以亡晋。妇人黑白美恶，人人知之，而爱其子，欲为娶妇，且使多子者，人人同也。然至其惑于众口，则颠倒错缪如此。俚语曰“证龟成鳖”，此未足怪也。以此观之，当云“证龟成蛇”。小人之移人也，使龟蛇易位，而况邪正之在其心，利害之在岁月后者耶！

注 释

① 贾氏：晋惠帝的皇后贾南风，西晋权臣贾充之女。

② 晋武帝：司马炎，晋朝的建立者。

③ 卫瓘：西晋河东安邑（今山西夏县）人，字伯玉。晋武帝时，曾出任乌桓校尉，官至司空。惠帝初，被贾后所杀。

④ 贾氏有五不可：据《晋书》记载：初，武帝欲为太子取卫瓘女，元后纳贾郭亲党之说，欲婚贾氏。帝曰：“卫公女有五可，贾

公女有五不可。卫家种贤而多子，美而长白。贾家种妒而少子，丑而短黑。”疑是苏轼误记。

译文

晋武帝想为太子娶媳妇，卫瓘说：“贾充的女儿贾南风有五项因素不可娶：面青，目黑，身短，忌妒且会无子。”结果却由于贾南风受到群臣的称赞而娶了过来，终于导致了西晋灭亡。女子肤色黑白美丑，大家都知道，而且爱护儿子，希望为儿子娶个好媳妇，并且让儿媳多生孩子，这想法大家都相同。但是想不到会为众口迷惑让错谬达到这种地步。俚语说“证实乌龟会变成鳖”，这不奇怪，据此事观察，应当说“证龟成蛇”才对。小人之口能改变人的信念，使龟变蛇，交换位置，何况邪正存在其心，利害要经历漫长岁月之后才能证实呀！

评析

据《晋书》记载，当时为太子议婚时，是晋武帝说“贾氏女有五不可”，并不是卫瓘。这点应该是苏东坡记错了。晋惠帝初因贾后专权，引起皇族互相残杀的“八王之乱”，并由此引发西晋王朝渐趋衰亡，从这个角度上说贾后亡晋有一定道理，但是晋朝灭亡的最主要原因并不在此。

贾婆婆荐昌朝[1]

温成皇后乳母贾氏[2]，宫中谓之贾婆婆。贾昌朝连结之，谓之姑姑。台谏论其奸[3]，吴春卿欲得其实而不可[4]。近侍有进对者曰："近日台谏言事，虚实相半，如贾姑姑事，岂有是哉！"上默然久之，曰："贾氏实曾荐昌朝。"非吾仁宗盛德，岂肯以实语臣下耶！

注 释

① 昌朝：贾昌朝，获鹿人，字子明。

② 温成皇后：宋仁宗的贵妃，姓张，河南永安人。死后，仁宗追册皇后，谥温成。

③ 台谏：唐宋时称掌管纠弹的御史为台官，以掌管建言的给事中、谏议大夫等为谏官。

④ 吴春卿：吴育，字春卿，宋代大臣。吴育多次与宰相贾昌朝争议，积怨很深。

译 文

温成皇后乳母贾氏，宫中的人都用贾婆婆称呼她。贾昌朝巴结她，称她姑姑。台谏评论昌朝奸诈，吴春卿想查证实情而不成功。亲近皇上的侍从有一次进言说："今天台谏官员讨论政事，虚实各占一半，如贾姑姑的事，是不是真的有呢？"皇上沉默了好一会儿说："贾氏确实曾经推荐过贾昌朝。"如果不是我们的仁宗皇帝英明盛德，怎么肯将实情告诉臣下呢！

评 析

此文记述的是当朝时事。贾昌朝因得贾婆婆推荐而官运亨通、连连高升，一个皇后的乳母，竟有这么大的本事！这件事值得深思。苏东坡在篇末称赞皇帝英明盛德，是褒是贬，意在何为？

石崇家婢①

王敦至石崇家如厕②，脱故着新，意色不怍。厕中婢曰："此客必能作贼也。"此婢能知人，而崇乃令执事厕中，殆是无所知也。

注 释

① 石崇：西晋渤海南皮（今河北南皮）人，字季伦。曾为荆州刺史，以劫掠客商致财产无数。曾与王恺斗富，争为侈靡。八王之乱时，石崇与齐王结党，被赵王所杀。

② 王敦：晋大臣，字处仲，琅邪临沂（今属山东临沂，琅邪今称琅琊）人。出身士族。西晋灭亡后，与堂弟王导拥护司马睿建立东晋政权，升任大将军、荆州牧。后司马睿为了抑制王氏势力，起兵攻打建康。两年后，病死军中。

译 文

王敦到石崇家上厕所，脱去旧的衣服换上新的衣服，脸上没有任何羞愧的表情。厕所中的侍婢说："这位客人一定会做贼。"

这个侍婢能知人心，而石崇却让她在厕所中工作，可见他不能知人善任。

评　析

石崇家的侍婢根据“脱故着新，意色不怍”就能看出王敦“必能作贼”，可见有识人之才。石崇不能知人善任，让她长期在厕所工作实在是大材小用。苏东坡借这件小事，想要表达的其实是：天下能知人善任的又有几人呢？苏东坡在这里委婉地抒发了怀才不遇的感叹。

贼盗篇

盗不劫幸秀才酒

幸思顺，金陵老儒也。皇祐中[①]，沽酒江州[②]，人无贤愚，皆喜之。时劫江贼方炽[③]，有一官人舣舟酒垆下[④]，偶与思顺往来相善，思顺以酒十壶饷之。已而被劫于蕲、黄间，群盗饮此酒，惊曰：“此幸秀才酒邪？”官人识其意，即绐曰[⑤]：“仆与幸秀才亲旧。”贼相顾叹曰：“吾侪何为劫幸老所亲哉[⑥]！”敛所劫还之，且戒曰：“见幸慎勿言。”思顺年七十二，日行二百里，盛夏曝日中不渴，盖尝啖物而不饮水云。

注 释

① 皇祐：宋仁宗的年号。

② 江州：地名。晋时设置，初辖今福建、江西两省以及湖北、湖南部分地区，后逐步缩小。到宋时，治所在今九江，辖德安、彭泽、湖口等地。

③ 炽：火旺。引申为势盛。

④ 舣舟：租船。

⑤ 绐：欺哄。谎言。

⑥ 吾侪：我辈，我们。侪：同伴，同辈。

译文

幸思顺，金陵的一个老儒生。皇祐中期，他在江州卖酒，人们不论聪明愚笨，都喜欢他。当时恰逢江上的盗贼势力强大，有一个官人在幸思顺的酒店下准备租船，偶然与幸思顺交谈得很投机，幸思顺就送给他十壶酒。不久这个官人在蕲州、黄州之间被盗贼劫持，众盗贼喝了他的酒，吃惊地问道："这是幸秀才的酒吗？"官人明白了他的意思，就谎称："我是幸秀才的亲戚。"盗贼们相互看了看叹息道："我们为何会抢劫幸老亲近的人呀！"说完，盗贼就把他们抢劫的东西还给了官人，并叮嘱他说："再见到幸思顺千万不要提起这件事。"幸思顺七十二岁时，一天能走二百里，盛夏天气在阳光下暴晒也不觉得口渴，据说他能够吃东西而不必喝水。

评析

由此文可见，盗匪之中也有不失侠义之人。但是这侠义顾及的对象不免过于狭隘了，世上难道只有幸秀才一个算是义人吗？倘若换了别的好人，在苏东坡的案例中，还不是一样要被劫，甚至被杀，哪里会有这样感人的场面？对于这位老秀才的神奇之处，苏东坡没有多说，只是说他七十二岁了，一天还可以走二百里，炎炎夏日站在太阳下不渴，吃东西也不喝水，剩下的奇事就留给人们去猜想了。

梁上君子[1]

近日颇多贼，两夜皆来入吾室。吾近护魏王葬[2]，得数千缗[3]，略已散去，此梁上君子当是不知耳。

注 释

① 梁上君子：窃贼的代称。《后汉书·陈寔传》：“有盗夜入其室，止于梁上，寔阴见，乃起自整拂，呼命子孙，正色训之曰：‘夫人不可不自勉，不善之人未必本恶，习以性成，遂至于此。梁上君子者是矣！’盗大惊，自投于地，稽颡归罪。”

② 护魏王葬：负责料理魏王葬礼。护：总领，料理（丧事）。

③ 缗：一千文钱为一缗，也就是一贯。

译 文

近日盗贼很多，两夜都来到我卧室之中。我近来主持魏王下葬，得数千赏赐，大都已散去，这个梁上君子应当是不知道的。

评 析

这段话相当有趣，苏东坡可能是故意写在纸上，让那位梁上君子看到，知道作者无钱的实况而罢手。下面以经济学的观点来分析一下这位梁上君子的行为。市场经济条件下，信息掌握不准确是一大忌。这个小偷只知道苏东坡近来靠做死人生意发了一笔小财，却不知道他已经把这笔钱快花光了，这就造成了他两度进入苏东坡家里，却又两度空手而归的结果。

夷狄篇

曹玮语王鬷元昊为中国患[1][2]

天圣中[3]，曹玮以节镇定州[4][5]。王鬷为三司副使[6]，疏决河北囚徒[7]，至定州。玮谓鬷曰："君相甚贵，当为枢密使[8]。然吾昔为秦州，闻德明岁使人以羊马货易于边[9][10]，课所获多少为赏罚[11]，时将以此杀人。其子元昊年十三[12]，谏曰：'吾本以羊马为国，今反以资中原，所得皆茶彩轻浮之物，适足以骄惰吾民，今又欲以此戮人。茶彩日增，羊马日减，吾国其削乎！'乃止不戮。吾闻而异之，使人图其形，信奇伟。若德明死，此子必为中国患，其当君之为枢密时乎？盍自今学兵讲边事？"鬷虽受教，盖亦未必信也。其后鬷与张观[13]、陈执中在枢府[14][15]，元昊反，杨义上书论土兵事，上问三人，皆不知，遂皆罢之。鬷之孙为子由婿，故知之。

注释

① 曹玮：字宝臣，北宋大臣。

② 王曙：字总之，赵州临城（今属河北邢台）人。曾代表宋出使契丹。详见《宋史》卷二百九十一。

③ 天圣：宋仁宗年号。

④ 节镇：即节度使。唐时节度使军政财一统；安史之乱后，节度使权力被削弱，至宋成为虚衔。

⑤ 定州：地名，在今河北定州市。

⑥ 三司：唐宋设置，通管盐铁、度支、户部，至宋专管财赋。

⑦ 疏决：清理积滞。

⑧ 枢密使：官名。宋代以枢密使为枢密院长官，与同平章事等合称“宰执”，共同负责军国要政。任此职者一般为文人，也偶尔用武人。

⑨ 德明：夏李继迁之子，元昊之父。追谥为光圣皇帝。庙号太宗。

⑩ 货易：以货易货，不用货币的交易。

⑪ 课：考查，考核。

⑫ 元昊：即夏景宗李元昊，夏国君主。李德明之子。1032—1048年在位。好佛，通蕃汉文字，知兵法。1032年嗣位，改唐宋所赐姓为嵬名氏，自称吾祖。1038年称帝，国号大夏，定都兴庆府（今宁夏银川）。立官制，制礼仪，造文字，建蕃学。对宋作战屡战屡胜，形成宋、辽、夏鼎立局面。

⑬ 张观：北宋大臣，绛县（今属山西运城、侯马一带）人，字思正。

⑭ 陈执中：北宋大臣。南昌（今属江西南昌）人，字昭誉。

⑮ 枢府：即枢密院。

译文

天圣中，曹玮任节度使镇守定州。王鬷任三司副使，将河北的囚犯分流判决，送至定州。曹玮对王鬷说："君相你的样貌相当显贵，他日当出任枢密使。我以前主管秦州，听说西夏的国主李德明每年派人用羊马在边界进行物物交换，计算官员在课税中获得多少作为赏罚准则，时不时地就因为这件事情杀人。德明的儿子元昊当时十三岁，就劝说他的父亲：'我们本来以牧养羊马立国，现在反而把我国优良的羊和马拿来资助中原，换来一些茶叶、彩缎等轻浮物品，这些物品足以使我国国民骄奢懒惰，如今又要因为这件事杀害我国的臣民，这样做岂不害了自己？茶叶彩缎日日增加，羊马日日减少，我国力量将会减弱啊！'德明听了元昊的话于是停止，不再杀戮。我听说这件事后感到很惊异，就派人给他绘制了画像，发现他长得仪表不凡。如果德明死，他的这个儿子必定会成为中原祸患，到那个时候，将是你做枢密使吧？为何不从现在开始就研习兵法、研究边防事务？"王鬷虽然接受了曹玮的教诲，可能也没有完全相信。之后王鬷与张观、陈执中在枢密院，元昊反叛，杨义上书论士兵事件，皇上问三人应该如何应对，三人都不能提出应对之策，结果全被皇上罢免了。王鬷的孙子是子由的女婿，所以知道这件事。

评 析

机会是给有准备的人的。曹玮是一位富有国家使命感并且有远见的人。可惜王臞却是一个不思进取、苟且偷安、没有远见的文人，辜负了曹玮的好意。宋朝的衰败和灭亡，就是毁在了这类因循守旧的人手上。

高丽[1]

昨日见泗倅陈敦固道言[2]：“胡孙作人状[3]，折旋俯仰中度[4][5]，细观之，其相侮慢也甚矣[6]。人言‘弄胡孙’，不知为胡孙所弄！”其言颇有理，故为记之。又见淮东提举黄实言[7]：“见奉使高丽人言：所致赠作有假金银锭，夷人皆拆坏，使露胎素[8]，使者甚不乐。夷云：非敢慢也，恐北虏有觇者以为真尔[9]。”由此观之，高丽所得吾赐物，北虏皆分之矣。而或者不察，谓北虏不知高丽朝我，或以为异时可使牵制北虏，岂不误哉！今日又见三佛齐朝贡者过泗州[10]，官吏妓乐，纷然郊外，而椎髻兽面[11]，睢盱船中[12]。遂记胡孙弄人语良有理，故并记之。

注 释

① 高丽：即高勾丽，朝鲜半岛上的古国名。

② 泗倅：泗州通判。宋代的官制，以通判助知州，俗称“倅”。

③ 胡孙：猴的别名。唐代慧琳《一切经音义》：“猴者猿猴，俗曰胡孙。”

④ 折旋：在这里指讨论折中、来回谈判。

⑤ 俯仰：在这指在谈判中有进有退、提出要求与让步。

⑥ 侮慢：轻侮傲慢。

⑦ 提举：官名。宋时枢密院敕令所有提举由宰相兼，同提举由执政兼。又有提举常平仓、提举茶盐、提举水利等官。

⑧ 胎素：内部衬垫之物。

⑨ 觇：窥视，观测。

⑩ 三佛齐：国名。宋代赵汝适《诸蕃志》称此国位于真腊、阇婆之间，其国在海上。

⑪ 椎髻：一撮之髻，形状像椎。椎是捶击用的长形工具。

⑫ 睢盱：睁眼仰视。

译 文

昨日见泗州通判陈敦固道，他说："猢狲打扮成人的样子，谈判商议进退都合尺度，但细心观察会发现，他对我方进行了很严重的侮辱。人们常说'玩弄猢狲'，却不知自己也被猢狲玩弄！"他的话很有道理，所以我特意记下。又见淮东提举黄实说："见到奉命出使高丽的人说：我方所送的物品中有假的金银锭，夷人都会把它击坏，使它露出本来面目，夷人的做法让我国的使者感到很生气。夷人说：不敢对你们怠慢，只恐怕契丹人窥伺以为是真品而已。"从这可以看出，高丽得到的我方的赏赐物品，契丹都会分去一部分。而有人不知晓这一点，认为契丹不知道高丽向我国朝贡，或以为他日可利用高丽来牵制契丹，如此弄虚作假，岂不误事！今日又见三佛齐国朝贡者经过泗州城，官吏用妓乐相接他们，郊外十分热闹，来的人头发结扎似椎形，脸上戴着野兽面具，在船上睁眼仰视。我想起“猢狲弄人”的话，觉得很有道理，因此一并记录下来。

评 析

通过此文中所记述的几件事可以对北宋后期的外交关系有所了解，赠给高丽的贡银中都有假的，这些赏赐物品，契丹都会分去一部分。因此，宋人想用高丽牵制辽国，苏东坡认为不过是被“猢狲”玩弄罢了。从苏东坡此文中可以看出古代汉族人对少数民族是充满鄙夷的。不懂民族平等的道理，不尊重少数民族人民，是古代士人的通病，苏东坡也不能免俗。我们不要学习他这一点。

高丽公案

元祐五年二月十七日①，见王伯虎炳之言：“昔为枢密院礼房检详文字，见高丽公案。始因张诚一使契丹，于虏帐中见高丽人，私语本国主向慕中国之意，归而奏之，先帝始有招徕之意。枢密使吕公弼因而迎合，亲书札子乞招致②，遂命发运使崔极遣商人招之③。”天下知非极，而不知罪公弼。如诚一，盖不足道也。

注 释

① 元祐五年：公元1090年。

② 札子：古代公牍文的一种，用于发指示。

③ 发运使：官名，宋代专指总领江淮等六路漕运之官。

译 文

元祐五年二月十七日，见到王伯虎炳之，他说："我以前任枢密院礼房检详文字，看到了与高丽来往的公文档案。开始是因为张诚一出使契丹，在胡虏的帐幕中遇见了高丽人，他私下向张诚一表示高丽国主有向慕中国的意念。归国后张诚一上奏此事，先帝开始产生招徕的念头。枢密使吕公弼为了迎合主上就亲撰札子，乞求邀请对方前来，于是命令发运使崔极派遣商人前往邀请。"天下人只知道谴责崔极，而不知怪罪吕公弼。至于张诚一，实在不值一提。

评 析

这里透露了几个信息，一是宋代中央政府有关部门设有档案室，有关整个事件前因后果的文字都会原原本本归档；二是外交人员能及时地反映邻国意图，张诚一的做法并没有错；三是扩展邦交的主动权掌握在皇帝的手里，吕公弼的行为只是为了迎合主上，崔极也不过是奉命行事，苏东坡即使不同意扩展邦交，在知道真相后，仍只指责吕、崔，不敢针对皇帝，也并非君子所为。

卷四

卷四共分为六篇：古迹篇、玉石篇、井河篇、卜居篇、亭堂篇和人物篇。

古迹篇

铁墓厄台

余旧过陈州[①]，留七十余日，近城可游观者无不至。柳湖旁有邱，俗谓之“铁墓”，云陈胡公墓也[②]，城濠水注啮其址[③]，见有铁锢之。又有寺曰“厄台”，云孔子厄于陈、蔡所居者，其说荒唐，在不可信。或曰东汉陈愍王宠“散弩台”，以控黄巾者，此说为近之。

注 释

① 陈州：地名。周初为陈国，春秋时被楚所灭。在今河南周口一带。

② 陈胡公：名满，传说为虞帝舜的后代。

③ 啮：咬。形容河水冲击墓地。

译 文

我曾经来过陈州，在这里停留了七十余日，陈州附近值得游玩观赏的地方我都去过。柳湖旁边有个小山丘，大家把它称为“铁墓”，说这个地方是西周陈国开国君主陈胡公的墓地。护城河的流水不断冲蚀这个墓地，当地人就用铁索来固定它。当地还有一座寺庙名字叫“厄台”，据说孔子当年在陈、蔡厄困时所居住的地方就是这里，但这个说法荒唐，实在不可信。又传闻这里曾是东汉陈愍王刘宠的“散弩台”，当年陈愍王便是在这个地方对抗黄巾军的，我觉得这个说法比较接近事实。

评 析

苏东坡在一个偶然的机会，被张方平招来这里做先生，他在这里住了一段时间，当时他的心情有点压抑。苏辙曾经在这里做过一阵子官。过往访问的时候，苏东坡也来过陈州几次，并留下了一些诗句。苏东坡在这篇文章中像一位老人一样低低地诉说，我们跟随他的语言似乎看到在萧索的铁墓、厄台附近有一位孤零零的老者立在那里，那孤寂的身影让人心疼。

黄州隋永安郡[1]

昨日读《隋书·地理志》，黄州乃永安郡。今黄州东十五里许有永安城，而俗谓之“女王城”，其说甚鄙野。而《图经》以为春申君故城[2]，亦非是。春申君所都，乃故吴国，今无锡惠山上有春申庙，庶几是乎？

注释

① 永安郡：隋大业初年置。

② 春申君：战国时楚人，名黄歇。考烈王立，拜歇为相，封春申君，赐淮北地十二县，后改封江东。与信陵君、孟尝君、平原君并称为“战国四公子”。

译文

昨天读《隋书·地理志》，才发现原来黄州就是永安郡。现在离黄州十五里左右的地方有永安城，大家称之为“女王城”，这个说法很鄙陋荒诞。《图经》说这里是春申君旧有的封地，这也不正确。春申君的封地是以往吴国的所在地，现在无锡惠山上有春申庙，大概就是证明吧！

评析

苏东坡如此关心黄州，是因为黄州是他的被贬之地。宋神宗元丰二年，苏东坡因“乌台诗案”被贬为黄州团练副使，他在这里整整待了五年。他细阅《隋书》《图经》，寻找黄州的历史流变。要了解苏东坡这种心情，不妨翻阅苏东坡的《正月十二日是与潘郭二生出郊寻春忽记去年是日同至女五城作诗乃和前韵》。

记樊山

自余所居临皋亭下，乱流而西，泊于樊山[1]，为樊口，或曰“燔山”，岁旱燔之，起龙致雨；或曰樊氏居之，不知孰是。其上为庐洲[2]，孙仲谋泛江遇大风[3]，柂师请所之，仲谋欲往庐洲，其仆谷利以刀拟柂师[4]，使泊樊口。遂自樊口凿山通路归武昌[5]，今犹谓之“吴王岘”。有洞穴，土紫色，可以磨镜。循山而南至寒溪寺，上有曲山，山顶即位坛、九曲亭，皆孙氏遗迹。西山寺泉水白而甘，名菩萨泉，泉所出石，如人垂手也。山下有陶母庙[6]，陶公治武昌[7]，既病登舟，而死于樊口。寻绎故迹，使人凄然。仲谋猎于樊口，得一豹，见老母曰：“何不逮其尾？”忽然不见。今山中有圣母庙，予十五年前过之，见彼板仿佛有“得一豹”三字，今亡矣。

注 释

① 樊山：山名。又名袁山、来山、寿昌山。在湖北鄂州。

② 上为庐洲：北边是庐洲。《三国志·吴志·吴主传》注引《江表传》作“罗洲”，庐、罗音相近，未知孰是，其地当在黄冈北部长江边上，洲为洲渚之洲。

③ 孙仲谋：孙权，字仲谋。三国吴开国皇帝。

④ 拟：比画。此处指威胁。

⑤ 武昌：地名。在今湖北鄂州市。

⑥ 陶母庙：陶侃之母湛氏的庙。

⑦ 陶公：陶侃，字士行，晋浔阳人。早年清贫，因屡立战功，升任荆州刺史。击败苏峻后，封长沙郡公，都督八州军事。详见《晋书》卷六十六。

译 文

从我居所临皋亭下，河水往西流，直到樊山的地方是樊口，

这里又叫“燔山”，每年天旱的时候，人们都会在这里烧山，那些烟雾升腾到空中然后变成雨降落下来。有人说这里是樊氏曾经居住的地方，但不知道这种说法的真假。此地北方是庐洲，当年孙权在涨潮渡江时遇到大风，舵手问孙权想前往的地方，孙权打算前往庐洲，可他的仆役谷利以刀威胁舵手，使船停泊在樊口。跟着孙权便从樊口凿山路通往武昌，今天这里还称为“吴王岘”。樊山上有洞穴，泥土是紫色的，可以用来磨镜。循山路往南行，便到达寒溪寺，上面有曲山，山顶有即位坛、九曲亭等孙权遗迹。西山寺泉水清澈甘甜，名为菩萨泉，泉水所流出的石头好像人垂手的模样。山下有陶母庙，以前陶侃管治武昌，生病坐船，最后死在了樊口。探寻这些遗迹，让人悲伤难过。孙权在樊口狩猎，猎到一只豹子，又见到一个老妇，老妇问他：“为什么不抓住豹的尾巴？”老妇问完就消失了。如今山中有圣母庙，我十五年前曾经路过这里，看见墙板上仿佛还有“得一豹”三个字，但这次再来，已经不见了。

评 析

苏东坡在这篇文章中写了寻访古迹，在寻访古迹时似乎看见了历史的变迁、时光的飞逝。从文中我们似乎能够读到一个人以他自己的生命同一处古迹相对时，是多么恐慌。

赤壁洞穴面

黄州守居之数百步为赤壁，或言即周瑜破曹公处[①②]，不知果是否？断崖壁立，江水深碧，二鹘巢其上，有二蛇，或见之。遇风浪静，辄乘小舟至其下，舍舟登岸，入徐公洞。非有洞穴也，但山崦深邃耳[③]。《图经》云：“是徐邈[④]，不知何时人，非魏之徐邈也。岸多细石，往往有温莹如玉者，深浅红黄之色，或细纹如人手指螺纹也。既数游，得二百七十枚，大者如枣栗，小者如芡实[⑤]，又得一古铜盆盛之，注水粲然[⑥]。有一枚如虎豹首，在口鼻眼处，以为群石之长。

注 释

① 周瑜：三国吴名将，字公谨，庐江郡舒县（今属安徽舒城）人。与鲁肃辅助孙权，联合刘备在赤壁打败曹操，形成三国鼎立的局面。

② 曹公：指曹操，三国时政治家、军事家、诗人，字孟德，沛国谯县（今属安徽亳州）人。东汉末年其势力日益强盛。子曹丕称帝后，追尊为武帝。

③ 崦：山。

④ 徐邈：字景山，燕国蓟（今属天津）人。三国时魏大臣。

⑤ 芡：水生植物名。又名鸡头。种子名芡实，供食用或入药。

⑥ 粲然：形容鲜亮的样子。

译 文

从黄州太守的住所出发，数百步就来到了赤壁，有传言称这里就是周瑜大破曹操军队的地方，但不知道这个传言是否准确。这里江水深绿，江边都是悬崖峭壁，传言有两只鹘在这赤壁之上筑巢，巢上还有两条蛇。我来到这里的时候正好风平浪静，便乘坐小船到那里，并且舍船登岸，到达徐公洞。这徐公洞并不是真正的洞穴，只是深山凹陷的地方而已。《图经》记载：这徐公指的是徐邈，不知道是哪个时代的人，但并不是三国时曹魏官员徐邈。岸滩有许多细石，其中有的石头晶莹剔透像玉石一样，有的是深浅的红黄色，还有的石头上有像人手指上的螺旋纹那样的细纹。我游历了几次，共收集到二百七十枚石头，大的石头像枣子、栗子般大小，小的石头像芡实般细小，我还找了一个古铜盆来盛载它们，注水的时候，石头粲然夺目。这些石头中有一枚好像虎豹的头，有口、有鼻、有眼，是众石中最美的。

评 析

赤壁是苏东坡在黄州的一个意外收获，且不论这里是否真的是孙刘联军大败曹操的地方，至少这里大江汹涌、岩石耸立的景观就给苏东坡带来了无尽的创作灵感。在这里，苏东坡找到的不仅仅是一种古战场的沧桑和荒凉，更是一种生死奈何的豪气。在后一种情绪的鼓舞下，他才可以对宦海沉浮真正释怀，才可以写出一首首充满豪气的诗词。如果说苏东坡在黄州成功突围的话，那么，赤壁对他的影响是功不可没的。

玉石篇

辨真玉

今世真玉甚少，虽金铁不可近，须沙碾而后成者，世以为真玉矣，然犹未也，特珉之精者[①]。真玉须定州磁芒所不能伤者，乃是云。问后苑老玉工，亦莫知其信否。

注 释

① 珉：像玉的美石。

译 文

如今世上真正的玉石很少。世人认为真的玉石不能被金属损害，必须用沙石研磨才能成形，但这仍未尽其实，这种方法得到的不过是精良的珉石而已。真正的玉石必须是用定州窑复烧的方法也不能伤害它的质量。我曾经询问过后苑的老玉工匠，但他也不知道用这种方法判断玉石是否准确。

评 析

苏东坡所说的辨别真玉的方法看似简便，但也无法得知是否真的可信，何况宋代定州窑的残瓷断片哪里能找到呢？

红丝石

唐彦猷以青州红丝石为甲①。或云：“惟堪作骰盆②，盖亦不见佳者。”今观雪庵所藏，乃知前人不妄许尔③。

注 释

① 唐彦猷：唐询，字彦猷，钱塘（今杭州）人。

② 骰盆：盛骰子的盆。

③ 许：称赞，赞颂。

译 文

唐询认为青州的红丝石最棒。但也有人说：“这红丝石只能作为盛骰子的盆，也算不上好的玉石。”现在看见雪庵所藏的，便知道前人并不是胡乱称赞了。

评 析

山东青州出产红丝石。红丝石砚台在唐代极负盛名，居四大名砚之首。到宋末时石源枯竭，后来各朝虽有产出，但数量极少。唐询认为青州的红丝石最好，所以苏东坡才会写文记录。

井河篇

筒井用水鞲法[①]

蜀去海远[②]，取盐于井。陵州井最古[③]，淯井、富顺盐亦久矣[④⑤]，惟邛州蒲江县井[⑥]，乃祥符中民王鸾所开，利入至厚。自庆历、皇祐以来[⑦]，蜀始创“筒井”，用圜刃凿如碗大，深者数十丈，以巨竹去节，牝牡相衔为井[⑧]，以隔横入淡水，则醎泉自上。又以竹之差小者出入井中为桶，无底而窍其上，悬熟皮数寸，出入水中，气自呼吸而启闭之，一筒致水数斗。凡筒井皆用机械，利之所在，人无不知。《后汉书》有“水鞲”，此法惟蜀中铁治用之，大略似盐井取水筒。太子贤不识[⑨]，妄以意解，非也。

注释

① 水鞴：即水排。

② 去：距离，相距。

③ 陵州井：即陵州盐井。北宋熙宁五年设置盐井监，因有盐井相传为东汉张道陵所开得名。辖境在今四川仁寿、井研两地。

④ 淯井：井泉名。在今四川长宁。据说泉有两脉，一淡一咸，咸泉可煎盐。塞一脉，水皆不流，又叫雌雄井。宋置淯井监，以收盐利。

⑤ 富顺盐：在今四川境内的盐井。

⑥ 邛州：地名。南朝梁设置。辖今四川邛崃、大邑、蒲江等地。

⑦ 庆历、皇祐：宋仁宗的年号。

⑧ 牝牡：即雌雄。

⑨ 太子贤：唐章怀太子李贤，字明允，唐高宗之子。曾注《后汉书》。

译文

由于蜀地距离海洋较远，因此只能以井取盐。陵州井最古老，淯井、富顺盐井也有些历史了，其中邛州蒲江县的盐井，是宋真宗祥符年间平民王鸾开凿的，开凿后获得的利益很丰厚。自从宋仁宗的庆历、皇祐以来，蜀地发明了“筒井”的方法，以圈刃开凿如碗大面积的土地，深的有数十丈，并用去掉节的巨大竹子，两枝相间地衔入井中，其中一枝灌入淡水，那样盐水便从竹洞而上。又以较少的无底竹桶，附以数寸的熟皮革，不断出入水中，那些地气便会推动着自然开合，一筒出来的水有数斗。凡运用筒井的都附以机械，以便取得更大的利益，这里的人都知道。《后汉书》有“水鞴”的方法，这种方法只有蜀中冶铁的时候运用，模式与盐井取水筒的方法相近。李贤注《后汉书》的时候不太理解，妄自解释，他的解释并不恰当。

评 析

在这篇文章里，苏东坡讲了一个利用大气压强和连通器原理采咸水制盐的例子。这是一个应用型的民间智慧成果，在如今的石油开采注水作业中依然被运用，只是更加精细了。这个方法既然如此成熟，可能不是四川人一时想出来的，所以苏东坡说东汉时候就有这样的实例。这是他针对唐章怀太子李贤的疑惑写的一篇科普小品文，里面说太子理解错了。无论如何，祖宗们能够把这一套自己虽然不理解原理的玩意儿从经验里总结出来并投入生产使用，也足够我们这些后人骄傲了。

汴河斗门

数年前朝廷作汴河斗门以淤田[①②③]，识者皆以为不可，竟为之，然卒亦无功。方樊山水盛时放斗门，则河田坟墓庐舍皆被害，及秋深水退而放，则淤不能厚，谓之“蒸饼淤”，朝廷亦厌之而罢。偶读白居易《甲乙判》，有云：“得转运使以汴河水浅不通运[④]，请筑塞两河斗门[⑤]，节度使以当管营田悉在河次[⑥⑦]，在斗门筑塞，无以供军。”乃知唐时汴河两岸皆有营田斗门，若运水不乏，即可沃灌。

古有之而今不能，何也？当更问知者。

注 释

① 汴河：汴水，在今河南开封。

② 斗门：堤堰所设宣泄暴涨洪水的闸门。

③ 淤田：用水把淤泥冲入农田。

④ 转运使：官名。唐时设置，掌管水陆的转运。

⑤ 筑塞：筑堤坝堵塞。

⑥ 营田：官田的一种，募人耕种，量收租利。

⑦ 河次：紧挨着河的地方。

译 文

几年前朝廷在汴水修建堤堰以便把淤泥冲入农田，有识之士都认为这样做不可行，但朝廷仍然施行，最后也没能取得成功。如果在樊山河水暴涨的时候开放堤堰，附近的田地、坟墓、田野间的屋舍都会被冲毁，如果等到深秋水退的时候才开放堤堰，那么淤泥不多，称之为“蒸饼淤”，朝廷也感到厌恶而不实施。我偶然翻阅白居易的《甲乙判》一书，发现他上面写道：“得知转运使因为汴水水浅不能运输，故上疏请求修筑两河的堤坝，节度使认为所管的营田在汴水的两岸，如果在此修筑堤坝，便无法供应军方的粮饷。”由此知道唐时汴水两岸都有营田堤坝，若航运的水不缺乏的时候，还可以用来灌溉农田。古代可以这样做如今却不能，这是什么原因？这应当问知情的人士。

评 析

苏东坡向来很关心农田水利之事。他读白居易的《甲乙判》一书，得知唐代时汴水两岸已有营田堤坝，然而当朝在汴河修建堤堰却未能取得成功。“古有之而今不能”表达了苏东坡对当时朝廷的不满。

卜居篇

太行卜居[①]

柳仲举自共城来[②]，抟大官米作饭食我[③]，且言百泉之奇胜[④]，劝我卜邻。此心飘然已在太行之麓矣[⑤]！元祐三年九月七日，东坡居士书。

注 释

① 卜居：用占卜选择定居之地。后泛指择地定居。

② 共城：隋代开皇六年置，在今河南辉县。

③ 抟：捏之成团。

④ 百泉：地名。在今河南辉县市西北。

⑤ 太行之麓：这里指共城在太行山东麓。

译 文

柳仲举从共城来看我，揉了一些大官米做的饭团给我吃，并且向我讲述百泉的奇观胜景，还劝我定居在这里。我的心已经迅速地飘在这太行山的东麓了。元祐三年九月七日，东坡居士记下。

评析

元祐三年，苏东坡在京任翰林学士、知制诰兼侍读、权知礼部贡举，这正是朝中旧派得势之时，但他在对废除新法的问题上与旧派发生矛盾，因而多次遭受旧派的打压，越来越感到在朝中难以立足。此时，有朋友从共城来看他，并对他说当地胜景，苏东坡便立即萌生退隐的想法。看他“心飘然已在太行之麓矣”，那种言语，是多么渴望能够逍遥于世上。

范蜀公呼我卜邻

范蜀公呼我卜邻许下[①]，许下多公卿，而我蓑衣箬笠，放荡于东坡之上，岂复能事公卿哉？若人久放浪，不觉有病，或然持养，百病皆作。如州县久不治，因循苟简[②]，亦曰无事，忽遇能吏，百弊纷然，非数月不能清净也。要且坚忍不退[③]，所谓一劳永逸也。

注释

① 范蜀公：范镇，字景仁，宋成都华阳（今属四川成都）人。

② 苟简：草率而简略，仅应付

而已。

③ 坚忍不退：要坚毅、忍耐而不退却。

译 文

范镇邀请我在许下定居，许下公卿贵人很多，而我只是穿戴蓑衣箬笠，浪迹于东坡之上的人，怎么能再侍奉那些公卿贵人呢？如果一个人放浪形骸太久就不觉有任何病痛，忽然要保养起来，那么各种疾病都会发作。就如一个州县长久没有治理，它遵循以前简略的规矩，也可以相安无事，现在忽然遇到一位能干的官吏，那各种隐藏的弊端就会纷纷出现，如果没有几个月是不能治理好的。倒不如坚忍不退却，这就是所谓的一劳永逸了。

评 析

此篇虽名为卜邻，但实际上是苏东坡自言其节操。从这篇文章中可以看出，苏东坡不仅不愿摧眉折腰侍奉那些公卿贵人，而且还要保持他那种坚忍不退让的精神。

合江楼下戏[1]

合江楼下，秋碧浮空[2]，光摇几席之上[3]，而有茅店庐屋七八间，横斜砌下。今岁大水再至，居人散避不暇。岂无寸土可迁，而乃眷眷不去[4]，常为人眼中沙乎？

注释

① 合江楼：在今广东惠阳东、西二江汇流处。

② 秋碧：秋日澄碧的天空。

③ 光摇：水光摇曳。光：指合江的波光。

④ 眷眷不去：恋恋不舍。

译文

合江楼下，秋日澄碧的天空，摇曳的水光映射到几席上，附近有七八间茅店芦屋，一间间堆砌着。今年大水再来，居民急于逃避。难道没有其他地方可以迁徙，反而对此地恋恋不舍，成为人们眼中的沙砾吗?

评析

从此篇的标题来看，苏东坡已点明此篇是戏言。但在本文的字里行间，我们还是能够感受到苏东坡对自己遭遇被贬以及成为别人的眼中钉的现实是极为不满的。

亭堂篇

临皋闲题

临皋亭下八十数步，便是大江，其半是峨嵋雪水[①]，吾饮食沐浴皆取焉，何必归乡哉！江山风月，本无常主，闲者便是主人。闻范子丰新第园池[②]，与此孰胜？所以不如君子，上无两税及助役钱尔[③④]。

注 释

① 峨嵋：峨眉，山名。峨眉山在苏轼家乡眉州附近。峨眉雪水流入长江支流岷江，故以其指称家乡。

② 第：房屋，宅。帝王赐给臣子的房屋有甲乙次第，所以房屋称“第”。

③ 两税：唐代杨炎制定的两税法，规定不按人丁纳税，而是按亩定税，分夏秋两季纳税。

④ 助役钱：王安石变法，实行免役法，原先不负担差役的坊郭户、女户、单丁、寺观、品观户等，按规定额半数缴纳助役钱，充官府雇役的费用。

译 文

从临皋亭下走八十多步，就是长江，长江水有一半是来自峨眉山上的雪水，我吃喝洗涮都是从长江里取水，何必回家乡呢！江山风月，本来就没有主人，有闲的人便是江山风月的主人。听说范子丰新建了房屋，和我这里比谁更胜一筹？我不如他的地方，也就是他那里不用缴税吧。

评 析

“江山风月，本无常主，闲者便是主人。”苏东坡所言极为精辟。其中“主人”并非指占有者，有空欣赏江山风月之美的人便是江山风月的主人。苏东坡被贬黄州时，并无实权，确实是个闲者，就到处游山玩水，做起江山风月的主人。同时，这也道出苏东坡的旷达，然而这种旷达的背后，苏东坡还是受着世俗事物的牵制，未能获得真正的自由。尤其是想到临皋亭与范子丰新园的差别时，苏东坡竟然道出两税法与助役钱的恐怖，这显然是针对王安石的变法而论。

名容安亭

陶靖节云[①]：“倚南窗以寄傲，审容膝之易安[②]。”故常欲作小轩[③]，以容安名之。

注 释

① 陶靖节：即陶潜，一名渊明，字元亮。晋浔阳（今属江西九江）人。因不能“为五斗

米折腰”，弃官归隐，以诗酒自娱。世称靖节先生。

② 倚南窗以寄傲，审容膝之易安：见陶渊明《归去来辞》。

③ 轩：有窗的廊或小屋子。

译 文

陶渊明说：“斜倚南窗用来寄托傲世之情，明白小屋容膝便可足享安适之感。”因此我经常想搭建一间小屋，并且以“容安”命名。

评 析

在这篇文里，苏东坡并没有这样一间小屋子需要他来命名。他只是一直幻想着将来能够盖起一间这样的小屋，不算作客厅，不算作卧室，甚至也不算作像样的书房。他只需要一个小房间，窗子开在南面，可以看见很安静的风景，比如松菊，比如长满菽粟的田野。也可能苏东坡一辈子都没有盖起这座他想象中的小屋子，但是他的心中始终有“容安”的存在。这是他平复心情、调节心态的一间静室。苏东坡曾说：“我即渊明，渊明即我也。”可见他在陶渊明身上，寻找到一份自我的托寄。这也是他有意以“容安”命名居所的原因。

陈氏草堂

慈湖陈氏草堂[①]，瀑流出两山间，落于堂后，如悬布崩雪，如风中絮，如群鹤舞。参寥子问主人乞此地养老[②]，主人许之。东坡居士投名作供养主[③]，龙邱子欲作库头[④]。参寥不纳，云：“待汝一口吸尽此水，令汝作。”

注 释

① 慈湖：水名。在浙江慈溪市东北。

② 参寥子：参见《逸人游浙东》篇注释⑥ 。

③ 供养主：佛教称供献神佛或设饭食招待僧人为供养，劝募供养物者为供养主。

④ 龙邱子：即陈慥，字季常，自称龙邱先生，苏轼好友，曾作诗戏道：“忽闻河东狮子吼，拄杖落手心茫然。”“河东狮吼”成为形容悍妻的典故。

译 文

慈湖的陈氏草堂，有一条瀑布流于两山之间，飞落在草堂的后面，看起来仿如悬挂着的布匹，如雪崩一样，又像风中的飘絮，又像群鹤翩翩起舞。参寥子访问草堂的主人，请求在这里养老，主人应许。我决定报名做供养的人，龙邱子陈慥打算做掌管出纳的人。参寥子不应许说：“等你能一口喝光这瀑布的水，我就让你来做。”

评 析

此文颇有戏谑之情。苏东坡对于与朋友间的逸事，印象是如此深刻。

雪堂问潘邠老[1]

苏子得废园于东坡之胁[2]，筑而垣之[3]，作堂焉，号其正曰“雪堂”[4]。堂以大雪中为，因绘雪于四壁之间，无容隙也[5]。起居偃仰[6]，环顾睥睨[7]，无非雪者，苏子居之，真得其所居者也。苏子隐几而昼瞑[8][9]，栩栩然若有所适[10]，而方兴也，未觉，为物触而寤[11]。其适未厌也，若有失焉，以掌抵目，以足就履，曳于堂下[12]。客有至而问者，曰：“子世之散人耶[13]？拘人耶[14]？散人也而未能，拘人也而嗜欲深。今似系马止也，有得乎？而有失乎？”苏子心若省而口未尝言，徐思其应，揖而进之堂上。客曰：“嘻，是矣！子之欲为散人而未得者也。予今告子以散人之道：夫禹之行水，庖丁之提刀，避众碍而散其智者也。是故以至柔驰至刚，故石有时以泐[15]；以至刚遇至柔，故未尝见全牛也。予能散也，物固不能缚；不能散也，物固不能释。子有惠矣[16]，用之于内可也，今也如蝟之在囊，而时动其脊胁，见于外者不特一毛二毛而已。风不可传，影不可捕，童子知之。名之于人，犹风之与影也，子独留之。故愚者视而惊，智者起而轧[17]。吾固怪子为今日之晚也，子之遇我，幸矣！吾今邀子为籓外之游[18]，可乎？”

苏子曰：“予之于此，自以为籓外久矣，子又将安之乎？”客曰：“甚矣，子之难晓也！夫势利不足以为籓也，名誉不足以为籓也，阴阳不足以为籓也，人道不足以为籓也，所以籓子者，特智也尔[19]。智存诸内，发而为言，则言有谓也[20]；形而为行，则行有谓也。使子欲嘿不欲嘿[21]，欲息不欲息，如醉者之恚言[22]，如狂者之妄行，虽掩其口，执其臂，犹且喑呜局蹙之不已

[23][24]。则藩之于人，抑又固矣。人之为患以有身，身之为患以有心。是圃之构堂，将以佚子之身也[25]，是堂之绘雪，将以佚子之心也。身待堂而安，则形固不能释，心以雪而警，则神固不能凝。子之知既焚而烬矣，烬又复然，则是堂之作也，非徒无益，而又重子蔽蒙也。子见雪之白乎？则恍然而目眩。子见雪之寒乎？则竦然而毛起。五官之为害，惟目为甚，故圣人不为。雪乎雪乎，吾见子知为目也，子其殆矣！”客又举杖而指诸壁，曰：“此凹也，此凸也。方雪之杂下也，均矣，厉风过焉，则凹者留而凸者散。天岂私于凹凸哉？势使然也。势之所在，天且不能违，而况于人乎！子之居此，虽远人也，而圃有是堂，堂有是名，实碍人耳，不犹雪之在凹者乎？”

苏子曰：“予之所为，适然而已[26]，岂有心哉？殆也，奈何？”客曰：“子之适然也？适有雨，则将绘以雨乎？适有风，则将绘以风乎？雨不可绘也，观云气之汹涌，则使子有怒心；风不可绘也，见草木之披靡[27]，则使子有惧意。覩是雪也，子之内亦不能无动矣。苟有动焉，丹青之有靡丽，冰雪之有水石，一也。德有心，心有眼，物之所袭，岂有异哉！”

苏子曰：“子之所言是也，敢不闻命？然未尽也，予不能默，此正如与人讼者，其理虽已屈，犹未能绝辞者也。子以为登春台与入雪堂[28]，有以异乎？以雪观春，则雪为静，以台观堂，则堂为静。静则得，动则失。黄帝，古之神也，游乎赤水之北，登乎昆仑之邱，南望而还，遗其玄珠焉[29]。游以适意也[30]，望以寓情也，意适于游，情寓于望，则意畅情出而忘其本矣，虽有良贵，

岂得而宝哉？是以不免有遗珠之失也。虽然，意不久留，情不再至，必复其初而已矣，是又惊其遗而索之也。余之此堂，追其远者近之，收其近者内之[31]，求之眉睫之间，是有八荒之趣[32]。人而有知也，升是堂者，将见其不溯而偻[33]，不寒而栗，凄凛其肌肤，洗涤其烦郁，既无炙手之讥，又免饮冰之疾[34]。彼其趦趄利害之途[35]，猖狂忧患之域者，何异探汤执热之俟濯乎？子之所言者，上也；余之所言者，下也。我将能为子之所为，而子不能为我之为矣。譬之厌膏粱者与之糟糠[36]，则必有忿词；衣文绣者被之以皮弁[37][38]，则必有愧色。子之于道，膏粱文绣之谓也，得其上者耳。我以子为师，子以我为资[39]，犹人之于衣食，缺一不可。将其与子游，今日之事姑置之以待后论，予且为子作歌以道之。”歌曰：

雪堂之前后兮春草齐，雪堂之左右兮斜径微。雪堂之上兮有硕人之颀颀[40]，考盘于此兮芒鞋而葛衣[41][42][43]。挹清泉兮[44]，抱瓮而忘其机[45]；负顷筐兮[46]，行歌而采薇[47]。吾不知五十九年之非而今日之是，又不知五十九年之是而今日之非。吾不知天地之大也寒暑之变，悟昔日之癯而今日之肥。感子之言兮，始也抑吾之纵而鞭吾之口[48]，终也释吾之缚而脱吾之羁[49]。是堂之作也，吾非取雪之势，而取雪之意；吾非逃世之事，而逃世之机。吾不知雪之为可观赏，吾不知世之为可依违。性之便，意之适，不在于他，在于群息已动，大明既升，吾方辗转一观晓隙之尘飞。子不弃兮，我其子归！

客忻然而笑[50]，唯然而出[51]，苏子随之。客顾而颔之曰[52]：“有若人哉！”

注释

① 潘郊老：潘大临，字郊老。

② 胁：从腋下到腰上的部分。引申为物的边侧。

③ 垣：矮墙。在此处作动词，围成院墙。

④ 正：正堂。

⑤ 无容隙：没有空隙。隙：裂缝。

⑥ 偃仰：俯仰。后来也形容生活悠然自得。

⑦ 睥睨：斜着眼睛看。

⑧ 隐几：倚靠着几案。

⑨ 瞑：闭着眼睛。

⑩ 栩栩然：欢畅的样子。

⑪ 寤：觉，醒来。

⑫ 曳：拖着，拉着。在这里指拖着身子。

⑬ 散人：闲散不为世用之人。唐代陆龟蒙隐居不仕，以散人自居。

⑭ 拘人：受约束的人。

⑮ 泐：石头顺着纹理裂开。

⑯ 惠：通“慧”。聪慧。

⑰ 轧：碾。引申为排挤、倾轧。

⑱ 篱：篱笆。在此指世外。

⑲ 特：只，仅仅。

⑳ 谓：道理，意义。

㉑ 嘿：同“默”。闭口不说话。

㉒ 恚：发怒，怨恨。

㉓ 喑呜：悲咽。

㉔ 局蹙：局促不安。

㉕ 佚：通“逸”，弃置。

㉖ 适然：偶然。

㉗ 披靡：草木随风偃伏。

㉘ 春台：指登眺游玩的胜景。

㉙ 玄珠：见《庄子·天地》：“黄帝游乎赤水之北，登乎昆仑之丘而南望，还归，遗其玄珠。”

㉚ 适意：顺心。

㉛ 内：通“纳”，接纳。

㉜ 八荒：八方荒远之地，指天下。

㉝ 不溯而偻：没有顶着风仍感到呼吸不畅。溯是逆风的意思。

㉞ 饮冰：比喻忧心。

㉟ 趑趄：行走艰难。

㊱ 厌：通“餍”，满足。

㊲ 文绣：锦绣的华服，比喻富贵人家。

㊳ 弁：古代用皮革做成的帽子，尊贵的人才能戴。

㊴ 资：资用。

㊵ 硕人之颀颀：美人修长的身材。

㊶ 考盘：《诗经·卫风》篇名。赞美贤者隐没在山林之间。

㊷ 芒鞋：用芒草编织的鞋子。芒是一种草本植物，叶子条形，秋天茎顶生穗，黄褐色，果实多毛。

㊸ 葛衣：用葛布制成的衣服。葛是一种植物，纤维可以织布。

㊹ 挹：舀取。

㊺ 抱瓮：比喻淳朴的生活。

㊻ 负顷筐：背着斜口的筐子。顷筐：斜口筐，前低后高。

㊼ 采薇：伯夷、叔齐反对周武王伐殷，武王灭殷后，他们逃到首阳山，采薇而食，不食周粟，最终饿死。

㊽ 抑吾之纵而鞭吾之口：在这里苏轼以马喻己，指自己像马一样被束缚着。

㊾ 靰：马缰绳。

㊿ 忻然：愉快地。忻同“欣”。

51 唯：答应。

52 颔：点头。

译 文

我在东坡的山腰上得到一个废弃的园子，于是修建垣墙把它围上，兴建房屋，将正堂称为“雪堂”。雪堂是在大雪中建成的，因而在四面墙上都画了雪景，没留空隙。每当起卧的时候，斜着眼睛环顾四周，看到的都是雪景，我住在这儿，感觉特别舒适。我白天倚靠着几案闭着眼睛，怡然自得，正高兴时，一不留神，好像碰到了什么东西就醒了。安适的感觉还没有满足，好像就失去了，用手擦了擦眼睛，穿上鞋子，在堂下踱步。正在这时有客人来了，他向我问道：“你是世间的闲散之人吗？是被拘束的人吗？说你是闲散的人，你好像还没做到；说你是受拘束的人，你的嗜好欲望还很深。如今的你就像被拴住的马一样停止不前，你得到什么了吗，失去什么了吗？”我心里好像有所领悟，但嘴上不能说出，我心里慢慢想着怎么回答，并对客人行礼请

他进屋。客人说："哈哈，是了。你想做隐士而没做到。我现在把隐士之道告诉你：就像大禹治水、庖丁解牛，避开重重阻碍并且发挥他们的智慧。所以以至柔之水奔驰于至刚之石岸，使石头有时按脉理而裂散；以至刚之刀遇至柔之牛体，虽刀刀中节，游刃有余，但眼中并没看到整只牛。你如果能闲散，万物就不能束缚你，如果你不能闲散，你内心的事物就不能释放出来。你有智慧，只要在心里运用这种方法就可以了，现在你就像布袋里的刺猬，时不时地扭动身体，在外面看见的便不只那些针刺。风是抓不到的，影子也是捕捉不了的，这些道理连小孩子都知道。名气对人来说，就像风和影一样不可捕捉，唯独你却要强行保留。所以愚钝的人会经常惊慌，而智者会摒弃这些。我本来还对你觉悟得这么晚感到奇怪，你能遇到我，真是太幸运了！我现在邀请你陪我一起到世外游历，可以吗？"

我说："我现在在这儿，自认为已经隐居了，你又将把我带到哪里呢？"客人说："你真是还没明白其中的道理啊！势利不足以作为樊篱，名誉不足以作为樊篱，天地不足以作为樊篱，为人之道也不足以作为樊篱。可以作为樊篱的，只有智慧而已！智慧存在于心里，通过言语表现出来，那么这些言论就是有意义的；如果行为都是由此出发，那么行为就有了意义。我想让你沉默你却不想沉默，想让你休息你也不想休息，就会像醉酒之人的怨恨之言，又像狂妄之人的狂妄之行，即使捂住他的嘴，抓住他的胳膊，他仍然会委屈地悲咽不停。这样，人的樊篱就会更根深蒂固了。人之所以有这样的祸患是由于有身体，身体的祸患是由于有心。你如今在这个园圃上建造的雪堂，是因为你希望身体安逸；这个雪堂墙壁上画的雪景，是因为你希望隐逸你的心。身体依赖雪堂而得到安逸，那你的形骸就不能释放，你的内心以雪来自警，那你的神思便不能凝聚。你本来想把所有东西烧成灰烬，最后却死灰复燃，那么雪堂的建造，不但毫无益处，反而使你受到的蒙蔽更严重。你看见雪的洁白了吗？它的光亮使你的眼睛看不清。你感觉到雪的寒冷了吗？它使你汗毛竖起。五官的祸害，其中眼睛受到的伤害最重，所以圣明的人不愿意用眼睛判断事物。雪啊雪啊，我看见你用眼睛来看事物，那你已经危险了！”客人又举起手杖指着墙壁，说：“这儿凹下去了，这儿凸起来了。当雪落下的时候，本来是均等的，狂风吹过，凹地的雪会留住，而凸地的雪会被吹散。老天难道有意制造凹地或凸地吗？这是地势使它这样的。地势的存在，老天都不能违背，何况人呢？你住在这里，虽然远离（那些庙堂上的）人，而园圃上有雪堂，雪堂有这个名字，反而约束了你，不就像凹地的雪吗？”

我说：“我的所做所为，只是偶然罢了，并非有心这样做。你说我已经危险了，那怎么办呢？”客人说：“你这样做是偶然的吗？恰逢有雨，就把雨画上去吗？恰逢有风，就把风画上去吗？雨不能画上去，看见汹涌翻腾的云气，就会使你想要生气；风不能画上去，看见草木随风倒伏，就会使你产生恐惧感。看到雪，你的内心也做不到心如止水。如果你的心有所动，绘画就会有奢靡华丽的地方，就像冰雪中有水与石一样（这里指雪的凹凸），都是一样的道理。你的德一旦受心的影响，心便会有所见，物也会因之相袭而来，那又有什么区别呢？”

我说：“你说的都对，怎敢不听你的教诲？然而你还有没说

到的地方，我不能不说，这就像与人争吵，虽然他已经理屈，但仍有话要说。你觉得登上春台和到雪堂里面来有什么区别吗？从雪的角度看春，雪就是安静的。从春台的角度看雪堂，雪堂是安静的。安静就能有所得，动就会有所失。黄帝，是古代的神明，在赤水北边游历，登上昆仑山，向南眺望之后返回，丢失了他的玄珠。游玩的目的是愉悦心情，眺望的目的是寄托情感，心情因为游玩而愉快，情感因为眺望得以寄托，在游和望中使内心的情感得以满足却忘记了本体，虽然有贵重之物，哪里会拿来珍藏呢？因此难免会丢失玄珠啊。即便这样，心情不能长久地留住，情感也不能再产生，必然是回到最初罢了，但是又好像惊觉他遗失了什么而寻找。我这个雪堂，追求的是使远方的景物变近，把近的景物收纳在我的内心，在眉睫之间，看到天地的乐趣。有智慧的人进入我这个雪堂，就会感到没有逆风但仍然呼吸困难，虽不寒冷但感到战栗，让他的身体变得清净，使他的烦恼和郁闷得以一洗而空，这样就没有权贵的讥讽，也能免于内心的恐惧。那些在利害的路途中艰难地行走，在猖狂忧患路上行走的人，与把手放进热汤中取物有什么差别呢？你所说的是上策，我所说的是下策。我可以做到你所说的，但是你做不到我所说的。就像吃习惯了精美食物的人你给他糟糠，他必定会说气愤的话；穿着华丽锦绣的人，你给他皮弁，他必定会感到羞愧。你的道理，就好像精美的食物、华丽的衣裳，是上者之道。我把你当作老师，而你以我为资用，就好像对人来说要有衣服和食物，缺一不可。我将和你一起去游玩，今天的事姑且先放下等以后再讨论，我现在为你写首歌来说明。”歌词是这样的：

雪堂前后有整齐的春草，雪堂左右有蜿蜒的小径。雪堂上有修长的美人，隐逸的贤者在这里穿着草鞋葛衣。舀取清泉啊，抱着水瓮而忘记了世间互相倾轧的机巧；背负着斜口之筐，一边唱歌，一边采薇。我弄不清今是昨非，还是今非昨是。我不知道天地广大、寒暑易变，感悟过去贫病而今天富足。感谢你说的话，才抑制了我的放纵，鞭打了我的嘴，终于释放了我的束缚，解除了我受人牵制的缰绳。这个雪堂的建造，我并非取自下雪的景观，而是取自下雪的意境；我并不是逃避世间的事物，而是逃避世间的机诈。我不知道雪可以观赏，也不知道世间的规律可以遵循违背。释放我的性情，舒畅我的意志，这并不在于其他，而在于处于静止的事物已经活动，太阳已经升起，我便反复观看破晓时空中的飞尘。你不嫌弃我，我将陪你一起去。

客人欣然而笑，欢喜地往外走，我跟着他出去。客人转过头看着我，点头说："还有像你这样的人啊！"

评 析

苏东坡的这篇文章有庄子的风格，思路清晰而又神采飞扬。他刚到黄州的时候，没有房子住，有一段时间只能寄宿在别人家。等到他在东坡这个地方有了一个小小的农场之后，便在这里盖了几间房子，因为房子是在大雪里竣工的，所以就取名为雪堂。这些田宅的建立标志着苏东坡在黄州已经扎下了营盘。不管是以什么样的背景来到这里的，也不管在这里所从事的是一种多么卑微无聊的工作，他已经决定让自己像一个普通的黄州老百姓一样生活了。雪堂落成后不久，潘大临来这里看望他，此篇就围绕着这两个人的对话展开

了。应该说，潘大临的问题都是偏于玄虚的，是在直接刺探苏东坡此时的思想和心态。而苏东坡的回答使我们看到了他对于自己平生的回望与评价。苏东坡想超然世外，但骨子里又不愿舍弃一生的坚持，好像在出世与入世之间苦苦寻觅。

人物篇

尧舜之事

夫学者载籍极博，犹考信于六艺①。《诗》《书》虽阙，然虞、夏之文可知也。尧将逊位，让于虞舜，舜、禹之间，岳牧咸荐②，乃试之于位，典职数十年③，功用既兴④，然后授政。示天下重器，王者大统，传天下若斯之难也。而说者曰尧让天下于许由⑤，由不受，耻之，逃隐。及夏之时，有卞随、务光者⑥。此何以称焉？东坡先生曰：士有以箪食豆羹见于色者。自吾观之，亦不信也。

注 释

① 六艺：指《尚书》《诗经》《周易》《礼记》《春秋》《乐经》。

② 岳牧：尧舜时代由四岳十二州牧掌管政事。

③ 典职：执政。

④ 既兴：发挥以后。

⑤ 许由：尧时的隐士。

⑥ 卞随、务光：夏代隐士。

译 文

学者博览各类典籍，可是还要在六艺中探求是否可信。《诗经》《尚书》虽然有缺失的部分，但仍然可以看到虞、夏时期的文献。尧将退位，让位给虞舜，以及舜让位给禹的时候，四方十二州长官都共同推荐，并且让推荐的人尝试执政，等到管理了数十年的时间，建立了功业后，才可以接受帝位。可见天下是最贵重的宝器，帝王是最大的统治者，传天下就是如此困难。而有人说尧让天下给许由，许由不接受，并且以此为耻，因而逃离隐逸。到夏的时候，卞随、务光等人也是如此。这样的人为何会受到称赞？我说：士人中有因为一竹器饭食、一木碗羹汤而神色有所改变的，在我看来并不可信。

评 析

尧、舜禅让之事见于《尚书》的《尧典》与《舜典》，司马迁都写入了《史记·五帝本纪》中，对此苏东坡认为是可信的。至于《庄子·让王》的说法，苏东坡认为不可信。对经书与诸子之说，苏东坡是有所轩轾的。由此可看到苏东坡对儒家经典的重视，也可以看到他小心谨慎求真的精神。

论汉高祖羹颉侯事

高祖微时[①]，尝避事，时时与宾客过其丘嫂食[②]。嫂厌叔与客来，阳为羹尽轑釜[③]，客以故去。已而视其釜中有羹，由是怨嫂。及立齐、代王，而伯子独不侯[④⑤]。太上皇以为言[⑥]，高祖曰："非敢忘之也，为其母不长者。"封其子信为羹颉侯。高祖号为大度不记人过者，然不置轑釜之怨，独不畏太上皇缘此记分杯之语乎[⑦]？

注 释

① 微时：当平民的时候。微，卑贱。

② 丘嫂：长嫂，大嫂。

③ 轑釜：以勺子刮锅发出声响。

④ 伯子：大哥的儿子。指刘伯之子刘信。

⑤ 侯：封侯。

⑥ 太上皇：皇上的父亲。此处指刘邦之父。

⑦ 分杯之语：《史记·项羽本纪》记载，楚汉相争时，项羽俘获刘邦之父，项羽对刘邦说，若不退兵，我就把你父亲煮了。刘邦说：我与项羽都受命于怀王，约为兄弟，"吾翁即若翁，必欲烹而翁，则幸分我一杯羹"。

译 文

当汉高祖刘邦还卑微的时候，经常逃避职事，并且常常和宾客到他长嫂那里去吃饭。他的长嫂厌恶刘邦与客人的到来，佯装食物吃完了而刮响锅底，客人因此离去。刘邦后来看见锅中还有汤羹

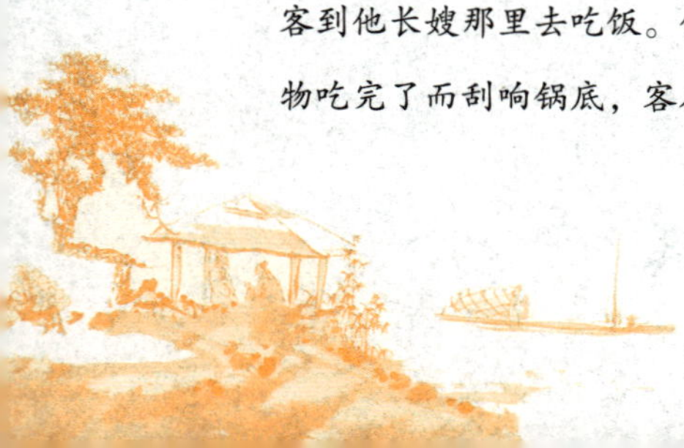

剩下，于是对他的长嫂的行为不满。后来刘邦称帝，分封同姓兄弟时，唯独不分封他兄长刘伯的儿子刘信。刘邦的父亲因此有微词，刘邦说："我并不敢忘记他，是他的母亲不配做长辈而已。"因此，后来刘邦封刘信为羹颉侯。汉高祖向来是有度量、不记别人过失的人，却对刮锅的怨恨不能释怀，难道他不怕父亲因此记起当年他与项羽"分杯羹"的言论吗？

评 析

刘邦活着的时候，也毫不忌讳自己来自市井。在四十七岁起事之前，他一直都是一个小混混，街面上的诨号叫"刘三"。既然是市井人，就有市井人的脾性。苏东坡在这里所戳的这块伤疤，就表现了刘邦身上的那种"有德报德，有怨报怨"的江湖作风。同时也揭穿了刘邦胸怀宽广是假的，其嫂的"轑釜之怨"，他多年耿耿于怀。文尾以"分杯之语"讥讽刘邦，可谓一语中的。

武帝踞厕见卫青[1]

汉武帝无道，无足观者，惟踞厕见卫青，不冠不见汲长孺[2][3]，为可佳耳。若青奴才，雅宜舐痔，踞厕见之，正其宜也。

注 释

① 卫青：西汉大将，河东平阳人，字仲卿。前后七次出击匈奴，屡立战功。《史记》《汉书》均有传。

② 不冠：不戴帽子。

③ 汲长孺：汲黯，字长孺，西汉濮阳（今属河南）人。

译 文

汉武帝是一个无道的君王，并没有值得称赞的地方，唯有蹲在厕所接见卫青，不戴帽子不见汲长孺，是他可取的地方。像卫青这样的奴才，只适合以舌舔痔疮，武帝蹲在厕所接见他正合适。

评 析

此文，苏东坡的论调只有一个：卫青是奴才。卫青是不是奴才暂且不论，苏东坡在这里说卫青是奴才的事情，也绝不单指他的出身这样简单，而是说这个人就是武夫，没有自己的思想，只会接受命令和任务，把一切交由皇帝来裁决。比如苏建与赵信联兵败绩溃逃之后，他并没有按照主帅所有的权力以军法来处置苏建，而是把他带回京城，让汉武帝亲自发落。并且，他在刘彻面前表现出来的谦卑也确实有点让人看不下去，这大概也是苏东坡在这里对他出言不恭的原因罢。对于“踞厕”的细节，有人解释成卧在床上，有人解释成坐在马桶上，但若以文字的表达力度而论，还是后者给人的印象强大深刻。

跋李主词[1]

“三十余年家国，数千里地山河，几曾惯干戈[2]？一旦归为臣虏，沈腰潘鬓消磨[3][4]。最是仓惶辞庙日，教坊犹奏别离歌，挥泪对宫娥。”后主既为樊若水所卖，举国与人，故当恸哭于九庙之外[5]，谢其民而后行，顾乃挥泪宫娥，听教坊离曲[6]！

注 释

① 李主：即李煜，字重光。五代时期南唐最后一个皇帝，习惯上称为南唐后主。

② 干戈：兵器。引申为战争。

③ 沈腰：形容腰围瘦减。

④ 潘鬓：晋潘岳《秋兴赋序》："余春秋三十二，始见二毛。"又"斑鬓发以承弁兮"。后以"潘鬓"来形容中年鬓发斑白。

⑤ 九庙：古代帝王立七庙以祀祖先，至王莽增建黄帝太初祖庙和帝虞始祖昭庙，共九庙。

⑥ 教坊：唐代掌管女乐的官署。

译 文

"三十余年的家国，数千里地的山河，经历了多少次的战争？一旦战败成为俘虏，腰瘦鬓发发白。最难忘记的是当日仓皇地离开宗庙，教坊还在弹奏别离的歌曲，我只能对着宫女流泪。"南唐后主李煜既然被樊若水出卖，把自己的整个国家双手奉送给别人，就应当在祖庙外痛哭然后向民众谢罪后再离去，但他却对着宫女落泪，还细听那教坊里演奏的别离曲！

评析

这首词是李煜降宋后，回首往事，怀着无限悲哀和悔恨之情所作。这首词的前四句极力铺陈故国河山、宫殿楼阁的壮丽辉煌，描写自己亡国之前过的幸福生活。下片转写自己沦为臣虏之后的处境。他不便直说自己生活的困窘、心情的恶劣，只以外貌的变化来含蓄表现自己的艰难处境。在被囚禁期间他不断回忆以前的美好生活，后悔自己没有当好国君，觉得无颜面对河山。当初自己做君主时觉得平平常常，现在成为亡国之君这种被囚禁的屈辱感受以及自己内心的悔恨之情都难以言说。他始终忘不了“仓皇”离开金陵时的惨痛情景，那是他命运的转折点。在本文中苏轼责怪李煜离开金陵时本应该向其国民谢罪，而不应该“垂泪对宫娥”。这种责怪是对的，作为一个国君李煜的行为确实不合格。但他就是一个长于深宫妇人之手的文人，缺少君主的担当。对宫娥垂泪，是李煜当时真情实事的写照，也符合他懦弱的性格。如果在词的末尾来一番政治说教或忏悔，那既不符合李煜的性格，艺术上也索然无味。

真宗仁宗之信任[1][2]

真宗时，或荐梅询可用者[3]，上曰：“李沆尝言其非君子[4]。”时沆之没[5]，盖二十余年矣。欧阳文忠公尝问苏子容曰：“宰相没二十年，能使人主追信其言，以何道？”子容言：“独以无心，故尔。”轼因赞其语，且言：“陈执中俗吏耳[6]，特以至公犹能取信主上[7]，况如李公之才识，而济之无心耶[8]！”时元祐三年兴龙节[9]，

赐宴尚书省，论此。是日，又见王巩云其父仲仪言：“陈执中罢相，仁宗问：‘谁可代卿者？’执中举吴育，上即召赴阙[10]。会乾元节侍宴[11]，偶醉坐睡，忽惊顾拊床呼其从者[12]。上愕然，即除西京留台。”以此观之，执中虽俗吏，亦可贤也。育之不相，命矣夫！然晚节有心疾，亦难大用，仁宗非弃材之主也。

注 释

① 真宗：宋真宗赵恒。

② 仁宗：宋仁宗赵祯，真宗之子。

③ 梅询：宋宣城（今属安徽宣州）人，字昌言。

④ 李沆：宋大臣，洺州肥乡（今属河北）人，字太初。位居相位，识大体。

⑤ 没：即“殁”，去世。

⑥ 陈执中：北宋大臣，洪州南昌（今属江西）人，字昭誉。

⑦ 至公：最为公道。

⑧ 济：兼济。

⑨ 兴龙节：详见《宋史》卷十七。宋哲宗十二月七日出生，赤光照室。即位不久，群臣请求以十二月八日为兴龙节。

⑩ 阙：宫殿。引申为朝廷。

⑪ 乾元节：宋仁宗即位后下诏以其四月十四日的生日为乾元节。

⑫ 拊：拍打，轻击。

译 文

宋真宗时，有人推荐梅询，认为他可以重用，真宗说：“李沆曾经批评他不是真君子。”当时李沆去世有二十多年了。欧阳修曾就此问苏颂：“宰相李沆去世二十年后，还能使国君相信并听从他的言论，这是为什么呢？”苏颂说：“只是因为李沆无私心罢了。”我因此给他写下赞语：“陈执中只是一个普通的官吏，由于大公无私便能得到皇帝的信任，何况像李沆这样有才识并且无私心的大臣呢？”当时正值元祐三年兴龙节，真宗在尚书省赐宴，并与朝臣论及此事。当天，又听到王巩回忆他父亲王仲仪所说的一番话：“陈执中辞去宰相职位时，宋仁宗问：‘谁能代你成为相？’陈执中举荐吴育，仁宗便立即召吴育进宫就职。正赶上乾元节的宴会，吴育在席间偶然饮醉，就在座上睡着了。忽然，他惊醒并拍打椅子呼唤他的随从。仁宗很诧异，便立即免去他宰相的职位并且把他调为西京留台。”由此看来，陈执中虽然是一个平凡的官员，但能称为贤德的人了。吴育不能担任宰相是命运的安排啊。然而吴育晚年得了心脏病，也很难重用他，所以仁宗并非抛弃人才的皇帝啊。

评 析

此文所写的是宋真宗和宋仁宗两位皇帝信任大臣和知人善任的事，苏东坡对两人持赞扬态度。宋真宗在李沆死后二十多年仍不忘李沆所说的话，可见真宗非常信任李沆，而这也正是因为李沆有才识而且无私心。陈执中辞去相位时，举荐了吴育，宋仁宗便立即召吴育进宫就职，可见对陈执中的信任。吴育因病未能为相，是命运使然，苏东坡认为宋仁宗并非弃才之主。

孔子诛少正卯[1]

孔子为鲁司寇七日而诛少正卯[2]，或以为太速。此叟盖自知其头方命薄，必不久在相位，故汲汲及其未去发之[3]。使更迟疑两三日[4]，已为少正卯所图矣[5]。

注 释

① 少正卯：春秋时鲁国人，少正氏，名卯。传说他与孔子同时在鲁聚徒讲学，使得“孔子之门三盈三虚”。孔子任鲁司寇，少正卯以“五恶”（心达而险，行僻而坚，言伪而辩，记丑而博，顺非而泽）乱政的罪名被杀。

② 司寇：官名。春秋时期，各诸侯国都设置司寇，为六卿之一，主管刑狱。

③ 汲汲：形容急切的心情。

④ 使：假使。

⑤ 图：谋取。

译 文

孔子出任鲁司寇的第七天便杀了少正卯，有人认为孔子太急，说这位老人（孔子）大概知道自己命运不济，一定不能长期出任相位，所以急切地在离开相位前先发制人。假使迟疑两三天再动手，大概孔子已经被少正卯谋害了。

评析

对于孔子在鲁国为相的时候，是否杀过人，一直是存在分歧的。这里苏东坡只是在开玩笑，说孔子当官刚刚七天，就把少正卯草草地处死且暴尸，这大概是因为他害怕如果自己不下手杀害少正卯，少正卯会反过来戕害自己。于是，他就趁自己手中的权力还在，把少正卯拉出去砍了。在这里，苏东坡并没有说这回事是真是假，也许是因为他自己也不确定。

戏书颜回事①

颜回箪食瓢饮②，其为造物者费亦省矣，然且不免于夭折③。使回更吃得两箪食半瓢饮，当更不活得二十九岁。然造物者辄支盗跖两日禄料④⑤⑥，足为回七十年粮矣，但恐回不要耳。

注释

① 颜回：即颜渊，春秋末鲁国人，名回，字子渊。早卒。孔子弟子，好学，乐道安贫，在孔门弟子中以德行著称。

② 箪食瓢饮：比喻生活贫苦。箪：盛饭用的竹器。

③ 夭折：短命，早死。

④ 支：支给，支付。

⑤ 盗跖：春秋末期人，名跖，柳下屯（今属山东）人。

⑥ 禄料：禄米。

译 文

颜回过着一箪米饭、一瓢水的穷苦生活，他真为造物主省了好多费用，然而还是免不了早死的命运。假使颜回能多吃两箪米饭多喝半瓢水，那他肯定不止活到二十九岁。然而造物主如果能给他盗跖两天的禄米，便足够颜回享用七十年了，但恐怕颜回不肯接受罢了。

评 析

此文“戏”中含“愤”，颜回因贫困而夭折，盗跖却长寿不死，通过对比，表达对“造物者”不公的愤恨之情。同时，此文还赞扬有节操之人，宁愿贫困而死也不吃偷来的东西。

辨荀卿言青出于蓝[1]

荀卿云：“青出于蓝而青于蓝，冰生于水而寒于水。[2]”世之言弟子胜师者，辄以此为口实，此无异梦中语！青即蓝也，冰即水也。酿米为酒，杀羊豕以为膳羞[3]，曰“酒甘于米，膳羞美于羊”，虽儿童必笑之，而荀卿以是为辨，信其醉梦颠倒之言！以至论人之性，皆此类也。

注 释

① 荀卿：即荀子，战国末期思想家、政治家、文学家，名况，时人尊其为“卿”。赵国人。

② 青出于蓝而青于蓝，冰生于水而寒于水：见荀子《劝学》篇。

③ 膳羞：美食。

译 文

荀子说："青出于蓝而青于蓝，冰生于水而寒于水。"世人谈及弟子胜过老师，往往以这句话为依据，但其实这句话和梦话没有区别！青色就是蓝色，冰就是水。比如用米酿造成美酒，用宰杀的猪羊烹制成美食，就说"酒比米甘香，美食比猪羊美味"，即便小孩听了都会觉得可笑，但荀子却以为这是善辩，对自己如酒醉梦话般颠三倒四的言论充满自信！以至谈论人性的问题，他发出的也是这类无稽之谈。

评 析

荀子提出的"青出于蓝而青于蓝"的命题是对的，符合事物发展的规律，青与蓝虽色相近，但并不等同，蓝是原质，青是提炼之物。苏东坡说"青即蓝也，冰即水也"，未免过于简单。他的推论由简单化走向片面化，这种逻辑推论是有问题的。至于荀子主张的性恶论，与孟子所说的性善说，都有所局限，但也不是"醉梦颠倒之言"。

颜蠋巧于安贫[1]

颜蠋与齐王游，食必太牢[2]，出必乘车，妻子衣服丽都[3]。蠋辞去，曰："玉生于山，制则破焉，非不宝贵也，然而太璞不完[4]。士生于鄙野，推选则禄焉，非不尊遂也，然而形神不全。蠋愿得归，晚食以当肉，安步以当车，无罪以当贵，清静贞正以自娱。"嗟

乎，战国之士未有如鲁连[5]、颜蠋之贤者也，然而未闻道也。晚食以当肉，安步以当车，是犹有意于肉于车也。晚食自美，安步自适，取其美与适足矣，何以当肉与车为哉！虽然，蠋可谓巧于居贫者也。未饥而食，虽八珍犹草木也[6]；使草木如八珍，惟晚食为然。蠋固巧矣，然非我之久于贫，不能知蠋之巧也。

注 释

① 颜蠋：战国齐人，隐居不仕。齐宣王许以富贵，蠋辞不受。

② 太牢：盛牲的食器叫牢，大的叫太牢。太牢盛三牲，因此也把宴会或祀时并用牛、羊、猪三牲叫太牢。

③ 丽都：雍容华贵。

④ 太璞不完：璞经过加工后，会失去天然的形态。太璞，未经处理的玉。

⑤ 鲁连：也称鲁仲连。战国时齐人。不仕，周游天下，为人排难解纷。

⑥ 八珍：八种珍贵的食物。

译 文

颜蠋与齐王同游，进餐必定吃肉食，出外必定乘车驾，就连他的妻子的衣服都是华丽的。颜蠋却辞别而去，说："美玉在山中被发掘出来，用它制作器物时必定会把它破坏，破坏它并不是因为它不宝贵，而是用它制作器物必定会让它失去天然的形态。士人出生于野外，获得推荐并接受官禄并非不尊贵显达，而是形与神都得不到保全。我请求回归乡野，饿了再吃食物，那食物的味道就像吃肉一样，悠闲地慢步而行就像坐着车驾欣赏风景一样，没有罪过便当作富贵，以坚贞正直来自我娱乐。”哎呀，战国的士人没有比鲁仲连、颜蠋更贤明的了，然而这两位贤者也不太明白道理。饿了再吃，味道就像吃肉一样，慢步而行当作乘车驾，这样还是有意于肉食与车驾。晚进餐自觉美好，慢步而行自觉舒适，得到这样的美好和舒适便满足了，何必还要把它当作肉食和车驾呢！虽然如此，但颜蠋还算是安贫乐道的人。还没感到饥饿就进食，即使珍贵的食物也会变得味同草木；如果想使草木吃起来像八珍的味道，那就只有晚些进餐了。颜蠋的办法虽然巧妙，但如果不像我那样长久安于贫困的人，是不可能理解颜蠋的巧妙之处的。

评 析

苏东坡对颜蠋之巧于安贫，有他自己的生活体验，然而说鲁仲连、颜蠋未闻道，则不免苛求了。晚食当肉，安步当车，未必有意于肉与车，不过是比喻而已，况且此话出自颜蠋之口，与鲁仲连无关。

张仪欺楚商於地[1][2]

张仪欺楚王以商於之地六百里，既而曰：“臣有奉邑六里[3]。”此与儿戏无异，天下无不疾张子之诈而笑楚王之愚也，夫六百里岂足道哉！而张又非楚之臣，为秦谋耳，何足深过？若后世之臣欺其君者，曰：“行吾言，天下举安，四夷毕服，礼乐兴而刑罚措[4]。”其君之所欲得者，非特六百里也，而卒无丝毫之获，岂特无获[5]，所丧已不胜言矣。则其所以事君者，乃不如张仪之事楚。因读《晁错传》，书此。

注 释

① 张仪：战国时期魏国人，纵横家。苏秦游说六国合纵以抗秦，张仪相秦，提出连横策略，打破了六国的合纵计谋。

② 商於：地名。在今陕西商南到河南内乡一带。秦孝公封卫鞅以商於十五邑。战国时，张仪说楚怀王，劝楚绝齐亲秦，秦愿以商於之地六百里献楚，都指这一带地方。

③ 奉邑：以收取赋税作为俸禄的封地。奉，通“俸”。

④ 措：废弃，放弃。

⑤ 特：原作“欲”，据苏集、商本改。

译 文

张仪用商於的六百里土地欺骗楚怀王，过后又说：“我有封邑六里献给大王。”这与儿戏没有任何区别，天下的百姓没有不痛恨张仪的欺诈而讥笑楚怀王愚蠢的人，那六百里的土地还有什么值得说的呢！况且张仪并非楚国的臣子，他只是秦国的一名谋臣而已，又怎么值得深受责难？如果后世的臣子欺骗他的君主，说：“按照我的方法办事，天下便会安定，周边的夷族都会归顺我国，礼乐兴盛而刑罚废止。”国君所希望得到的，又岂止那六百里土地，而最终竟然丝毫无获，那岂止是丝毫无获，所丧失的已经说不完了；那么他们侍奉自己国君的办法，还不如张仪侍奉楚怀王呢。我因为读《晁错传》有感，所以写下这段文字。

评 析

在这一篇里，苏东坡的目的大概在于向人传授为臣之道。从张仪到晁错，这中间的跨度有点儿大，但苏东坡就是把这两个不同时代的人放在一起讨论了。他说这两个人是一丘之貉，并且与张仪相比，晁错更有让人指责的嫌疑。另外，此文末，苏东坡含蓄地讨论新法，一方面旨在告诫宋朝的君臣，这一层意思深远；另一层也是在为自己的境遇申诉，而这层意思是显而易见的。

赵尧设计代周昌

方与公谓周昌之吏赵尧年虽少[①②③]，奇士，“君必异之，且代君”。昌笑曰：“尧，刀笔吏尔[④]，何至是！”居顷之，尧说高祖为

赵王置贵强相，独周昌为可。高祖用其策，尧竟代昌为御史大夫。吕后杀赵王，昌亦无能为，特谢病不朝尔。由此观之，尧特为此计代昌尔，安能为高祖谋哉！吕后怨尧为此计，亦抵尧罪。尧非特不能为高祖谋，其自为谋亦不善矣，昌谓之刀笔吏，岂诬也哉！

注 释

① 方与公：人名。方与：县名，今属山东鱼台。古代多以地名为其号。

② 周昌：汉代沛（今属江苏徐州）人。早年跟随刘邦起兵，此时任御史大夫。

③ 赵尧：此时赵任符玺御史。

④ 刀笔吏：文书小吏。

译 文

方与公认为周昌的属吏赵尧虽然年少但也算是一位奇士，就提醒周昌："你一定要特别提防他，他将来可能取代你。"周昌笑着说："赵尧，就是一个文书小吏而已，不至于这样吧！"过了不久，赵尧劝说汉高祖为赵王设置一位辅相，这位辅相要由地位尊贵而群臣都敬畏的人来担任，并竭力向汉高祖推荐周昌担任此职。汉高祖采纳了他的计策，赵尧终于取代了周昌成为御史大夫。后来吕后杀了赵王，周昌对此无能为力，只得称病不上朝。由此看来，赵尧只是利用此计取代周昌的官职罢了，哪里是真的为汉高祖出谋划策啊！吕后怨恨赵尧为汉高祖献上此计，也迫使赵尧受罪。赵尧不仅不能为高祖出谋献计，也不善于为自己的前途谋划，周昌说他是文书小吏，岂是污蔑他呢？

评 析

此文中，苏东坡认为赵尧说服高祖刘邦为赵王设置辅相不过是出于私心，为了谋取御史大夫的官位。这一招“非特不能为高祖谋，其自为谋亦不善”，最后还是被吕氏罢了官。苏东坡认为赵尧只能做一个“刀笔吏”，根本成不了大事。苏东坡的这种观点正确，在史书里也可以查到资料证明这种观点。

黄霸以鹖为神爵[①②③]

吾先君友人史经臣彦辅，豪伟人也，尝言：“黄霸本尚教化，庶几于富，而教之者乃复用乌攫小数[④⑤]，陋哉！颍川凤皇[⑥]，盖可疑也，霸以鹖为神爵，不知颍川之凤以何物为之？”虽近于戏[⑦]，亦有理也。

注 释

① 黄霸：汉代阳夏（今属河南太康）人，字次公，官至丞相，封建成侯，以宽和为政，详见《汉书》卷八十七。

② 鹖：古代一种善斗的鸟。

③ 爵：通“雀”。

④ “乃复用乌”：详见《汉书》卷八十九：“尝欲有所司察，择长年廉吏遣行，属令周密。吏出，不敢舍邮亭，食于道旁，乌攫其肉。民有欲诣府口言事者适见之，霸与语，道此。后日吏还谒

霸，霸见迎劳之，曰：‘甚苦！食于道旁乃为乌所盗肉。’吏大惊，以霸具知其起居，所问毫厘不敢有所隐。”

⑤ 攫：鸟用爪迅速抓取。

⑥ 凤皇：即凤凰。皇是凰的本字。据《汉书·黄霸传》记载：黄霸任颍川太守八年，治理得非常好，有许多凤凰和神爵飞到颍川。

⑦ 戏：游戏。引申为开玩笑。

译 文

我父亲的朋友史经臣彦辅，是一个性格豪放的人，他曾经这样说："黄霸原本就崇尚教化，他管辖的地方可能已经相当富庶，然而教化百姓的时候依然采用司察属吏使用的小手段，这种做法真是鄙陋啊！多次有凤凰这种神鸟聚集到颍川，这大概值得怀疑，黄霸曾经把鹖鸟当成神鸟（故弄玄虚），不知道颍川的凤凰又是用什么东西来充当的？"他的这段说法虽然好像是戏言，但也有一定的道理。

评 析

此文，苏东坡记述了自己父亲的朋友所说的一句关于循吏黄霸的玩笑话。黄霸的形象是班固在《汉书》里面一手塑造的，所以也需要借助于《汉书》去还原。黄霸是淮阳阳夏人，是西汉时期很有名的大臣。黄霸明察秋毫，心思敏捷，而性情温良，懂礼知让，深得百姓爱戴。在此篇中，苏东坡抓住了黄霸的两个过失：一、乌攫小数，鄙陋不足称；二、以鹖为神雀，有故弄玄虚之嫌，由此怀疑颍川凤凰来集的真实性。他的看法确实有道理。

王嘉轻减法律事见《梁统传》[1]

汉仍秦法[2]，至重。高、惠固非虐主[3][4]，然习所见以为常，不知其重也，至孝文始罢肉刑与参夷之诛[5][6][7]。景帝复孥戮晁错[8]，武帝罪戾有增无损[9][10]，宣帝治尚严[11]，因武之旧。至王嘉为相，始轻减法律，遂至东京，因而不改。班固不记其事，事见《梁统传》，固可谓疏略矣。嘉，贤相也，轻刑，又其盛德之事，可不记乎？统乃言高、惠、文、景以重法兴，哀、平以轻法衰，因上书乞增重法律，赖当时不从其议。此如人年少时不节酒色而安，老后虽节而病，见此便谓酒可以延年，可乎？统亦东京名臣，一出此言，遂获罪于天，其子松、竦皆以非命而死，冀卒灭族[12]。呜呼，悲夫，戒哉！“疏而不漏[13]”，可不惧乎？

注释

① 王嘉：字公仲，汉平陵（今属陕西咸阳）人。

② 仍：因袭，沿袭。

③ 高：汉高祖刘邦。

④ 惠：汉惠帝刘盈。

⑤ 孝文：即汉文帝刘恒。在位期间主张清静无为，与民休息，故全国经济得到恢复，政治稳定。在历代帝王中以生活俭朴著称。

⑥ 肉刑：广义的肉刑，指墨、劓、刖、宫、大辟（即死刑）五种刑罚。狭义的肉刑，是指死刑以外的其他刑罚。

⑦ 参夷之诛：古代历史上诛灭三族的酷刑。

⑧ 景帝复孥戮晁错：汉景帝刘启采纳晁错建议，削减诸侯的权力，以巩固中央集权。吴王刘濞会合七国，以“诛晁错，清君侧”为名，起兵叛乱。景帝迫于压力，诛杀晁错，来平息叛乱。孥戮，尽戮妻子和子孙。

⑨ 武帝：汉武帝刘彻。

⑩ 罪戾：罪恶暴戾。

⑪ 宣帝：汉宣帝刘询。

⑫ 冀卒灭族：桓帝即位，诛杀梁冀和他的妻子孙氏的亲戚。冀，梁冀，字伯卓，东汉外戚，尝专擅朝政。

⑬ 疏而不漏：语见《老子》：“天网恢恢，疏而不失。”在此借指国家法网虽宽，但不会漏掉一个坏人。

译文

汉朝沿袭秦朝非常苛刻的法律，汉高祖、汉惠帝本不是暴虐的君主，然而因为习惯了这种严刑峻法，所以并未感到刑罚苛重。到了汉文帝时，才开始废除肉刑和诛灭三族的酷刑。汉景帝时又恢复了以往的法制，杀了晁错并且诛杀了他的妻子和子孙，汉武帝的暴戾更是有增无减。汉宣帝时仍然沿用了汉武帝时的严刑峻法。直到王嘉出任宰相，才开始减轻刑罚。如此进入了东汉时期，仍然沿袭西汉的重法而不改正。班固不记载王嘉的功绩，他的事只见于《汉书·梁统传》中，这是一项重大疏漏。王嘉是一位贤能的宰相，减轻刑罚，是他做的一件盛德的事，这样的人可以不记载吗？梁统竟然认为汉高祖、汉惠帝、汉文帝、汉景帝时凭借重法而得以兴盛，而汉哀帝、汉平帝时由于施行轻法而衰败，因此上书请求加重刑罚，幸好当时的皇帝没有采纳他的建议。这样做就好像一个人年轻时不节制酒色而安然无事，到了年老的时候虽然节制，还是重病缠身，根据这种情况就说酒色可以让人延年益寿，这样可以吗？梁统也是东汉王朝的名臣，一提出这种言论，便得罪了上天，他的儿子梁松、梁竦都死于非命，梁冀最后更遭到诛灭家族的灾祸。唉！可悲，警戒啊！“天网恢恢，疏而不漏”，能不畏惧吗？

评析

苏东坡赞成王嘉的轻减法律，反对梁统的增重法律。这则文字看来是苏东坡针对王安石的“重法”而论。苏东坡认为实施重法固然可以达到立竿见影的效果，但重法之祸的影响是深远的。苏东坡还以汉朝的盛衰与重法的关系和人年轻时不知节制而无事，年老时节制反而多病的比喻来进一步进行说明重法之祸影响的深远。

李邦直言周瑜[①]

李邦直言：周瑜二十四经略中原[②]，今吾四十，但多睡善饭，贤愚相远如叔，安上言吾子以快活，未知孰贤与否？

注释

① 李邦直：北宋大臣，名清臣，字邦直。

② 经略：策划、处理。指周瑜谋划攻打中原，一统全国。

译文

李邦直说：周瑜二十四岁的时候就已经谋划夺取中原了，我如今已经四十岁了，但只是贪睡贪吃，一贤一愚相差到如此地步。你还说我活得快活，不知哪位才是贤明的人呢？

评析

此文中，苏东坡说李邦直与周瑜相比，似有志在利禄的一面，但也可能有经略中原的大志，未被人知。

勃逊之[①]

与朱勃逊之会议于颍[②]，或言洛人善接花，岁出新枝，而菊品尤多。逊之曰："菊当以黄为正，余可鄙也。"昔叔向闻鬷蔑一言[③④]，得其为人，予于逊之亦云然。

注释

① 勃逊之：朱勃，字逊之。

② 会议：集众议事。

③ 叔向：羊舌肸，字叔向。春秋时期晋国大夫。

④ 鬷蔑：春秋时期郑国大夫，字然明。

译文

我与朱勃在颍州相见，有人说洛阳人善于嫁接花木，每年都有新的花样，当中以菊花的新品种最多。朱勃说："黄色的菊花是菊花中的正品，其余的菊花都是一些庸俗鄙陋之物。"从前叔向听鬷蔑一句话，便了解他的为人，我对于朱勃也是这样。

评析

周敦颐在《爱莲说》中写道："菊，花之隐逸者也。"因为无论霜雪如何肆虐，菊花都会毫不畏缩地在众花凋谢的时候独自盛开，所以才被周敦颐称为花之隐逸者。菊花的这种"傲霜"的情操，就仿佛隐逸者绝不随波逐流一般。因此，那些华艳的新品只是外貌诱人，恰恰缺乏菊花最重要的元素。所以朱勃说除了黄菊外，其余的都是鄙俗之物。苏东坡能够在这一句话中论断朱勃的为人，果然是善于一言以观人。

刘聪吴中高士二事[1]

刘聪闻当为须遮国王[2]，则不复惧死，人之爱富贵，有甚于生

者。月犯少微[3]，吴中高士求死不得[4]，人之好名，有甚于生者。

注 释

① 刘聪：字玄明，一名载，十六国时期汉国君，刘渊第四子，匈奴族。在位时穷兵黩武，广建宫殿，浪费民力，激起了各族人民的反抗。

② 须遮国：《晋书》作遮须夷国。

③ 少微：星名。共四星，在太微垣西南。后常用以表示处士。

④ 高士：指高人。

译 文

刘聪听说能够当上须遮国的国王，便不再惧怕死亡。居然有爱富贵超过爱生命的人。月亮侵入少微星的区域，吴中的名士求死不能，也有爱名声超过爱生命的人。

评 析

此篇提到了刘聪和吴中高士的故事，用来讽刺爱富贵与名声胜过生命的人。

郄超出与桓温密谋书以解父[1][2]

郄超虽为桓温腹心，以其父愔忠于王室[3]，不知之。将死，出一箱付门生，曰："本欲焚之，恐公年尊，必以相伤为毙。我死后，公若大损眠食，可呈此箱，不尔便烧之。"愔后果哀悼成疾，门生以指呈之，则悉与温往反密计。愔大怒，曰："小子死晚矣！"更不复哭矣。若方回者，可谓忠臣矣，当与石碏比[4]。然超谓之不孝，可乎？使超知君子之孝，则不从温矣。东坡先生曰：超，小人之孝也。

注 释

① 郄超：字景兴，官至司徒左长史。

② 桓温：见卷二《八阵图》注释。

③ 愔：郄愔，郄超的父亲，字方回，袭爵南昌公，拜临海太守。

④ 石碏：春秋时卫国大夫。其子石厚与公子州吁交往甚密，州吁与石厚密谋杀桓公而自立。石碏因诱州吁和石厚到陈国杀之，石碏大义灭亲，被称为纯臣。

译 文

郄超虽为桓温的心腹，但其父郄愔却忠于王室，所以他不让父亲知道这一点。郄超临死，拿出一箱书信交给门下役使，说："我本来想把这箱书信烧毁的，但我担心父亲年老，会为我的死伤心致病。我死后，我的父亲如果伤心得睡不好觉、吃不下饭，就把这箱书信交给他，不然的话便把它烧毁。”郗愔后来果然因为哀悼太深得了重病，门下役使便按照郗超的指示把那箱书信呈上，郗愔因此知道郗超与桓温谋反的事。郗愔大为生气，说：“这小子死得太晚了！”他不再为他儿子的死而伤心。像郗愔这样的臣子，可称得上是忠臣了，足以与石碏相媲美。然而如果说郗超不孝，可以吗？假如郗超懂得什么是君子之孝，就不会跟随桓温谋反了。我说：郗超，是小人之孝罢了。

评 析

知父莫若子，郄超用与桓温往来的书信化解了父亲因自己的死而造成的哀伤，这种行为不能说不孝。苏东坡讥其为小人之孝，是着眼于他不忠于晋室与桓温勾结并把如此大逆不道的事情向父亲隐瞒而言。

录温峤问郭文语[1][2]

温峤问郭文曰：“人皆有六亲相容，先生弃之，何乐？”文曰：“本行学道，不谓遭世乱，欲归无路耳。”又曰：“饥思食，壮思室[3]，自然之理，先生独无情乎？”曰：“情由忆生，不忆故无情。”又问：“先生独处穷山，死为乌鸢所食[4]，奈何？”曰：“埋藏者食于蝼蚁，复何异？”又问：“猛虎害人，先生独不畏耶？”曰：“人无害兽心，则兽亦不害人。”又问：“世不宁则身不安，先生不出济世乎？”曰：“非野人之所知也。”予尝监钱塘郡，游余杭九镇山，访大涤洞天，即郭生之旧隐。洞大，有巨窦，深不可测，盖尝有敕使投龙简云[5][6]。戊寅九月七日书[7]。

注释

① 温峤：东晋太原祁县（今属山西）人，字太真。

② 郭文：字文举。东晋人。

③ 室：妻子。

④ 鸢：老鹰。

⑤ 敕使：带来皇帝诏令的使者。

⑥ 龙简：皇帝的书信，引申为诏书。

⑦ 戊寅：即元符元年，公元1098年。

译文

温峤问郭文："人人都有六亲并和他们和睦相处，你却抛弃亲人，这样做还有快乐可言吗？"郭文回答："学道是我的本行，不料赶上世道混乱，我想要回归却找不到道路。"又问："人在饥饿的时候会想起食物，成年的时候会想要妻室，这是自然的道理，而你是否没有情感呢？"答："情感是由思念产生的，我不去思念所以就没有情感。"又问："先生独自处于山野之中，死去会被乌鸦老鹰所啄食，那该怎么办？"答："尸体埋葬以后也被蝼蚁所食，这又有什么分别？"又问："山中的猛虎会伤害人，先生为何不害怕？"答："人没有伤害野兽的心，那么野兽也不会害人。"又问："世道不安宁自己也会感到不安，先生为何不出来济世救人？"答："这不是山野之人所能知道的。"我曾经担任过钱塘郡的监察官，游历过余杭的九镇山，探访过大涤洞天，也就是郭文之前隐居的地方。这里的洞穴很大，还有深谷，并且深不可测。大概真的有皇帝的使者曾来这里传达诏书。元符元年九月七日记。

评 析

苏东坡在这段文字里面，没有直接议论政治，只是回顾了温峤和郭文之间的一段对话。这两个人物选取得比较有代表性，都是晋人，一个是士大夫的代表，一个是隐逸精神的代表。苏东坡在杭州的时候，他的政治生涯刚刚开始，所以未必会对郭文的事情感触太多。但是，写这段文字的时候，他已是晚年。他在这个时候再想起郭文的事情，是什么心情呢?

刘伯伦①

刘伯伦常以锸自随②③，曰："死即埋我。"苏子曰，伯伦非达者也④，棺椁衣衾，不害为达⑤。苟为不然⑥，死则已矣，何必更埋!

注 释

① 刘伯伦：刘伶，字伯伦。晋沛国（今属安徽濉溪）人。与阮籍、嵇康等被称为"竹林七贤"。

② 锸：挖土的工具；铁锹。

③ 自随：随身携带。

④ 达：豁达，胸怀宽阔。

⑤ 害：妨碍。

⑥ 苟：如果。

译 文

刘伯伦外出的时候经常携带铁锹，说：“如果我死了就立即把我埋了。”我说，刘伯伦并非豁达的人，棺椁衣衾，不受影响的才是豁达。如果不是这样，死去就已经完结，又有何必要埋起来！

评 析

在苏东坡看来，刘伶旷达得还不彻底，他仍受到世间风俗的影响，还想着让别人埋葬他的尸体。人死如灯灭，万事亦皆空，尸体的埋葬于否，又有什么区别呢?

房琯陈涛斜事

房次律败于陈涛斜[①②]，杀四万人，悲哉！世之言兵者，或取《通典》[③]，《通典》虽杜佑所集[④]，然其源出于刘秩[⑤]。陈涛之败，秩有力焉。次律云：“热洛河虽多，安能当我刘秩！”挟区区之辨以待热洛河，疏矣。

注 释

① 房次律：即房琯，字次律。唐玄宗奔蜀，官文部尚书，同中书门下平章事。肃宗时领兵讨伐安禄山，战于陈涛斜，全军覆没。

后因虚言浮诞，被贬于邠州刺史。

② 陈涛斜：地名，也作陈陶斜。今属陕西咸阳。

③ 《通典》：书名。唐杜佑所著，是典章制度专史的开创之作。

④ 杜佑：唐京兆万年人，字君卿，唐代政治家、史学家。

⑤ 刘秩：字祚卿，刘知几之子。刘秩当时在房琯军中。

译 文

房琯在陈涛斜这个地方打了败仗，四万将士都阵亡了，多么令人悲哀啊！世人谈论兵事，常常取法于《通典》，《通典》虽然是杜佑集成的，但它是刘秩写的。房琯在陈涛斜打败仗的时候，刘秩当时就在他的军中效力。房琯说："胡人壮士虽多，但哪能挡得住我的刘秩呢！"用一人微小的能力来对付胡人壮士，真是鄙陋啊。

评 析

苏东坡认为房琯在陈涛斜打败仗是必然的。《旧唐书·房琯传》说："琯既自无庙胜，又以虚名择将吏，以至于败。琯之出师，戎务一委于李揖、刘秩，秩等亦儒家子，未尝习军旅之事。"所以他的失败是必然的。

卫瓘欲废晋惠帝[①②]

晋惠帝为太子，卫瓘欲陈启废立之策而未敢发[③]。会燕凌云台[④]，瓘托醉跪帝前，曰："臣欲有所启。"欲言之而止者三，因拊床曰：

“此坐可惜！”帝意乃悟，曰：“公真大醉[5]。”贾后由是怨之。此何等语，乃于众中言之，岂所谓“不密失身”者耶？以瓘之智，不宜暗此[6]，殆邓艾之冤[7]，天夺其魄尔。

注释

① 卫瓘：字伯玉，河东（今属山西夏县）人。

② 晋惠帝：见卷三《论贫士》篇注释③ 。

③ 陈启：陈述，启奏。

④ 燕：举行宴会。燕：通“宴”。

⑤ 公真大醉：详见《晋书》卷三十六。

⑥ 暗：愚昧，愚蠢。

⑦ 邓艾：三国时义阳棘阳（今属河南新野）人，字士载。同钟会分军灭蜀。战后被钟会诬陷谋反，后来被杀。

译文

晋惠帝做太子的时候，卫瓘就想启奏皇帝废掉太子，但一直缺少勇气这样做。后来在凌云台的宴会上，卫瓘借醉跪在晋武帝面前，说：“臣有事启奏。”可是多次欲言又止，后来他拍打着晋惠帝的坐床说：“这个座位真可惜啊！”晋武帝领悟了卫瓘的意思，说：“你醉得太厉害了。”贾后从这件事后就一直怨恨卫瓘。这种言语，竟然在大庭广众之下说出来，这不就是所谓的“不保密以致丧命”吗？以卫瓘的智慧，不应该愚蠢到这种地步，大概是他导致邓艾冤死，上天夺去他的魂魄罢了。

评 析

卫瓘谋害邓艾是缺德，但向晋武帝陈启欲废太子是对的，因为司马衷是个昏庸之人，如早被废掉，对西晋王朝来说倒是件好事。苏东坡议论人物，大都条分缕析，以理说人。但在这段文字中，我们可以看到苏东坡也有未能求之于人世而求之于鬼神的一面。

裴頠对武帝[①]

晋武帝探策[②]，岂亦如签也耶？惠帝不肖，得一，盖神以实告。裴頠谄对，士君子耻之，而史以为美谈，鄙哉！惠、怀、愍皆不终[③]，牛系马后[④]，岂及亡乎！

注 释

① 裴頠：河东闻喜人，字逸民，西晋哲学家。

② 策：占卜用的蓍草。

③ 惠、怀、愍皆不终：晋惠帝、晋怀帝、晋愍帝三个西晋皇帝都不得善终。终，善终。

④ 牛系马后：《晋书·司马睿传（元帝纪）》记载：“初，玄石图有‘牛继马后’，故宣帝深忌牛氏，遂为二榼，共一口，以贮酒焉，帝先饮佳者，而以毒酒鸩其将牛金。而恭王妃夏侯氏竟通小吏牛氏而生元帝，亦有符云。”此处言惠、怀、愍帝皆蠢笨如牛，没能接任司马氏的基业使牛系（继）马后提前发生。

译文

晋武帝占卜，难道也是求签文吗？晋惠帝不成才，签上得一个“一”字，大概神灵是以实相告。裴颜奉承以对，士人君子都鄙视他，史官却认为是美谈而记载，真是鄙陋啊！晋惠帝、晋怀帝、晋愍帝都不得善终，牛系（继）马后这件事，哪里需要等到司马氏亡国的时候呢？

评析

裴颜谄媚奉承之语，却被史官当作美谈来记载。苏东坡读《晋书》有感，写下此文。这种把谄媚奉承的话当作美谈载入史册的事情又岂止晋朝有呢?

刘凝之沈麟士①②

《南史》：刘凝之为人认所着履③，即与之，此人后得所失履，送还，不肯复取。又沈麟士亦为邻人认所着履，麟士笑曰：“是卿履耶？”即与之。邻人得所失履，送还，麟士曰：“非卿履耶？”笑而受之。此虽小事，然处事当如麟士，不当如凝之也。

注释

① 刘凝之：南北朝时期南郡枝江人，字志安。

② 沈麟士：南北朝时吴兴武康人，字云祯。

③ 所着履：所穿的鞋。

译 文

《南史》上记载："有个叫刘凝之的人，被人认为他所穿的鞋是别人的，他就把鞋送给了那个人，那个人后来找到了自己丢失的鞋，就把刘凝之的鞋送了回来，他却不肯再要那双鞋了。又有一个名叫沈麟士的人，他所穿的鞋也被邻居认为是自己的，沈麟士笑着说："是您的鞋吗？"随即脱下鞋子给了邻居。邻居后来也找到了自己丢失的鞋，来送还，沈麟士又说："这不是您的鞋吗？"然后，他就笑着把鞋子接过来了。这虽然是件小事，然而处事应该像沈麟士那样，不应当像刘凝之那样啊。

评 析

刘凝之、沈麟士二人在处理邻人错认鞋子这件事上，实际上都表现出了一种罕见的高尚品格。邻人丢失鞋子而怀疑刘、沈所穿的鞋子，面对关乎"人格"的怀疑，二人都宁肯被误解，也都心平气和地把鞋给了邻人，做到这点已属不易。两人的差异在于，邻人还鞋时，沈态度和蔼，"笑而受之"，而刘"不肯复取"。苏东坡据此认为，处事当如沈麟士。此外，需要说明的是：据《南史》记载，刘凝之在被人错认鞋子时也是笑语相待的，而沈麟士被错认鞋子时恰好在走路，竟"跣（光着脚）而返"。苏东坡对此似有疏忽，此文重在阐述为人处世的道理，并不是故意贬低刘凝之。

柳宗元敢为诞妄①②

柳宗元敢为诞妄，居之不疑。吕温为道州、衡州③④⑤，及死，二州之人哭之逾月，客舟之过于此者，必呱呱然[⑥]。虽子产不至此，温何以得之！其称温之弟恭亦贤豪绝人者[⑦⑧]，又云恭之妻裴延龄之女也。孰有士君子肯为裴延龄婿者乎[⑨]？柳宗元与伾、叔文交[⑩⑪]，盖亦不差于延龄姻也。恭为延龄婿不见于史，宜表而出之，见宗元文集恭墓志云。

注 释

① 柳宗元：见本书卷一《别姜君》篇注释② 。

② 诞妄：无根据的谬说。

③ 吕温：唐代河中人，字和叔，一字化光。

④ 道州：地名。隋代设置称为永州，唐初改为道州。治所在今湖南道县。

⑤ 衡州：地名。隋代设置，治所在今湖南衡阳。大业初改为衡阳郡，唐武德四年复为衡州。

⑥ 呱呱然：形容小儿哭泣的声音。

⑦ 恭：吕恭，吕温弟，字恭叔。

⑧ 绝：超越，超过。

⑨ 裴延龄：河中河东人。其为人苛刻，剥下附上，倚仗皇帝谩骂众臣，死后，除唐德宗外，中外相贺。

⑩ 伾：即王伾，唐代杭州（今浙江杭州）人。

⑪ 叔文：即王叔文。越州山阴（今浙江绍兴）人。王叔文与王伾在唐代末期主张改革，柳宗元、刘禹锡以及吕温等皆为其追随者。

译 文

柳宗元敢于做荒诞虚妄的事，并且对自己所做的事并不怀疑。吕温做道州、衡州的官员，他死后，两州的民众为他哀悼超过了一个月，客船经过这里时，必定会听到大家呱呱号哭的声音。即使郑国子产去世的时候百姓也没这样伤心，吕温为什么可以得到这样的声望！柳宗元又说吕温的弟弟吕恭也是贤能豪杰，才智远超众人，又说吕恭的妻子是裴延龄的女儿。哪有士人君子肯做裴延龄的女婿啊？柳宗元与王伾、王叔文交往，大概与裴延龄的姻亲没有太大差别。吕恭为裴延龄女婿不见于史书的记载，应当把他宣示于众，这一事见于柳宗元文集《吕侍御恭墓铭》。

评 析

苏东坡与柳宗元的遭遇有相似之处，柳宗元被贬永州时所写的《饮酒》《读书》二诗，曾引起苏东坡的共鸣。苏东坡被贬海南时，曾书此二诗以赠友人姜唐佐。此条说柳宗元敢为妄诞，一则指对吕温的过誉，二则指《吕侍御恭墓铭》中赞吕恭“贤豪绝人”，又说恭为裴延龄婿。

卷五

卷五只有一篇论古篇。宋代文人喜欢『翻案』，借着推翻前人的论据、论证而提出新见。苏东坡也不例外，创作了不少翻案的文章和诗作，论古篇这十则都是这类体裁，所以阅读的时候，也不妨欣赏一下苏东坡笔锋的锐利及文章的铺排。

论古篇

武王非圣人[①]

武王克殷[②]，以殷遗民封纣子武庚禄父[③④]，使其弟管叔鲜、蔡叔度相禄父治殷。武王崩[⑤]，禄父与管、蔡作乱，成王命周公诛之，而立微子于宋[⑥]。苏子曰：武王非圣人也。昔孔子盖罪汤、武[⑦]，顾自以为殷之子孙而周人也，故不敢，然数致意焉，曰：大哉，巍巍乎[⑧]，尧、舜也！“禹，吾无间然。”其不足于汤、武也亦明矣，曰：“《武》尽美矣，未尽善也。[⑨]”又曰：“三分天下有其二，以服事殷，周之德，其可谓至德也已矣。”伯夷、叔齐之于武王也[⑩]，盖谓之弑君[⑪]，至耻之不食其粟，而孔子予之[⑫]，其罪武王也甚矣。此孔氏之家法也，世之君子苟自孔氏，必守此法。国之存亡，民之死生，将于是乎在，其孰敢不严？而孟轲始乱之，曰：“吾闻武王诛独夫纣[⑬]，未闻弑君也。”自是学者以汤、武为圣人之正若当然者，皆孔氏之罪人也。使当时有良史如董狐者[⑭]，南巢之事必以叛书[⑮]，牧野之事必以弑书[⑯]。而汤、武仁人也，必将为法受恶。周公作《无逸》曰[⑰]：“殷王中宗，及高宗，及祖甲，及我周文王，兹四人迪哲。”上不及汤，下不及武王，亦以是哉？文王之时，诸侯不求而自至，是以受命称王，行天子之事，周之王不王，不计纣之存亡也。使文王在，必不伐纣，纣不见伐而以考终[18]，或死于乱，殷人立君以事周，命为二王后以祀殷，君臣之道，岂不两全也哉！武王观兵于孟津而归，纣若改过，否则殷人改立君，武王之待殷亦若是而已矣。天下无王，有圣人者出而天下归之，圣人所以不得辞也。而以兵取之，而放之，而杀之，可乎？汉末大乱，豪杰并起。荀文若[19]，圣人之徒也，以为非曹操莫与定海内，故起而佐之。所以与操谋者，皆王者之事也，文若岂教操反者哉？以仁义救天下，天下既平，神器自至，将不得已而受之，不至不取也，此文王之道，文若之心也。及操谋九锡[20]，则文若死之，故吾尝以文若为圣人之徒者，以其才似张子房而道似伯夷也[21]。

杀其父，封其子，其子非人也则可，使其子而果人也，则必死之。楚人将杀令尹子南[22]，子南之子弃疾为王驭士，王泣而告之。既杀子南，其徒曰：“行乎？”曰：“吾与杀吾父，行将焉入？”“然则臣王乎？”曰：“弃父事雠，吾弗忍也！”遂缢而死。武王亲以黄钺诛纣[23]，使武庚受封而不叛，岂复人也哉？故武庚之必叛，不待智者而后知也。武王之封，盖亦有不得已焉耳。殷有天下六百年，贤圣之君六七作，纣虽无道，其故家遗民未尽灭也。三分天下有其二，殷不伐周，而周伐之，诛其君，夷其社稷[24]，诸侯必有不悦者，故封武庚以慰之，此岂武之意哉？故曰：武王非圣人也。

注释

① 武王：西周王朝的建立者，姓姬，名发，灭商建立周王朝，建都于镐（今陕西长安沣水以东），史称西周。

② 殷：朝代名。商王盘庚从奄（今山东曲阜）迁到殷（今河南安阳）。自盘庚迁殷到纣亡国，共八世，一般也称为殷代。整个商代也称为商殷或殷商。

③ 遗民：亡国之民，也指换代后不仕新朝的人。

④ 武庚：周初分封的殷君，字禄父，商王纣之子。周武王即位后，封武庚管理商朝的旧都殷（河南安阳），并以管叔、蔡叔、霍叔监视之，称为三监。

⑤ 崩：旧称皇帝死为崩。

⑥ 微子：周代宋国的始祖，子姓，名启（一作开），封于微（今山东梁山西北）。

⑦ 汤：又称武汤。商朝的建立者。

⑧ 巍巍：高大的样子。

⑨ 《武》尽美矣，未尽善也：语出《论语·八佾》："子谓《韶》，尽美矣，又尽善也。谓《武》，尽美矣，未尽善也。"

⑩ 伯夷、叔齐：商代孤竹君的两个儿子。周武王伐纣，两人谏阻。周灭商后，伯夷、叔齐耻食周粟，逃到首阳山，采薇而食，饿死在山里。古代把他们当作高尚守节的典型。

⑪ 弑：古代称臣杀君、子杀父母为"弑"。

⑫ 予：赞许。

⑬ 独夫：一夫、匹夫。

⑭ 董狐：春秋晋国史官。晋卿赵盾因避晋灵公杀害而出走，未出境，其族人赵穿杀灵公。董狐认为罪责在赵盾，在史册上书曰：“赵盾弑其君。”后来一直被誉为“良史”。

⑮ 南巢：古地名，在今安徽巢湖市。《尚书》：“成汤放桀于南巢。”

⑯ 牧野：古地名，在今河南淇县。殷末周武王大败殷军于此，纣兵败自焚死，商代亡。

⑰ 周公：西周初年政治家，姬姓，名旦，也称叔旦。因采邑在周（今陕西岐山），称为周公。相传他制礼作乐，建立典章制度，主张“明德慎罚”。

⑱ 考终：老寿而死。

⑲ 荀文若：即荀彧，字文若。东汉末年曹操帐下的谋臣。

⑳ 九锡：古代帝王赐给有大功或有权势的诸侯大臣的最高赏赐。

㉑ 张子房：张良，字子房，汉初大臣。帮助刘邦击败项羽，是建立西汉的功臣，被封为留侯。

㉒ 令尹：官名。春秋战国时楚国的最高官职。

㉓ 黄钺：用黄金或铜制作的钺为帝王所专用，或特赐给专主征伐的重臣。钺，一种武器，形状像斧而较大。

㉔ 社稷：土神和谷神的总称，古代的君主都祭祀它们，所以用社稷代表国家。《白虎通·社稷》：“王者所以有社稷何？为天下求福报功。人非土不立，非谷不食。土地广博，不可遍敬也；五谷众多，不可一一祭也。故封土立社示有土尊；稷，五谷之长，故立

稷而祭之也。”

译 文

周武王战胜殷商后，把商朝的遗民分封给纣王的儿子武庚禄父，并让自己的弟弟管叔鲜和蔡叔度辅佐武庚禄父治理殷这个地方。周武王驾崩后，武庚禄父连同管叔鲜、蔡叔度发动叛乱，周成王命令周公诛讨他们，然后把纣王的庶兄微子分封在宋地。苏轼说：周武王不是圣人。以前孔子大概就谴责过商汤和周武王，只是顾及自己是殷商的子孙而后来又是周朝的臣子，所以才不敢正面谴责，然而他却数次表达了这个意思，他曾说：伟大啊，高尚啊，尧、舜！又说：“禹，我找不到可以非议他的地方。”孔子不提商汤和周武王，他的用意已经非常明显了。又说：“《武》乐非常优美，但未能尽善。”又说：“周文王三分天下而占了两份，但仍然服侍殷商，他的德行可以称得上是至高无上的了。”伯夷，叔齐大概认为武王犯了弑君之罪，因此非常鄙视他，并且不食周朝的粮食，而孔子赞许他们，可见孔子对武王的谴责也是相当明显了。这就是孔氏的家法，世上的君子如果是出自孔门一脉，必定遵守这一家法。国家的存亡，民众的生死，都在这里，谁敢不严格遵守？到了孟子才开始悖乱这一家法，他说：“我只听说周武王诛杀了一个名字叫纣的匹夫，却没有听说周武王杀害君主。”此后儒家的学者都理所当然地以商汤和周武王为正道的圣人，这些人都成了孔氏家法的罪人。如果当时有像董狐那样正直的史官，那南巢之事肯定会记载为叛乱之事，牧野之战也肯定会记载成弑君。那今天被称为仁者的商汤和周武王，必定会因家法而受到谴责和恶名。周公在《无逸》中写道："殷商的中宗、高宗、祖甲，以及我朝的周文王，这四位都是遵循圣明之道的人。"这本书中上没有记载商汤，下也没有记载周武王，也是因为这个原因吧？周文王的时候，诸侯不用征召便自动前来谒见，因此得以接受天命被尊为王者，施行天子的职权，周统治天下与否，不必计较商纣的存亡。如果周文王在世肯定不会讨伐纣王，纣王虽然不被讨伐，但还是会死掉的，他或许会死于内乱，殷人因而会立新的君主并且服侍周朝，然后尊称商、周两朝的君主为王，继续殷商原有的祭祀，这样做的话君臣之间的道义，岂不是可以两全其美！周武王在孟津检阅军队后归来，纣王若能改过，又或者殷人另立新君的话，周武王如此对待殷人便足够了。天下没有得到认同的王者，只要有圣人出来，天下的民众便会归顺，圣人也就无法推辞王者的任命。但是武王以兵事夺位，然后放逐、诛杀原来的帝皇，这样合适吗？汉朝末年大乱，四方豪杰之士纷纷起兵。荀文若是圣人的门徒，他认为在这乱世中只有曹操可以平定天下，所以前往辅佐他。荀文若给曹操谋划的都是成就王业之事，但他何曾诱导曹操造反呢？用仁义之道拯救天下，天下平定后，王位便会自动前来，到时不得已也要接受，它一日不来也就一日不取，这是周文王的道义、荀文若的仁心。到了曹操谋求九锡的赏赐的时候，荀文若因此而死，所以我认为荀文若不愧是圣人的门徒，因为他的才能可比张良，而道义可比伯夷。

杀某人的父亲，然后再册封他的儿子，这个儿子如果不是人的话还可以接受这种册封，但如果这个儿子是真正的男子汉的话，就一定会以死相拒。楚国准备杀死令尹子南，子南的儿子弃疾是为楚王驾车的卫士，楚王流着眼泪向他讲了这件事。楚人杀了子南后，门人问弃疾："你会远行吗？"弃疾答："我参与了杀我父亲的事，我能去哪里呢？""那么继续服侍楚王吗？"答："抛弃父亲而服侍仇人，我怎么忍心啊！"于是，他就自缢而死。周武王高举黄钺来讨伐纣王，如果武庚接受分封而不叛乱，那武庚还是人吗？所以武庚的叛乱是必然的，这不需要智者说出大家就能知道。周武王的分封，其实也是迫不得已的。殷商统治天下已有六百年，贤德圣明的国君也有六七位，纣王虽然暴虐无道，但他家族内没有去世的成员还有很多。在三分天下周人占有其二的形势下，殷没有征伐周，而周反而讨伐殷商，并且诛杀殷商的君主，夺去了他的社稷，如此，诸侯必定有不服的，所以才会分封武庚来安抚他们，这或许才是周武王的意愿吧？所以说：周武王不是圣人。

评 析

武王不是圣人，这样的话要是在更早的时候说出来，是不可以的。整个封建社会的根基都是靠周礼来维系着的。而周礼又是什么呢？是从周武王开始建立的一些纲常，一旦这样的理论被釜底抽薪，那么整个封建社会就会像一摊烂泥一样软塌塌地倒下来。所以，苏东坡在这里敢把这样的话说出来，也是十分有胆量的。当然，苏东坡在这里讲这些话，还是有一点迂腐。在他之前的那些朝代，哪一个帝位不是靠弑君得来的？而哪一个帝位不是靠着有违孝悌仁义的手段谋来的？从今天的观点来看，苏东坡虽引用孔子与周公的某些说法作为理论依据，但主要是推测孔、周之意。引申、推测多于实证，不乏偏见与臆断。苏东坡认为，若以仁义为政，即使不篡夺政权，政权也会自动来到身边。这种"仁义救天下"的思想在《论古》一章中是贯彻始终的，故置此以为开首，实是理固宜然的。

论子胥种蠡[1]

越既灭吴，范蠡以为勾践为人长颈乌喙[2][3]，可与共患难，不可与共逸乐，乃以其私徒属浮海而行，至于齐。以书遗大夫种曰：“蜚鸟尽[4]，良弓藏，狡兔死，走狗烹。子可以去矣！”

苏子曰：范蠡知相其君而已[5]，以吾相蠡，蠡亦乌喙也。夫好货，天下之贱士也，以蠡之贤，岂聚敛积财者？何至耕于海滨，父子力作，以营千金，屡散而复积，此何为者哉？岂非才有余而道不足，故功成名遂身退，而心终不能自放者乎？使勾践有大度，能始终用蠡，蠡亦非清净无为而老于越者也，故曰“蠡亦乌喙也”。鲁仲连既退秦军[6]，平原君欲封连[7]，以千金为寿。笑曰：“所贵于天下士者，为人排难解纷而无所取也。即有取，是商贾之事，连不忍为也。”遂去，终身不复见，逃隐于海上。曰：“吾与其富贵而诎于人[8]，宁贫贱而轻世肆志焉！”使范蠡之去如鲁连，则去圣人不远矣。

呜呼，春秋以来，用舍进退未有如蠡之全者，而不足于此，吾以是累叹而深悲焉。子胥、种、蠡皆人杰，而扬雄曲士也[9]，欲以区区之学疵瑕此三人者[10]：以三谏不去、鞭尸籍馆为子胥之罪[11]，以不强谏勾践而栖之会稽为种、蠡之过。雄闻古有三谏当去之说，即欲以律天下士，岂不陋哉！三谏而去，为人臣交浅者言也，如宫之奇、泄冶乃可耳[12][13]。至如子胥，吴之宗臣，与国存亡者也，去将安往哉[14]？百谏不听，继之以死可也。孔子去鲁，未尝一谏，又安用三？父不受诛，子复仇，礼也。生则斩首，死则鞭尸，发其至痛，无所择也。是以昔之君子皆哀而恕之，雄独非人子乎？至于籍馆，阖闾与群臣之罪[15]，非子胥意也。勾践困于会稽，乃能用二子[16]，若先战而强谏以死之，则雄又当以子胥之罪罪之矣。此皆儿童之见，无足论者，不忍三子之见诬，故为之言。

注 释

① 子胥：春秋时吴国大夫，名员，字子胥。楚国太子太傅伍奢的儿子。

② 勾践：春秋末年越国国君。越王允常之子。被吴打败后，卧薪尝胆，任用文种、范蠡等整顿国政，灭吴后大会诸侯，成为霸主。

③ 乌喙：形容人的嘴巴尖。

④ 蜚：同“飞”。

⑤ 相：仔细看，观察。

⑥ 鲁仲连：战国时代齐国人，善谋略。

⑦ 平原君：即赵胜，战国时代赵国贵族，号平原君。秦军围困赵首都邯郸，他联合魏、楚击败秦军。

⑧ 诎：屈服。

⑨ 扬雄：西汉文学家、哲学家、语言学家，字子云，蜀郡成都（今属四川成都）人。扬雄仿《论语》作《法言》，仿《易经》作《太玄》。在《法言》卷十中：“或问子胥、种、蠡孰贤？”曰：“胥也。俾吴作乱，破楚入郢，鞭尸籍馆，皆不由德。谋越谏齐不

式，不能去，卒眼之。种、蠡不强谏而山栖，俾其君讪社稷之灵而童仆，又终弊吴，皆贤不足邵也，至蠡策种而遁，肥矣哉！”

⑩ 疵瑕：玉的疵病，比喻人的过失或缺点。

⑪ 鞭尸：伍子胥率吴军攻入楚国郢，杀父仇人楚平王已死，伍子胥掘墓鞭尸，以解其恨。

⑫ 宫之奇：一作宫奇，春秋时期虞国大夫。晋献公假道攻虢，虞君应允，他以“辅车相依，唇亡齿寒”劝谏不听，因而率族出奔曹。三个月后，晋灭虢，班师途中灭虞。

⑬ 泄冶：春秋时陈国人，因谏陈灵公被杀。

⑭ 去：离开。

⑮ 阖闾：春秋末年吴国国君，名光。他夺得君位之后，起用伍子胥、孙武，整顿内政，灭亡徐国，击败楚国。后被越王勾践打败，重伤而死。

⑯ 二子：指范蠡和文种。

译文

越国消灭吴国后，范蠡认为勾践这个人长颈尖嘴，只可以与他共患难，不可以与他共安乐，便带着自己的家人和部属从水路离开越国，来到齐国。他留给越国大夫文种一封信，这封信中写道：“飞鸟射尽，良弓收藏，狡兔死绝，走狗烹杀。你可以离去了！”

苏子说：范蠡只知道观看勾践的面相罢了，以我来观看范蠡，他的嘴也像鸟嘴那样尖。贪财的人，都是天下卑贱的士人，以范蠡的贤明，难道也是聚敛财货的人吗？为什么要到海滨去耕种，而且父子还竭力劳作，以经营千金，屡次用完又再积存，这究竟是为什么呢？难道不是才能有余而道德不足，所以才功成身退，而心始终不能自我放达的人吗？假使勾践大度，能够始终重用范蠡，范蠡也不是那种能够清净无为地老死在越国的人，所以说“范蠡也是嘴尖如鸟嘴。”鲁仲连击退秦军后，平原君打算封赏他，并以千金为他祝寿。鲁仲连笑着说：“天下士人所珍重的，是为人排难解纷后不打算有所获益的。假如有所获益，那是商贾的事，我鲁仲连不甘心这样做。”于是离开了赵国，再没有出现，并且隐居于海上，说：“假如要我因为富贵而屈从别人，那我宁愿贫贱、被世人遗忘，也要跟从自己的志向办事！”假如范蠡离开越国也像鲁仲连离开赵国那样，那么他就接近于圣人了。

唉！自春秋以来，知进退的人没有几个能像范蠡那样全身而退的，但范蠡在这方面还有不足的地方，因此我总是因深感悲哀而叹息。伍子胥、文种、范蠡都是杰出的人物，而扬雄只是一个孤陋寡闻的小人，想以他浅薄的知识挑剔这三位人物：认为三次劝谏后不离去、鞭打楚王的尸体、霸占楚国宫室的行径是伍子胥的罪过，又认为不尽力劝谏勾践而退隐会稽是文种、范蠡的过失。扬雄听说古人有三次进谏不获接纳便离去的说法，便想用这点来衡量天下的士人，这难道不会太鄙陋吗？三次进谏后不获采纳便离去，指的是与国君交情浅的人，像宫之奇、泄冶便可以这样做，而像伍子胥这样身为吴国宗室的臣子，与吴国共存亡，他离开后能去哪里呢？百次进谏后君王都不接纳，接着以死进谏也可以。孔子离开鲁国，曾进谏一次，又何须等到三谏后才离去？父亲没有罪而被诛杀，儿子替父亲报仇，这是礼。仇人还活着的便要想办法杀死他，死了便鞭打他的尸体以发泄内心的悲愤与痛楚，这是别无选择的事情。所以以往的君子都为伍子胥的事感到哀痛而宽恕他，而扬雄难道不是别人的儿子吗？至于霸占楚国的宫室，是吴王阖闾和群臣的过错，并非伍子胥的本意。勾践被吴军围困于会稽，才能重用文种和范蠡两个臣子，如果他们都是先与吴军作战后再极力进谏至死，那么扬雄又会以伍子胥的罪名强加于他们两人身上了。这都是如孩童般的浅薄意见，没有值得讨论的地方。我只是不忍看见三位人物遭到诬陷，才替他们说话。

评 析

在此篇文里，苏东坡评论了历史上的三个有名的重臣——伍子胥、文种、范蠡。在这里，苏东坡对他们有所否定，但更多的还是肯定，这种辩证的看法是针对扬雄给这三个人编排的罪名而发表的。唯指责范蠡名遂身退后而从事货殖，暴露出苏东坡轻商贾的思想，这一点反不如司马迁的思想开放。

论鲁三桓[1]

鲁定公十三年，孔子言于公曰：“臣无藏甲[2]，大夫无百雉之城[3]。”使仲由为季氏宰，将堕三都[4]。于是叔孙氏先堕郈[5]。季氏将堕费[6]，公山不狃、叔孙辄率费人袭公。公与三子入于季氏之宫，孔子命申句须、乐颀下伐之，费人北，二子奔齐[7]，遂堕费。将堕成[8]，公敛处父以成叛，公围成，弗克。或曰：“殆哉，孔子之为政也，亦危而难成矣！”

孔融曰[9]：“古者王畿千里，寰内不封建诸侯。”曹操疑其论建渐广，遂杀融。融特言之耳，安能为哉？操以为天子有千里之畿，将不利己，故杀之不旋踵[10]。季氏亲逐昭公，公死于外，从公者皆不敢入，虽子家羁亦亡。季氏之忌刻忮害如此[11]，虽地势不及曹氏，然君臣相猜，盖不减操也，孔子安能以是时堕其名都而出其藏甲也哉！

考于《春秋》，方是时三桓虽若不悦，然莫能违孔子也。以为孔子用事于鲁，得政与民，三桓畏之欤？则季桓子之受女乐也，孔子能却之矣。彼妇之口可以出走，是孔子畏季氏，季氏不畏孔子也。孔子盖始修其政刑，以俟三桓之隙也哉？

苏子曰：此孔子之所以圣也。盖田氏、六卿不服[12]，则齐、晋无不亡之道；三桓不臣，则鲁无可治之理。孔子之用于世，其政无急于此者矣。彼晏婴者亦知之[13]，曰：“田氏之僭，惟礼可以已之。在礼，家施不及国，大夫不收公利。”齐景公曰[14]：“善哉，吾今而后知礼之可以为国也！”婴能知之而不能为之，婴非不贤也，其浩然之气，以直养而无害，塞乎天地之间者，不及孔、孟也。孔子以羁旅之臣得政朞月，而能举治世之礼，以律亡国之臣[15]，堕名都，出藏甲，而三桓不疑其害己，此必有不言而信，不怒而威者矣。孔子之圣见于行事，至此为无疑也。婴之用于齐也，久于孔子，景公之信其臣也，愈于定公，而田氏之祸不少衰，吾是以知孔子之难也。

孔子以哀公十六年卒，十四年，陈恒弑其君[16]，孔子沐浴而朝，告于哀公曰：“请讨之！”吾是以知孔子之欲治列国之君臣，使如《春秋》之法者，至于老且死而不忘也。或曰：“孔子知哀公与三子之必不从[17]，而以礼告也欤？”曰：否，孔子实欲伐齐。孔子既告哀公，公曰：“鲁为齐弱久矣，子之伐之，将若之何？”对曰：

“陈恒弑其君，民之不予者半。以鲁之众，加齐之半，可克也。”此岂礼告而已哉？哀公患三桓之偪，尝欲以越伐鲁而去之[18]。夫以蛮夷伐国，民不予也，皋如、出公之事[19]，断可见矣，岂若从孔子而伐齐乎？若从孔子而伐齐，则凡所以胜齐之道，孔子任之有余矣。既克田氏，则鲁之公室自张，三桓不治而自服也，此孔子之志也。

注 释

① 鲁三桓：鲁国三大家族——季孙氏、叔孙氏和孟孙氏。后来他们瓜分鲁国。

② 甲：古代兵士的护身衣，用皮革或金属做成。引申为士兵的代称。

③ 雉：古代计算城墙面积的单位，长三丈高一丈为一雉。

④ 堕：毁坏。

⑤ 郈：地名。今属山东东平。

⑥ 费：地名。今属山东费县。

⑦ 二子：指公山不狃、叔孙辄。

⑧ 成：地名。今属山东宁阳。

⑨ 孔融：东汉末鲁人，字文举，对曹操多所非议，被曹所杀。与王粲等人并称建安七子。

⑩ 旋踵：比喻时间短暂、迅速。

⑪ 忮害：忌妒。

⑫ 田氏、六卿：齐国的田氏和晋国的六卿。

⑬ 晏婴：春秋时齐国大夫，字仲，夷维（今属山东莱州）人。历仕齐灵公、庄公、景公三世。传世有言行录《晏子春秋》。

⑭ 齐景公：春秋时齐国君，名杵臼，齐庄公异母弟。在位时刑罚残酷，重税剥削。

⑮ 律：根据法则来要求。

⑯ 陈恒弑其君：陈恒，即田恒。田恒杀齐简公立平公，齐国大权落到田恒手中。后来，田氏逐步夺得姜氏政权，成为齐国之主。

⑰ 三子：指三桓。

⑱ “尝欲”句：鲁哀公担忧三桓的势力太大，故想借越国之兵讨伐三桓。结果，鲁三桓先攻击哀公，哀公逃离鲁国，投奔卫国。

⑲ 皋如、出公之事：卫出公因卫国内乱逃奔鲁，鲁与越大夫皋如率兵打败卫国。

译 文

鲁定公十三年，孔子向鲁定公说：“大臣不应藏有兵甲，大夫的城也不能超过百雉。”孔子又让仲由做季孙氏的宰相，准备拆毁鲁国三桓的三座都邑，于是叔孙氏首先拆毁了郈邑。季孙氏也将要拆毁费邑，公山不狃和叔孙辄带领费邑的百姓攻打鲁定公。鲁定公和他的三个儿子躲进季孙氏的宫室，孔子命申句须、乐颀带兵讨伐公山不狃和叔孙辄所率领的费邑人，费邑人战败，公山不狃和叔孙辄逃到齐国，费邑因此被拆毁，正当要拆毁成邑的时候，公敛处父带领成邑的人民反叛，鲁定公派兵包围了成邑，不能攻入。有人说：“危险啊！孔子的执政也是危险而且很难成功的！”

孔融说：“古代的国王邦畿方圆千里，王畿境内都不给诸侯分邦建国。”曹操怀疑他的议论建议所涉及的事情越来越广泛，于是马上杀死孔融。其实孔融只不过是说说罢了，怎会真的去做呢？曹操认为天子拥有千里的国土，将会对自己不利，所以很快就杀了孔融。季孙氏亲自驱逐了鲁昭公，鲁昭公死在了国外，跟从昭公的人都不敢回到鲁国，即使是子家羁也逃走了。季孙氏的忌妒残忍到了这种地步，虽然他拥有的地位和权势比不上曹操，但是君臣之间互相猜疑的程度，并不比曹操的情况好，孔子又怎能在这个时候拆毁三桓的都邑，并且收取他们的兵甲呢！

考察《春秋》，当时三桓虽然心里有所不满，但是还不能违抗孔子，因为孔子治理鲁国，得到民众的拥戴。鲁三桓因此而畏惧孔子吗？如果是这样，那么季桓子接受齐国的歌姬舞女，孔子就能制止他了。所谓“彼妇人之口，可以出走”，是孔子畏惧季氏，而季氏并不畏惧孔子啊。孔子当初修正鲁国的政治刑罚，就是等待三桓之间的间隙出现吧！

苏轼说：这就是称孔子为圣人的原因了。齐国的田氏、晋国的六卿不听从命令，那么齐国和晋国都没有不灭亡的道理；鲁国的三桓不臣服，那么鲁国就没有治理好的道理。孔子要治理乱世，没有比这件事更急切的了。齐国的晏婴也了解这一点，他说：“田氏僭越帝位，要制止他只能依靠礼。按照礼，私家的恩惠不能施行全国，大夫不能收取公家的利益。”齐景公说：“说得真好啊！从现在开始我知道礼可以治理国家了！”晏婴知道这个道理却不能施行，这并不是晏婴不贤明，他的浩然正气用正直来培养而没有妨害，他的这种浩然正气能在天地之间流动，可赶不上孔子和孟子啊。孔子用羁旅之臣的身份治理鲁国一年，便能用治世的礼教约束要亡国的权臣，毁坏他们的城邑，逼迫他们交出兵甲，但鲁三桓并不怀疑孔子加害他们，这当中必定有不用言说的信义，不怒而有的

威仪。孔子行事总是会显露出他的贤圣，从这件事上可以说是无疑了。晏婴在齐国受重用的时间要比孔子长，齐景公对他的信任也超过了鲁定公对孔子的信任，但是田氏的祸乱并没因此减少，我通过这件事明白了孔子治世的艰难啊。

孔子去世于鲁哀公十六年。在鲁哀公十四年陈恒弑杀了齐简公，孔子就沐浴后上朝，对鲁哀公说："请求出兵去讨伐陈恒！"我通过这件事知道孔子有意治理各国的君臣，有让天下人都遵守《春秋》法制的决心，这种决心到他年老甚至死亡前也没有遗忘。有人说："孔子知道鲁哀公和鲁国三桓一定不会听从，孔子为什么还要以礼相告？"我说：这并不对，孔子确实打算攻打齐国。孔子既然告诉了鲁哀公，鲁哀公说："鲁国已经被齐国削弱了好多年了，你如今讨伐齐国，结果会如何呢？"孔子答道："陈恒弑杀了齐国的国君，民众不赞同他的人会有一半。凭借我们鲁国的兵力，再联合上齐国一半的民众，是能够战胜齐国的。"这么做难道不是以礼相告吗？鲁哀公担忧三桓势力的侵逼，曾经打算用越国来讨伐三桓的势力，但没有实施。用少数民族来讨伐本国，民众肯定不能接受。皋如、出公的事情就可以看得很明白了。这岂能和听从孔子攻打齐国相提并论呢？如果听从孔子的建议出兵攻打齐国，那用孔子提出的方法战胜齐国是完全可以的。战胜田氏之后，鲁国公的势力自然会得到扩张，三桓不用治理就会自己来臣服，这才是孔子的志向啊。

评 析

《论鲁三桓》实际是说孔子"堕三都""出藏甲"，用礼抑制鲁三桓，并分析孔子为什么能行得通此事，原因虽不乏推测，但有一定道理。又从孔子欲鲁哀公乘陈恒弑君之时伐齐，推演孔子治鲁大志。苏东坡认为，如能战胜齐国的田氏，三桓不治而自服，这一点说服力不足。

司马迁二大罪

商鞅用于秦[①]，变法定令，行之十年，秦民大悦，道不拾遗，山无盗贼，家给人足，民勇于公战，怯于私斗。秦人富强，天子致胙于孝公[②]，诸侯毕贺。

苏子曰：此皆战国之游士邪说诡论，而司马迁暗于大道，取以为史。吾尝以为迁有大罪二，其先黄、老[③]，后《六经》，退处士，进奸雄，盖其小小者耳。所谓大罪二，则论商鞅、桑弘羊之功也[④]。

自汉以来，学者耻言商鞅、桑弘羊，而世主独甘心焉，皆阳讳其名而阴用其实，甚者则名实皆宗之，庶几其成功，此则司马迁之罪也。秦固天下之强国，而孝公亦有志之君也，修其政刑十年，不为声色畋游之所败[⑤]，虽微商鞅，有不富强乎？秦之所以富强者，孝公务本力穑之效[⑥⑦]，非鞅流血刻骨之功也。而秦之所以见疾于民，如豺虎毒药，一夫作难而子孙无遗种，则鞅实使之。至于桑弘羊，斗筲之才[⑧]，穿窬之智[⑨]，无足言者，而迁称之，曰："不加赋而上

用足。”善乎，司马光之言也！曰：“天下安有此理？天地所生财货百物，止有此数，不在民则在官，譬如雨泽，夏涝则秋旱。不加赋而上用足，不过设法侵夺民利，其害甚于加赋也。”

二子之名在天下者，如蛆蝇粪秽也，言之则污口舌，书之则污简牍。二子之术用于世者，灭国残民覆族亡躯者相踵也，而世主独甘心焉，何哉？乐其言之便己也。夫尧、舜、禹，世主之父师也；谏臣拂士[10]，世主之药石也；恭敬慈俭、勤劳忧畏，世主之绳约也。今使世主日临父师而亲药石、履绳约，非其所乐也。故为商鞅、桑弘羊之术者，必先鄙尧笑舜而陋禹也[11]，曰：“所谓贤主，专以天下适己而已。”此世主之所以人人甘心而不悟也。世有食钟乳乌喙而纵酒色，所以求长年者，盖始于何晏[12]。晏少而富贵，故服寒食散以济其欲[13]，无足怪者。彼其所为，足以杀身灭族者日相继也，得死于寒食散，岂不幸哉！而吾独何为效之？世之服寒食散，疽背呕血者相踵也，用商鞅、桑弘羊之术，破国亡宗者皆是也。然而终不悟者，乐其言之美便，而忘其祸之惨烈也。

注 释

① 商鞅：战国时期政治家，卫国人，公孙氏，名鞅，也称卫鞅。曾说服秦孝公变法图强。因封地在於（河南内乡）、商（陕西商南）十五邑，故称商鞅。秦孝公死后，商鞅被车裂而死。

② 致胙：祝福。

③ 黄、老：黄帝与老子。道家尊二人为始祖，因以“黄老”代称道家。

④ 桑弘羊：西汉大臣，洛阳（今属河南洛阳）人。西汉政治

家、财政大臣，曾在汉武帝、汉昭帝两朝为官，历任侍中、大农丞、治粟都尉、大司农、御史大夫等职，因功赐爵左庶长。

⑤ 畋游：打猎游玩。

⑥ 务本：古代时以农业为立国之本，故称“务农”为务本。

⑦ 力穑：尽力于农业。穑：收获谷物。

⑧ 斗筲：筲是一种容器，仅容一斗二升。斗和筲都是很小的容器，比喻才识短浅。

⑨ 穿窬：指盗窃的行为。穿，穿越。窬，墙壁。

⑩ 拂士：拂，通“弼”。辅弼的贤士。

⑪ 鄙尧笑舜而陋禹：鄙、笑、陋都有看不起的意思。尧、舜、禹是上古的贤明君主。

⑫ 何晏：三国魏宛人，字平叔。倡导玄学，是三国时著名玄学家。后因依附曹爽被司马懿所杀。《三国志》有传。

⑬ 寒食散：道家药名，服后身体发热，宜吃冷食，故称寒食散。配剂中有紫石英、白石英、赤石脂、钟乳石、硫黄等五石，故又称五石散。相传其方始于汉代，何晏、裴秀等一代名士都服此散，成为一时风气，也有服后造成残疾的。

译文

商鞅被秦孝公任用，变更法度，修定法令，新法推行十年后秦国的百姓都非常开心，达到了路不拾遗，山里无强盗，人人饱暖，家家富裕，百姓勇于为国家打仗，不敢为私利打架。秦国富强，周天子赏赐给秦孝公祭肉，诸侯都前来祝贺。

苏子认为，这些都是战国的游说之士荒谬欺世的言论，而司马

迁在大道义上愚昧不明，把它拿来写成历史。我曾认为司马迁有两大罪过，其一，他先讲黄老之说，再讲《六经》，贬低没做过官的儒家之徒，抬高游侠的地位，这大概都是极小的罪过。我所说的第二大罪，是他关于商鞅、桑弘羊二人功劳的言论。

从汉代以来，学者都以谈论商鞅、桑弘羊为耻，只有国君才愿意这样做，国君表面上忌讳提到他们的名字，却在暗地里利用他们的理论办法，甚至有的从名到实都遵循商鞅的理论，并希望能够靠这种理论治理好国家，这就是司马迁的罪过啊。秦国本来就是天下强国，秦孝公也是有志向的君王，他在执政的这十年间不断地修订秦国的政治刑罚，没有沉溺于声色游猎，即便没有商鞅，秦国有不富强之理吗？秦国之所以成为富强的国家，是因为秦孝公重视农业生产，并不是商鞅严刑峻法的功劳。而秦国后来之所以被百姓像恨豺狼毒药一样记恨，一人叛乱百姓揭竿而起灭亡了秦国的子孙，其实是商鞅导致的啊。至于桑弘羊，才识短浅，还有偷盗的小聪明，不值一提，可司马迁却称赞他，说："不用增加赋税而皇上用度富足。"还是司马光的言论说得好啊，他说："天下怎么能有这种道理？天地间的财货物品，就只有那么多，如果不在老百姓手里，就在官府手里，就好像雨水，夏天雨水过多，那么秋天就会干旱。不增加赋税而皇上用度充足，只不过是当官的想方设法侵夺百姓的利益罢了，它的害处比增加赋税还要严重啊！"

这两个人在天下的名声，就像是蛆虫苍蝇粪便秽物，说他们都有污口舌，写下他们有污竹简。这两个人的方法为世人利用，就会导致国家灭亡、百姓流离、自身不保，可是国君偏偏愿意这样做，这是为什么呢？是因为喜欢商鞅的言论方便自己管理国家啊。尧、舜、禹是国君的师父啊；直谏的大臣、辅佐的贤士是国君的药石啊；恭敬慈俭、勤劳忧畏是国君的约束啊。现在让国君每天聆听师父的教诲，亲近药石一样的大臣，履行国家法律制度，并不是他所喜欢的。因此实行商鞅、桑弘羊变法理论的国君，一定会先鄙视嘲笑尧、舜、禹啊。他们说：“所谓贤明的君主，是要天下都臣服于自己！”这就是每个君主都愿意实行商鞅、桑弘羊的变法而不觉悟的原因啊！世上有吃钟乳、乌喙，纵情酒色，以此寻求长生不老的人，大概是从何晏开始的。何晏年少而富贵，因此服用寒食散来帮助满足自己的欲望，这不足为怪。他这样做，足以导致杀身灭族，他得以因服用寒食散而死。难道不是侥幸吗？而我为什么单单效仿他？世上服用寒食散导致脊背生疮呕血的人很多，就像用商鞅、桑弘羊的方法导致国家灭亡的比比皆是。但最终还不觉悟的人，是因为只乐意看到商鞅之法的美好便利，而忘掉了先主因为变法亡国的惨烈事实。

评析

此篇，苏东坡说司马迁有两种罪过，第一种就是把黄老之说放在《六经》之上，并说这个还算是小罪，而最大的罪过就是司马迁肆意夸大商鞅和桑弘羊变法的历史功绩，这给后人造成了误导。可以断定，苏东坡此文是针对王安石的。就这两条罪状为司马迁辩解一下。对于第一宗罪，其实这只是司马迁写史的个人风格，他喜欢那些行迹不入经传的人事，所以也就把他们写进了自己的本子，并且多用浪漫的笔法来增加其人文色彩，这是对原有的记史特点的突破。对于第二宗罪，商鞅的事情是有点久远了，并且那个时代也是人多口杂的时代，所以对于其变法的细节和效果都已经难以考证了，倒是桑弘羊的变法还可以考察一下。我们也相信，作为同时代的人，司马迁近距离观察桑弘羊的变法要比苏东坡看得清楚；并且我们也相信，司马迁作为一个史学家，讲实话、讲真话，这一点历史态度还是有的。所以说，苏东坡对二人的评价并不恰当。苏东坡之所以如此痛恨商鞅与桑弘羊，与二人的变法有关。苏东坡反对王安石变法，而在那个时代又无法直接说，只能借由攻击主张变法的祖师来表达。

论范增

汉用陈平计[①②]，间疏楚君臣。项羽疑范增与汉有私[③④]，稍夺其权。增大怒曰："天下事大定矣，君王自为之，愿赐骸骨归卒伍[⑤]！"归未至彭城[⑥]，疽发背死[⑦]。

苏子曰：增之去，善矣，不去，羽必杀增，独恨其不蚤耳。然则当以何事去？增劝羽杀沛公[⑧]，羽不听，终以此失天下，当于是去耶？曰：否。增之欲杀沛公，人臣之分也，羽之不杀，犹有君人之度也，增曷为以此去哉[⑨]？《易》曰："知几其神乎[⑩]。"《诗》曰："相彼雨雪，先集维霰。[⑪]"增之去，当以羽杀卿子冠军时也[⑫]。

陈涉之得民也[⑬]，以项燕、扶苏[⑭⑮]；项氏之兴也[⑯]，以立楚怀王孙心[⑰]。而诸侯叛之也，以弑义帝也[⑱]。且义帝之立，增为谋主矣，义帝之存亡，岂独为楚之盛衰，亦增之所以同祸福也，未有义帝亡而增独能久存者也。羽之杀卿子冠军也，是弑义帝之兆也。其弑义帝，则疑增之本心也，岂必待陈平哉！物必先腐也而后虫生之，人必先疑也而后谗入之，陈平虽智，安能间无疑之主哉？吾尝论义帝，天下之贤主也。独遣沛公入关而不遣项羽，识卿子冠军于稠人之中，而擢以为上将，不贤而能如是乎？羽既矫杀卿子冠军，义帝必不能堪，非羽弑帝，则帝杀羽，不待智者而后知也。增始劝项梁立义帝，诸侯以此服从，中道而弑之，非增之意也。夫岂独非其意，将必力争而不听也。不用其言，杀其所立，项羽之疑增必自是始矣。方羽杀卿子冠军，增与羽比肩而事义帝，君臣之分未定也。为增计者，力能诛羽则诛之，不能则去之，岂不毅然大丈夫也哉？增年已七十，合则留，不合则去，不以此时明去就之分，而欲依羽以成功，陋矣。虽然，增，高帝之所畏也，增不去，项羽不亡。呜呼，增亦人杰也哉！

注释

① 汉：指刘邦。公元前206年，项羽入关，大封诸侯王，刘邦被封为汉王。

② 陈平：刘邦的重要谋臣，阳武（今河南兰考）人。

③ 项羽：名籍，楚国下相（今江苏宿迁）人，楚国名将项燕之孙。公元前209年起兵反秦，秦亡后自立为西楚霸王。

④ 范增：秦末居巢（今属安徽巢湖）人，为项羽的主要谋士，被尊为亚父。

⑤ 归卒伍：归乡为平民。卒伍，周代军队的编制名称。五人为伍，五伍为两，四两为卒，五卒为旅。

⑥ 彭城：地名。今属江苏徐州。

⑦ 疽：毒疮。

⑧ 沛公：即刘邦。公元前209年，刘邦起兵于沛（今属江苏徐州），称沛公。

⑨ 曷：何；为什么。

⑩ 知几：能够知道事发前的任何征兆。几：隐微，不明显。

⑪ 相彼雨雪，先集维霰：《诗经》中的句子，意思是下雪前先降霰。

⑫ 卿子冠军：即宋义。卿子是尊称，冠军是在各军将领之上。秦围张耳、陈馀于巨鹿，楚怀王派宋义为上将军，率项羽等救援。宋义被秦军气势震住，止兵不前。项羽称他要造反，借义帝的名义诛杀宋义。

⑬ 陈涉：即陈胜，秦末农民起义首领，字涉，阳城（今属河南方城）人。与吴广起兵反秦，建立张楚。

⑭ 项燕：战国末年楚国名将，项羽的祖父。

⑮ 扶苏：秦始皇的长子，因劝阻秦始皇镇压儒生，被派到上郡监大将蒙恬军。秦始皇死后，被秦二世胡亥杀害。

⑯ 项氏：指项梁和项羽。项梁：战国末年下相人，楚将项燕之子。

⑰ 楚怀王孙心：楚怀王的孙子熊心。范增劝项梁以楚怀王之后人为号召。项梁寻到正在放羊的熊心立为楚怀王，势力很快得到发展。后来，项羽自立为西楚霸王，尊称熊心为义帝。

⑱ 弑义帝：古代臣杀君、子杀父称“弑”。项羽派人暗害了义帝。

译文

汉王刘邦采用了陈平的反间计，使楚国君王与大臣疏远。项羽怀疑范增私下勾结汉王，逐渐剥夺了他的权力。范增非常生气，说：“天下大局已经确定了，君王您自己处理吧。希望能赐我告老还乡。”范增还没回到彭城，便因背上的毒疮发作而死。

苏子说：范增离开项羽是正确的，如果他不离开，项羽必定会杀死他，我只是遗憾他没能早点离开。那么他应该以何事离去呢？当时范增劝项羽杀刘邦，项羽不听，最终还是因为这个而失了天下，应该在这时离开吗？回答说，不是。范增想杀死刘邦，这是他尽了臣子的职分。项羽不杀刘邦，这显出他还有君子风度。范增怎能因此而离去呢？《易经》中说：“能够做到见微知著，就是神机妙算之人了。”《诗经》中说：“就像下雪之前，必先凝结霰雪一样。”范增应该在项羽杀宋义时离开。

陈涉之所以能得民心，是因为打出了项燕和扶苏的旗帜。项氏之所以兴盛，是因为拥立了楚怀王的孙子熊心。而各诸侯背叛他，是因为他杀死了义帝。况且拥立义帝，实际上范增是主谋。义帝的存亡，不只关系楚国的繁盛衰败，也与范增祸福相关。不可能义帝被杀，范增却能独自长存。项羽杀宋义，是他要弑杀义帝的先兆。项羽弑杀义帝，便是对范增起了疑心，难道非要等陈平使出反间计吗？一定是物品先腐烂了，然后才能生出蛆虫；必定是人先产生了疑心，然后才能听进谗言。陈平虽然聪明，又怎能离间毫无疑心的君主呢？我曾经评议义帝，认为他是贤明的君主。义帝只派遣刘邦入关而不派遣项羽，在众人中发现了宋义并提拔他为上将军，如果不是贤明君主能做到这些吗？项羽既然假借君王之命杀死了宋义，

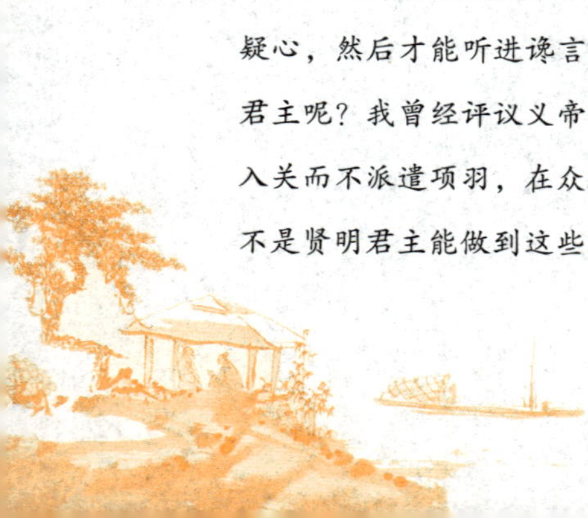

义帝必定不能容忍，不是项羽杀了义帝，就是义帝杀了项羽，这不用智者来说就能知道。范增开始就劝项梁拥立义帝，因此得到诸侯服从；中途弑杀义帝，肯定不是范增的主意。这岂止不是他的主意，他必定会竭力劝阻项羽弑杀义帝，但项羽不听从。不采用他的谏言，杀死他所拥立之人，项羽怀疑范增必定是从这时候开始的。当项羽杀宋义的时候，范增和项羽还共同侍奉义帝，他们之间还未确定君臣的身份。我认为范增所能做的，是若有能力诛杀项羽就诛杀他，若不能杀他就离开他，这样做岂不成了大丈夫？此时范增已年过七十，意见相合便留下，意见不合便离开，这时不明白去留的分寸，却想依靠项羽来成就功名，真是浅陋啊！即便如此，范增依然是汉高祖所畏惧的人。范增不离开，项羽便不会灭亡。唉，范增也是人中豪杰啊！

评 析

苏东坡自幼“好观前世盛衰之迹，与其一时风俗之变”，因而学识丰富，眼界开阔。其史论文章的最大特点是从旧史料中翻新出奇，具有很强的说服力。本文就是一篇值得称道的史论佳作。本文以“物必先腐也，而后虫生之，人必先疑也，而后谗入之”为立论依据，在构思上曲径通幽，在表达上柳暗花明，经过层层分析，得出结论——范增离开项羽的最佳时间是“羽杀卿子冠军”之时。

游士失职之祸①

春秋之末，至于战国，诸侯卿相皆争养士。自谋夫说客、谈天雕龙、坚白同异之流[2]，下至击剑扛鼎、鸡鸣狗盗之徒，莫不宾礼，靡衣玉食以馆于上者[3]，何可胜数。越王勾践有君子六千人；魏无忌、齐田文、赵胜、黄歇、吕不韦[4][5][6][7][8]，皆有客三千人；而田文招致任侠奸人六万家于薛，齐稷下谈者亦千人；魏文侯、燕昭王、太子丹[9][10][11]，皆致客无数。下至秦、汉之间，张耳、陈余号多士[12][13]，宾客厮养皆天下豪杰，而田横亦有士五百人[14]。其略见于传记者如此，度其余，当倍官吏而半农夫也。此皆奸民蠹国者，民何以支而国何以堪乎？

苏子曰：此先王之所不能免也。国之有奸也，犹鸟兽之有鸷猛，昆虫之有毒螫也。区处条理，使各安其处，则有之矣；锄而尽去之，则无是道也。吾考之世变，知六国之所以久存而秦之所以速亡者，盖出于此，不可以不察也。夫智、勇、辨、力，此四者，皆天民之秀杰者也。类不能恶衣食以养人，皆役人以自养者也，故先王分天下之贵富与此四者共之。此四者不失职，则民靖矣。四者虽异，先王因俗设法，使出于一：三代以上出于学，战国至秦出于客，汉以后出于郡县吏，魏、晋以来出于九品中正[15]，隋、唐至今出于科举[16]，虽不尽然，取其多者论之。六国之君虐用其民，不减始皇、二世，然当是时，百姓无一人叛者，以凡民之秀杰者多以客养之，不失职也。其力耕以奉上，皆椎鲁无能为者，虽欲怨叛，而莫为之先，此其所以少安而不即亡也。

始皇初欲逐客，因李斯之言而止。既并天下，则以客为无用，于是任法而不任人，谓民可以恃法而治，谓吏不必才取，能守吾法而已。故堕名城，杀豪杰，民之秀异者散而归田亩。向之食于四公子、吕不韦之徒者，皆安归哉？不知其能槁项黄馘以老死于布褐乎[17]？抑将辍耕太息以俟时也？秦之乱虽成于二世，然使始皇知畏此四人者，有以处之，使不失职，秦之亡不至若是速也。纵百万虎狼于山林而饥渴之，不知其将噬人，世以始皇为智，吾不信也。楚、汉之祸，生民尽矣，豪杰宜无几，而代相陈豨从车千乘[18]，萧、曹为政[19]，莫之禁也。至文、景、武之世，法令至密，然吴王濞、淮南、梁王、魏其、武安之流[20][21][22][23][24]，皆争致宾客，世主不问也。岂惩秦之祸，以为爵禄不能尽縻天下士，故少宽之，使得或出于此也耶？若夫先王之政则不然，曰："君子学道则爱人，小人学道则易使也[25]。"呜呼，此岂秦、汉之所及也哉！

注 释

① 游士：战国时从事游说活动的人。

② 谈天雕龙：指战国时的邹衍和驺奭。战国时的辩士。

③ 靡衣玉食：华丽的衣服，珍美的食品。

④ 魏无忌：即信陵君，魏国贵族，战国四公子之一。曾窃虎符率兵击败秦兵救赵。

⑤ 齐田文：即孟尝君，齐国贵族，战国四公子之一。

⑥ 赵胜：即平原君，赵国贵族，战国四公子之一。秦军围困赵首都邯郸，他联合魏、楚击败秦军。

⑦ 黄歇：即春申君，楚国贵族，战国四公子之一。

⑧ 吕不韦：姜姓，吕氏，名不韦，战国末年卫国濮阳（今属河南安阳）人。战国末年著名商人、政治家、思想家，官至秦国丞相。门下宾客三千，曾召集宾客编著《吕氏春秋》。

⑨ 魏文侯：战国时魏的建立者，名斯。曾任用李悝为相、吴起

为将，使魏成为当时的强国。

⑩ 燕昭王：战国时燕国君，名姬平。曾联合五国攻打齐国，占领齐七十多城。燕最强盛时的国君。

⑪ 太子丹：战国末年燕王喜之子，召宾客，养壮士，派荆轲献图刺秦王。

⑫ 张耳：汉初诸侯王，大梁（今属河南开封）人。秦末同陈余北定赵地，后弃项羽投刘邦，被封为赵王。

⑬ 陈余：又作陈馀，秦末大梁（今属河南开封）人。曾与张耳北定赵地。后与张耳绝交。在韩信破赵之战中兵败被杀。

⑭ 田横：秦末狄县（今属山东高青）人。本是齐国贵族，秦末与田儋起兵，重建齐国。汉朝建立后，率五百人逃亡海岛，因不愿称臣于汉，自杀。

⑮ 九品中正：魏晋南北朝时期的选官制度。

⑯ 科举：从隋开始，历代设科考试选拔官吏的制度。

⑰ 槁项黄馘：参见卷二《白云居士》篇注释⑥。

⑱ 陈豨：汉代宛朐（今属山东菏泽）人。汉初封为阳夏侯。公元前197年起兵叛乱，被镇压。

⑲ 萧、曹：指汉代初期的丞相萧何与曹参。

⑳ 吴王濞：即刘濞。西汉初期诸侯王，刘邦侄，封吴王。汉景帝时发动七国之乱，兵败而亡。

㉑ 淮南：淮南王刘安。招致宾客方术之士数千人编撰成《淮南子》一书，汉武帝时，刘安因被告谋反而畏罪自杀。

㉒ 梁王：即梁孝王刘武。文帝之子。招门客甚众。后曾争夺皇储之位，事未成而病死。

㉓ 魏其：即魏其侯窦婴，因平定七国之乱有功封侯，游士宾客争归之，后居丞相。

㉔ 武安：即武安侯田蚡。景帝田皇后同母弟。后位居丞相。

㉕ 君子学道则爱人，小人学道则易使也：君子学习了先王之道则知道爱人，小人学习了先王之道就容易被使唤。语出于《论语·阳货十七》。

译文

春秋末年至战国时期，诸侯公卿都争先恐后地招贤纳士。上至谋士说客、谈论五德终始的邹衍、文辞精细如雕龙的驺奭、诡辩坚白离异的公孙龙、申说合同异的惠施之辈，下至善于击剑扛鼎的武力士、鸡鸣狗盗之类的人，都得到了极高的礼遇，让他们穿着华丽的衣服，享用美食佳肴，住在上等馆舍，诸侯公卿养的这些人数量庞大。越王勾践有君子宾客六千人；魏国信陵君魏无忌、齐国孟尝君田文、赵国平原君赵胜、楚国春申君黄歇、秦国宰相吕不韦，都各有宾客三千人；而孟尝君田文广招天下侠客奸盗六万家于薛地，齐国稷下能言善辩的也有千人；魏文侯、燕昭王、燕太子丹都招引了宾客无数。发展到秦、汉时期，张耳、陈馀都号称士人众多，所养的宾客都是天下豪杰，而田横也有士人五百。史书传记有记载的大约便是如此，推想其余诸侯公卿所养的士人，当为官吏的一倍而为农民的一半。这些都是损害国家的奸民，民众如何支付他们的花费，国家又怎能承受这群人的负担？

苏子说：这是先王时代都不能避免的事。国家中有奸民，就像鸟兽中有凶猛的鸟、昆虫中有毒螫一样。把他们有条理地区别处置，让他们各得其所，那就可以了；如果把他们全部铲除，那就是无道了。我考察世界的演变，明白六国之所以能长久，而秦朝之所以迅速灭亡，大概就是由于这个原因，统治者不能不仔细反思啊。智慧、勇敢、善辩、有力，这四种人，都是天下百姓中优秀的人才。这四种人都受不了衣食差劣，更不愿供养他人，都役使别人来养活自己，所以先王把天下的财富分给这四类人。如果这四类人能够尽忠职守，那么民众就自然安定了。这四种人虽然各有不同，但先王总是想办法让他们能够人尽其才：夏、商、周以前出于学士，战国至秦朝出于宾客，汉代以后出于郡县官吏，魏、晋出于九品中正制，隋、唐至今出于科举，虽然升迁途径不止这些，但大多数都是这样。战国时，六国国君虐待民众的程度并不比秦始皇和秦二世轻，但在当时，并没有一人反叛，这是因为优秀的人大部分成了宾客，没有失去他们的职位。那些凭力气来耕种供养他人的劳动者，都是一些愚钝而无所作为的人，他们虽然也会怨恨，也想反叛，可是没有人带领他们。这就是当时国家很少安定而又不会迅速灭亡的原因了。

秦始皇当初打算驱逐宾客，因为李斯的言论而停止。统一天下后，秦始皇认为宾客已经无用，于是任用法令而不任用人才，认为可以凭借法令来统治百姓，可以不必依据才能来选拔官吏，官吏能够使百姓遵守国家的法律就可以了。所以拆毁名城，诛杀豪杰，把那些优秀的士人都驱散到田间。一向依靠战国四公子和吕不韦供养的人，他们可以去哪里？不知他们是在粗布短褐的贫苦生活中面黄肌瘦地老死，还是会辍耕叹息，等待时机到来？秦朝的战乱虽然在秦二世时发生，然而假若秦始皇知道畏惧这四种人，设法安置他

们，使他们不失去职位，那样秦朝不会如此迅速地灭亡。从山林中释放成千上万只饥渴的虎狼，却不知道它们将会出来咬人，世人认为秦始皇有智慧，我并不赞同。楚、汉相争之祸患，百姓都差不多死光了，豪杰也应该所剩无几，然而跟随代王陈豨身后的车子居然有千辆之多，萧何、曹参执掌政权，但都不能禁止。到了汉文帝、景帝、武帝的时候，法令已经相当严密，可是吴王刘濞、淮南王刘安、梁王刘武、魏其侯窦婴、武安侯田蚡之辈，都争先恐后地广招宾客，这是国主不过问的缘故。或许是吸取了秦朝灭亡的教训，认为朝廷的爵禄不能缚尽天下的士人，所以稍为宽限，使他们或许能从这里得到出路吧？至于古代先王的政治并不是这样，孔子说过："君子学道则会爱护别人，小人学道就容易被人役使。"哎呀，这哪是秦汉时代能赶上的啊！

评 析

苏东坡此文说天下有这样一批精英，他们有高超的本领和学问，如果这批人不能得到妥善的安置就会对政权稳固造成不利的影响。为此他考证了从春秋战国至后世的养士之风，并且总结了秦朝的反面教训。这个理论有点让人耳目一新的感觉，但是总结还是流于表面和片面。秦灭亡的原因，贾谊在《过秦论》中已进行了详细说明，与游士失职似无多大关系。且养士的主人有贤者也有野心家。如战国"四公子"，他们虽各自拥有门客数千人，却没有对所在之国的政权构成威胁。但陈豨等人养士，只是为了实现自己的野心，其宾客已构成一个犯罪团伙，这比单个的游士失职更为可怕。所以，苏东坡此论并不正确。

赵高李斯[1][2]

秦始皇帝时，赵高有罪，蒙毅案之，当死，始皇赦而用之。长子扶苏好直谏，上怒，使北监蒙恬兵于上郡[3][4]。始皇东游会稽，并海走琅邪[5]，少子胡亥、李斯、蒙毅、赵高从[6]。道病，使蒙毅还祷山川，未反而上崩。李斯、赵高矫诏立胡亥[7]，杀扶苏、蒙恬、蒙毅，卒以亡秦。

苏子曰：始皇制天下轻重之势，使内外相形以禁奸备乱者，可谓密矣。蒙恬将三十万人，威振北方，扶苏监其军，而蒙毅侍帷帐为谋臣[8]，虽有大奸贼，敢睥睨其间哉[9]？不幸道病，祷祠山川尚有人也，而遣蒙毅，故高、斯得成其谋。始皇之遣毅，毅见始皇病，太子未立而去左右，皆不可以言智。然天之亡人国，其祸败必出于智所不及。

圣人为天下，不恃智以防乱，恃吾无致乱之道耳。始皇致乱之道，在用赵高。夫阉尹之祸[10]，如毒药猛兽，未有不裂肝碎胆者也。自书契以来，惟东汉吕强、后唐张承业二人号称善良[11][12]，岂可望一二于千万，以致必亡之祸哉？然世主皆甘心而不悔，如汉桓、灵[13]，唐肃、代[14]，犹不足深怪，始皇、汉宣皆英主，亦湛于赵高、恭、显之祸。彼自以为聪明人杰也，奴仆熏腐之余何能为[15]，及其亡国乱朝，乃与庸主不异。吾故表而出之，以戒后世人主如始皇、汉宣者。

或曰："李斯佐始皇定天下，不可谓不智。扶苏亲始皇子，秦人戴之久矣，陈胜假其名犹足以乱天下，而蒙恬持重兵在外，使二人不即受诛而复请之，则斯、高无遗类矣。以斯之智而不虑此，

何哉？”

苏子曰：呜呼，秦之失道，有自来矣，岂独始皇之罪？自商鞅变法，以诛死为轻典，以参夷为常法[16]，人臣狼顾胁息[17][18]，以得死为幸，何暇复请！方其法之行也，求无不获，禁无不止，鞅自以为轶尧、舜而驾汤、武矣[19]。及其出亡而无所舍，然后知为法之弊。夫岂独鞅悔之，秦亦悔之矣。

荆轲之变[20]，持兵者熟视始皇环柱而走，莫之救者，以秦法重故也。李斯之立胡亥，不复忌二人者，知威令之素行，而臣子不敢复请也。二人之不敢请，亦知始皇之鸷悍而不可回也[21]，岂料其伪也哉？周公曰：“平易近民，民必归之。”孔子曰：“有一言而可以终身行之，其‘恕’矣乎？”[22]夫以忠恕为心而以平易为政，则上易知而下易达，虽有卖国之奸，无所投其隙，仓卒之变，无自发焉。然其令行禁止，盖有不及商鞅者矣，而圣人终不以彼易此。商鞅立信于徙木[23]，立威于弃灰[24]，刑其亲戚师傅[25]，积威信之极。以及始皇，秦人视其君如雷电鬼神，不可测也。古者公族有罪[26]，三宥然后制刑[27]。今至使人矫杀其太子而不忌，太子亦不敢请，则威信之过故也。

夫以法毒天下者，未有不反中其身及其子孙者也。汉武与始皇，皆果于杀者也，故其子如扶苏之仁，则宁死而不请，如戾太子之悍[28]，则宁反而不诉，知诉之必不察也。戾太子岂欲反者哉？计出于无聊也[29]。故为二君之子者，有死与反而已。李斯之智，盖足以知扶苏之必不反也。吾又表而出之，以戒后世人主之果于杀者。

注 释

① 赵高：秦宦官。任中车府令，兼行符玺令事。始皇死后，与李斯伪造遗诏，拥立二世，后又立子婴为秦王，最后被子婴所杀。

② 李斯：秦代著名的政治家、文学家、书法家。姓李，名斯，字通古，战国末期楚国上蔡人。跟从荀子学习帝王之术，学成入秦。曾建议对六国采取各个击破的策略，对秦始皇统一六国起了较大作用。秦统一六国后，任丞相，后被赵高杀害。

③ 蒙恬：秦名将。秦统一六国后，率兵击退匈奴，并筑长城。秦始皇死后，赵高、李斯假托遗诏，使他被迫自杀。

④ 上郡：地名。在今陕西榆林、延安一带。

⑤ 琅邪：地名，现作琅琊。在今山东胶南琅琊台。

⑥ 胡亥：秦始皇次子。始皇死后，被赵高、李斯拥立为帝，即秦二世。

⑦ 矫诏：假托皇帝的命令。

⑧ 帷帐：军队中的帐幕。

⑨ 睥睨：眼睛斜着看。引申为窥视。

⑩ 阉尹：出入宫室的宦官。

⑪ 吕强：汉灵帝时宦官，字汉盛，河南成皋人。

⑫ 张承业：唐僖宗时的宦官，字继元。

⑬ 汉桓、灵：汉桓帝刘志、汉灵帝刘宏。

⑭ 唐肃、代：唐肃宗李亨、唐代宗李豫。

⑮ 熏腐：腐刑。即宫刑。

⑯ 参夷：诛灭三族的酷刑。

⑰ 狼顾：狼惧被袭，走路常反顾，因此以狼顾比喻人有所

畏惧。

⑱ 胁息：紧闭气息。表示恐惧。

⑲ 轶：同“逸”。超过。

⑳ 荆轲之变：燕太子丹派荆轲刺杀秦始皇。荆轲以献樊於期首级和燕督亢地图为名，图穷而匕首现，刺杀秦始皇，不中，被杀。荆轲：战国卫人，称荆卿，又名庆卿。详见《史记·荆轲传》。

㉑ 鸷悍：形容凶猛而蛮横。

㉒ “有一言而可以终身行之，其‘恕’矣乎？”：有一句话可以终身奉行的，大概就是恕吧。恕：宽容，宽厚。原文见《论语·卫灵公》。

㉓ 徙木：《史记·商君列传》：“令既具，未布，恐民之不信，已乃立三丈之木于国都市南门，募民有能徙置北门者予十金。民怪之，莫敢徙。复曰‘能徙者予五十金’。有一人徙之，辄予五十金，以明不欺。卒下令。”指说到做到言而有信。

㉔ 立威于弃灰：详见《反经》：“商君之法，刑弃灰于道者。夫弃灰，薄罪也；而被刑，重罚也。”

㉕ 刑其亲戚师傅：详见《史记·商君列传》：“太子犯法。卫鞅曰：‘法之不行，自上犯之。’将法太子。太子，君嗣也，不可施刑；刑其傅公子虔，黥其师公孙贾。”

㉖ 公族：统治者的子弟。

㉗ 三宥：原谅三次。宥：原谅，宽恕。

㉘ 戾太子：刘据，汉武帝卫皇后所生，立为太子。武帝晚年，江充诬告刘据行巫蛊之事，太子迫不得已率部属起兵，兵败身亡。

㉙ 无聊：无可奈何。

译文

秦始皇在位的时候，赵高触犯了刑律，这起案件由蒙毅负责审理，蒙毅认为应该依法判处赵高死刑，但秦始皇赦免了赵高并且任用他。长子扶苏经常直谏，秦始皇因而发怒，把扶苏调到上郡去监督蒙恬的军队。秦始皇往东方巡视会稽，沿海来到琅邪，少子胡亥与李斯、蒙毅、赵高都跟随他。秦始皇在途中得了重病，命令蒙毅返回祷告山川，没等到蒙毅回来秦始皇便驾崩了。李斯、赵高假造诏书立胡亥为皇帝，杀扶苏、蒙恬、蒙毅，最终秦国灭亡。

苏子说：秦始皇控制天下轻重的形势，让朝廷内外互相制约，用来禁止奸贼、防备叛乱，可以说是相当周密了。蒙恬统率三十万大军，威震北方，又让扶苏监督其军事，而蒙毅则在宫中成为谋臣，即使有大奸贼，哪个敢窥伺其间？秦始皇在旅途中不幸得病，可供派遣回去祷告的人有很多，但他偏偏派遣了蒙毅，所以赵高和李斯才有机会达成他们的阴谋。秦始皇派遣蒙毅，蒙毅明知秦始皇病重，却在太子尚未确立的时候离开，这都不能算有智慧。然而天意要灭亡一个国家，它的祸患和败亡都肯定是智虑所不能顾及的。

圣人治理天下，并不是依靠智谋来防备祸乱，而是以不会导致祸乱的方法行事。秦始皇任用赵高招致祸乱。宦官弄权造成的灾祸就如同毒药猛兽，没有不让人裂肝碎胆的。自有文字记载以来，能称得上善良的宦官只有东汉的吕强和后唐的张承业，岂能盼望在成千上万的宦官中求得这一两个善良的？所以最终必然招致灭亡的祸患。然而世上的君主都甘心任用宦官而不后悔，如汉桓帝、灵帝，唐肃宗、代宗，他们这样都不值得深深怪责，但秦始皇、汉宣帝都是英明的君主，他们也都深陷于赵高、弘恭和石显等宦官的祸患中。那些自认为

聪明绝顶的人都觉得这些遭受宫刑的奴仆能有什么作为，到了国家乱亡的时候，他们就与平庸的君主没有什么分别了。我因此标示出来，用来告诫后世那些如同秦始皇、汉宣帝的君主。

有人说：“李斯辅佐秦始皇平定天下，不能说他没有智慧。扶苏是秦始皇的亲生儿子，秦人拥戴他很久了，陈胜假借他的名义就足以扰乱天下，而蒙恬手持重兵在外，如果他们二人不立即接受诛杀而再次请命，那么李斯和赵高就没有办法留下了。以李斯的智慧竟然没有考虑到这一点，这是为什么呢？”

苏子说：唉！秦朝失去管治天下的方法，已经很长时间了，岂止是秦始皇一人之罪过？自从商鞅变法以来，把诛死视为轻微的法令，又以诛灭三族为平常的法规，臣子经常担惊受怕，敛气屏息，以求得死为万幸的事，哪里还有时间来再次请命！当商鞅施行酷法的时候，凡是征缴的物品没有征缴不上来的，凡是明令禁止的行为没有人敢去尝试，商鞅自以为超越了尧舜而且凌驾在商汤和周武之上。直至他逃亡的时候找不到投宿的地方，才知道酷法的弊端。这岂止是商鞅感到悔恨，秦始皇也会后悔啊。

荆轲行刺秦始皇的时候，手持兵器的卫士都站着眼睁睁地看着秦始皇绕着殿柱奔逃，没有人上前营救，这就是秦法太苛重造成的。李斯立胡亥为帝，不再顾忌扶苏和蒙恬，正是知道秦律一经施行，臣子都不敢再请命。他们两人不敢请命，也是知道秦始皇的强悍而政令不可以挽回，又怎能料到这诏书是伪造的？周公说过：“平易近民，民众必定归心。”孔子也说：“有一句话可以终身奉行的，那就是‘恕’吧。”如果用忠恕的心态平易近人地施政，那么统治者便容易了解世情，政令也会很顺畅地颁行，这样即使有卖国的奸贼也无处找到空隙入手，突然的事变也无从发生。虽然这样要达到有令则行、有禁则止的情况，大概并不及商鞅酷法那样容易成功，但圣人始终不肯用酷法取代它。商鞅利用对应征搬木头的人重赏的手段树立信誉，运用对路上弃灰的人下重刑的方法来建立威望，向太子的亲戚和师傅用刑，可以说是达到威信的极点。到了秦始皇的时候，秦人把君主看成是雷电鬼神深不可测。古代宗室犯法，赦免多次然后才动刑。现在以至有人假造圣旨杀害太子而无所顾忌，太子也不敢请命，这是威信太过造成的。

那些利用酷法毒害天下的人，没有不反过来害了自己以及自己子孙的。汉武帝与秦始皇都是敢于果断诛杀的人，所以他们的儿子，如仁慈的扶苏，就宁愿死也不再次请命，又如强悍的戾太子，就宁愿造反也不去申诉，因为他知道即使申诉也一定得不到体察。戾太子又岂想造反呢？是无计可施之下才这样做的。所以秦始皇和汉武帝的儿子只有死亡和造反两种方法而已。以李斯的智慧，他一定知道扶苏必定不会造反。我把这件事也标示出来，用来告诫后世果断诛杀的君主。

评 析

在此文中，苏东坡讲述了法的建立和执行的上限问题，他认为这件事情应该有一个度，这个度就是不要超越人情。而一旦超越了这样的度，就会收到相反的效果。法令推行得过于严厉就可能会戕害人情。苏东坡此文的要点就是，人主不要把法律定得太严格，不要动辄就拿杀人来强制推行律令，因为这样做势必会造成恶果，这恶果不是自己品尝，就是自己的后代品尝。

摄主[①]

鲁隐公元年[②]，不书即位，摄也。欧阳子曰[③]："隐公非摄也。使隐而果摄也，则《春秋》不书为公，《春秋》书为公，则隐非摄，无疑也。"苏子曰：非也。《春秋》，信史也[④]，隐摄而桓弑，著于史也详矣。周公摄而克复子者也，以周公薨[⑤]，故不称王。隐公摄而不克复子者也，以鲁公薨，故称公。史有谥[⑥]，国有庙，《春秋》独得不称公乎？

然则隐公之摄也，礼欤？曰：礼也。何自闻之？曰：闻之孔子。曾子问曰[⑦]："君薨而世子生[⑧]，如之何？"孔子曰："卿、大夫、士从摄主北面于西阶南[⑨]。"何谓摄主？曰：古者天子、诸侯、卿、大夫之世子未生而死，则其弟若兄弟之子次当立者为摄主。子生而女也，则摄主立；男也，则摄主退。此之谓摄主，古之人有为之者，季康子是也[⑩]。季桓子且死[⑪]，命其臣正常曰[⑫]："南孺子之子男也[⑬]，则以告而立之；女也，则肥也可[⑭]。"桓子卒，康子即位。既葬，康子在朝。南氏生男，正常载以如朝，告曰："夫子有遗言，命其圉臣曰[⑮]：'南氏生男，则以告于君与大夫而立之。'今生矣，男也，敢告。"康子请退。康子之谓摄主，古之道也，孔子行之。

自秦、汉以来不修是礼也，而以母后摄。孔子曰："惟女子与小人为难养也[⑯]。"使与闻外事且不可，曰"牝鸡之晨，惟家之索"[⑰]，而况可使摄位而临天下乎[⑱]？女子为政而国安，惟齐之君王后[⑲]，吾宋之曹、高、向也[⑳]，盖亦千一矣。自东汉马、邓不能无讥[㉑][㉒]，而汉吕后、魏胡武灵、唐武氏之流[㉓][㉔][㉕]，盖不胜其乱，王莽、杨坚遂因以易姓[26][27]。由此观之，岂若摄主之庶几乎？使母后而可信也，摄主亦可信也，若均之不可信，则摄主取之，犹吾先君之子孙也，不犹愈于异姓之取哉？

或曰："君薨，百官总已以听于冢宰三年[28]，安用摄主？"曰：非此之谓也。嗣天子长矣，宅忧而未出令[29]，则以礼设冢宰。若太子未生，生而弱，未能君也，则三代之礼，孔子之学，决不以天下付异姓，其付之摄主也。夫岂非礼而周公行之欤？故隐公亦摄主也。郑玄[30]，儒之陋者也，其传"摄主"也，曰："上卿代君听政者也。"使子生而女，则上卿岂继世者乎？苏子曰：摄主，先王之令典，孔子之法言也[31]。而世不知，习见母后之摄也，而以为当然。故吾不可不论，以待后世之君子。

注 释

① 摄主：代理君职的人

② 鲁隐公：名息姑，鲁惠公的庶长子，惠公死时太子允还年幼，于是隐公代掌国君之位，在位十一年，后为桓公所弑。

③ 欧阳子：即欧阳修。

④ 信史：确实可信的历史。

⑤ 薨：诸侯死亡称为薨。

⑥ 谥：古代帝王、贵族、大臣或其他有地位的人死后被加的带有褒扬意义的称号。

⑦ 曾子：曾参，字子舆，孔子的弟子，有宗圣之称。

⑧ 世子：古代天子、诸侯的嫡长子。

⑨ 卿、大夫、士从摄主北面于西阶南：语出《礼记》，大概意思是卿、大夫、士跟随摄主，站在西阶之南，面朝北。然后大祝（官名，主祭祀祈祷）举行祭祀祷告仪式。

⑩ 季康子：季孙肥，季桓子的儿子。鲁哀公三年，季桓子去世，季孙肥继位，他就是季康子。

⑪ 季桓子：季孙斯，春秋时鲁国的大夫。

⑫ 正常：人名，季桓子的宠臣。

⑬ 南孺子：季桓子的妻子南氏。

⑭ 肥：指季康子季孙肥。

⑮ 围臣：古时臣子的自谦之词。

⑯ 惟女子与小人为难养也：见《论语·阳货》。意思是只有女子和小人难以教养。

⑰ “牝鸡之晨，惟家之索”：见《尚书·牧誓》。牝鸡司晨，即母鸡报晓，是家败之时。牝鸡司晨常用来指女性掌权。

⑱ 摄位：代理君位。

⑲ 君王后：战国齐襄王的王后。君王后参与朝政，辅佐齐襄王，后协助太子田建执政。齐国在君王后辅政的近四十年都很太平。

⑳ 曹、高、向：曹指北宋仁宗赵祯第二任皇后，慈圣光献曹皇

后，真定灵寿人。她辅助了仁宗、英宗、神宗三任皇帝。高指宣仁圣烈高皇后，北宋英宗的皇后，亳州蒙城人。神宗时，高皇后垂帘听政九年，朝廷清明，华夏安定。向指钦圣宪肃向皇后，北宋神宗的皇后，河内人。

㉑ 马：明德马皇后，东汉明帝的皇后。明帝崩，肃宗继位，尊她为皇太后。明帝与马皇后讨论政事，马皇后多能有所建议。但外戚生活奢侈。

㉒ 邓：和熹邓皇后，东汉和帝的皇后，南阳新野人。和帝崩，殇帝继位，尊为皇太后。以太后的名义多次下诏，干涉朝政。后殇帝崩，安帝继位其继续临朝摄政，她颇有统治才能，但贪恋权势，不还政于安帝引起臣子不满。

㉓ 吕后：名雉，汉高祖刘邦的皇后。高祖死后尊为皇太后。汉高祖传位孝惠帝，孝惠帝因吕后残害戚夫人和赵王不理政事，吕后掌权。这期间“天下晏然，刑罚罕用，罪人是希，民务稼穑，衣食滋殖”。

㉔ 魏胡武灵：宣武灵皇后，胡氏，安定临泾人，北魏宣武帝妃、孝明帝生母。孝明帝年幼继位，武灵皇后获尊为太后，临朝听政。后因淫乱被天下人厌恶。

㉕ 唐武氏：武则天，唐高宗皇后，后尊为天后。唐中宗、睿宗时临朝听政，后自立为武周皇帝，称帝近三十年。

㉖ 王莽：字巨君，汉元帝皇后王政君之侄。汉哀帝去世后未留子嗣，由太皇太后王政君掌权，立汉平帝，王莽任大司马兼管军事和禁军。后王莽毒死平帝，立孺子婴为皇太子，自己称“摄皇帝”。后王莽接受孺子婴禅位称帝，改国号为“新”。

㉗ 杨坚：隋文帝，长女嫁北周宣帝为后，地位显赫。宣帝诛杀元老重臣，后被迫禅位给年仅七岁的太子北周静帝，杨坚专政。后杨坚废北周静帝，自立为帝，建立隋朝。

㉘ 冢宰：周代官名。六卿之首。一称太宰。

㉙ 宅忧：居丧。

㉚ 郑玄：东汉高密（今属山东高密）人，字康成。东汉末年儒家学者、经学大师。

㉛ 法言：合乎儒家礼法的言论。

译文

鲁隐公元年，《春秋》不记载鲁隐公即位，是因为鲁隐公为代理君职的人。欧阳修说："隐公并非代理君职的人。假如鲁隐公果真是代理君职的人，那么《春秋》便不会记载他是公。正因为《春秋》记载他是公，所以鲁隐公毫无疑问不是代理君职的人。"苏子说：不是这样的。《春秋》是一部信史，鲁隐公摄政而鲁桓公弑君，书中已经详细记载了。周公摄政而把政权归还成王，所以《春秋》记载周公去世称"薨"，因此不认为周公称王。鲁隐公摄政而没有归还政权，所以《春秋》记载鲁隐公去世称"薨"，因此把他称为"公"。史书有谥号，国家有祭祀的宗庙，《春秋》难道能不称他为公吗？

然而鲁隐公的摄政，符合礼义吗？答：符合礼义。为何这样说？答：是根据孔子的说法。曾参问孔子："国君去世而世子出生，应当怎么办？"孔子说："卿、大夫、士随摄主面向北面站在西阶的南面。"什么叫作摄主？说：古代天子、诸侯、卿、大夫的世子未出生而本人去世，那么他的弟弟和兄弟的儿子按排序应当继立的人为摄主。如果生的是女的，那么摄主即位为国君；如果生的是男的，那么摄主就退位，这就叫作摄主。古代有这样的例子，鲁国的季康子便是。季桓子临死前，命令他的家臣正常说："南孺子生的是男，就昭告天下，并且立为国君；生的是女，那么就让季孙肥做国君。"季桓子去世，季康子（季孙肥）即位。季桓子安葬后，季康子处理朝政。不久南孺子生了男婴，正常便把他载到朝上，公告："季桓子留下遗言，命令贱臣说：'南孺子生的是男，就昭告天下，并且与大夫一同立他为君。'今天生的是男的，因此前来报告。"季康子请求退位。季康子称摄主，这是古代的制度，是孔子所遵行的。

自秦、汉以来，世人并不遵行这个制度，而以母后摄政。孔子说："惟有女子与小人难教养。"让她们处理对外的事务尚且不可以，古人说"母鸡报晓，家败之时"，更何况是摄政而治理天下呢？女子执政而国家安定的，只有齐国的君王后，我宋的曹后、高后、向后，天下安定的概率也就千分之一。东汉的马后、邓后，都难免被人有所讥讽指责，而汉代的吕后、魏代的胡武灵、唐代的武则天等辈，都造成了数之不尽的灾祸，王莽、杨坚等外戚甚至借机改朝换代。由此看来，女主当政岂能像摄主那样有希望？假使母后是可信任的，摄主也应该是可信任的，如果认为他们都不可信任，那么摄主夺取君位，他仍是本朝先君的子孙，不是比被异姓取代更好吗？

有人说："国君去世，百官各自统领己职以听命于冢宰三年，哪用摄主当政？"答：并非这个道理。继位的太子年长，居丧期间未能颁布命令，则根据礼制以冢宰统摄。假如太子还没出生，或者年纪太小不能担当君主之任，那么三代的礼制、孔子的学说都是断不容许把天下交托给异姓的，而应当把政权交给摄主。这不就是周公摄政而把政权归还成王践行的礼吗？因此鲁隐公也是摄主。郑玄是鄙陋的儒生，他解释“摄主”说：“上卿是代理国君之位的人。”假使生的是女，那么上卿难道就是继承君位的人吗？苏子说：摄主，是先王制定的宪章法令，是符合孔子所言的儒家礼法的。而世人并不知道，习惯让母后摄政，并认为让母后摄政是理所当然的。所以我不可以不论述，以备后世的君子参照。

评析

政权的传承一直是一个很严肃的问题，尤其在封建社会，天下和百姓就像一件件遗产一样被转移。旧的人主已经去世，而应当立为新主的那一位还没有出生，或者还没有长大，在这一段时期内，就需要一个人来代行人主的权力和职能，这个人就被称为摄主。而苏东坡在此文中议论的就是关于这个人的选择和所应该遵守的规则。在此文中，苏东坡反对女性执政和外戚专权，他认为女性执政不利于社会安定，甚至会造成江山易主的不良后果。在文中，他引用了孔子的“惟女子与小人为难养也”“牝鸡司晨，惟家之索”，这些观点都有些歧视女性，不值得提倡。当今社会我们提倡的是男女平等的观点。

隐公不幸

公子翚请杀桓公[①]，以求太宰[②]。隐公曰：“为其少故也，吾将授之矣。使营菟裘[③][④]，吾将老焉。”翚惧，反谮公于桓公而弑之[⑤]。苏子曰：盗以兵拟人，人必杀之，夫岂独其所拟，涂之人皆捕击之[⑥]。

涂之人与盗非仇也，以为不击则盗且并杀己也。隐公之智，曾不若是涂人也，哀哉！隐公，惠公继室之子也[7]，其为非嫡，与桓均耳，而长于桓。隐公追先君之志而授国焉，可不谓仁人乎？惜乎其不敏于智也。使隐公诛翚而让桓，虽夷、齐何以尚兹[8]？

骊姬欲杀申生而难里克[9][10]，则施优来之[11]；二世欲杀扶苏而难李斯，则赵高来之。此二人所行相同，而其受祸亦不少异：里克不免于惠公之诛，李斯不免于二世之戮[12]，皆无足哀者。吾独表而出之，为世戒。君子之为仁义也，非有计于利害，然君子之所为，义利常兼，而小人反是。李斯听赵高之谋，非其本意，独畏蒙氏之夺其位，故俛而听高[13]。使斯闻高之言，即召百官、陈六师而斩之，其德于扶苏，岂有既乎？何蒙氏之足忧！释此不为，而具五刑于市[14]，非下愚而何！

呜呼，乱臣贼子犹蝮蛇也[15]，其所螫草木犹足以杀人，况其所噬啮者欤？郑小同为高贵乡公侍中，尝诣司马师，师有密疏未屏也[16]，如厕还，问小同："见吾疏乎？"曰："不见。"师曰："宁我负卿，无卿负我。"遂酖之[17]。王允之从王敦夜饮[18][19]，辞醉先寝。敦与钱凤谋逆[20]，允之已醒，悉闻其言，虑敦疑己，遂大吐，衣面皆污。敦果照视之，见允之卧吐中，乃已。哀哉小同，殆哉岌岌乎允之也[21]！孔子曰："危邦不入，乱邦不居[22]。"有由也夫！吾读史得隐公、里克、李斯、郑小同、王允之五人，感其所遇祸福如此，故特书其事，后之君子可以览观焉。

注 释

① 公子翚：字羽父，鲁国大夫。公子翚劝鲁隐公杀死公子允，

取代他做鲁国的国君，鲁隐公拒绝了。后来公子翚担心这件事被公子允知道，就说服公子允杀害鲁隐公。最后鲁隐公被杀，公子允继位，称为鲁桓公。

② 太宰：官名，百官之首。

③ 营：建设；经营。

④ 菟裘：古邑名，今属山东泰安。

⑤ 谮：说坏话诬陷别人。

⑥ 涂之：“涂之”原脱，据苏集补。

⑦ 继室：前妻为元妃，续娶之妻为继室。《左传·隐公元年》：“惠公元妃孟子。孟子卒，继室以声子，生隐公。”

⑧ 夷、齐：伯夷、叔齐。

⑨ 骊姬：晋献公的宠妾，生奚齐，陷害晋太子申生，使她的儿子奚齐得以继位。晋献公去世，奚齐继位，里克杀了奚齐。骊姬另立卓子，里克又杀掉卓子，后把骊姬也杀了。

⑩ 里克：晋国大夫，晋献公的股肱之臣，太子申生的坚决拥护者。先后杀掉奚齐和卓子，骊姬之乱后立夷吾为晋惠公。晋惠公继位后削弱了里克的军权，后逼得里克自尽。

⑪ 施优：即优施，晋献公宠优，与骊姬私通。

⑫ 李斯不免于二世之戮：秦二世继位不久，赵高便诬蔑李斯有意割地称王，把他关进牢房，后对他实施腰斩之刑。

⑬ 俛：屈身；低头。

⑭ 五刑：中国古代的五种刑罚。墨、劓、刖、宫、大辟。

⑮ 蝮蛇：别名“草上飞”，一种毒蛇。

⑯ 屏：避匿；隐藏。

⑰ 酖：用鸩酒杀人。

⑱ 王允之：字渊猷，琅邪临沂人，东晋官员。

⑲ 王敦：字处仲，琅邪临沂人，与堂弟王导一起协助司马睿建立东晋政权，一直有夺权之心，后发动政变未果，史称王敦之乱。

⑳ 钱凤：字世仪，与王敦共同叛乱。

㉑ 岌岌：危险的样子。

㉒ 危邦不入，乱邦不居：见《论语·泰伯》。

译文

公子翚请鲁隐公杀死鲁桓公，以求让自己得到太宰的职位。鲁隐公说："由于他（鲁桓公）年少我才摄政，将来我会把君位还给他。我只求把菟裘交给我管理，让我可以在那里安享晚年。"公子翚惧怕被告发，就向鲁桓公毁谤鲁隐公，最后使鲁桓公杀死了隐公。苏子说：盗贼在别人面前舞刀弄枪，别人一定会杀死他，不止受盗贼舞刀弄枪威胁的人会这样做，路人也会攻击他。这些路人与盗贼并非仇人，只是他们认为如果他们不主动攻击盗贼，那些盗贼便会反过来杀害自己。鲁隐公的智慧竟然还不及这些路人，真是悲哀！鲁隐公是鲁惠公的庶子，他虽然并非嫡子，但与鲁桓公的地位是相等的，而且比鲁桓公年长。鲁隐公追念先君的遗志而把君位让给桓公，能说他不是仁者吗？可惜他智慧不够敏捷。如果隐公杀死公子翚接着把君位让给桓公，即使像伯夷、叔齐这样德行高尚的人，又如何能超越他？

晋国的骊姬想杀害申生但知道困难来自里克，所以施优便来了；秦二世想杀害扶苏但知道困难来自李斯，所以赵高便来了。这两个人所做的事相同，而最终遭受的祸患也类似：里克最后被晋惠公诛杀，李斯最后被秦二世杀戮，都是不值得怜悯的。我特意标示出来，用它来告诫世人。君子实行仁义，并不计算当中的利害，然而君子的所为，义利通常能够兼得，而小人则相反。李斯之所以听从赵高的阴谋，并非他的本意，只是畏惧蒙氏夺取他的地位，所以才俯首听命于赵高。如果李斯听到赵高的言论，便立即召集百官，陈列六军斩杀赵高，那么对扶苏而言，他的恩德又岂有尽头？如果这样蒙氏还有什么值得忧虑的！放弃了这个机会，还要当众遭受五刑的惩罚，他难道不是愚蠢至极吗?

唉！乱臣贼子就像蝮蛇一样，它只要在草木间振动便足以杀人，更何况被它咬住呢！郑小同任高贵乡公的侍中时，曾进见司马师，当时司马师有秘密的奏疏还未掩上，上完厕所回来，问小同："你看见我的奏疏了吗？"答："没有看见。"司马师说："宁愿我有负于你，也不能让你有负于我。"于是毒死了他。王允之与王敦在夜间饮酒，王允之酒醉先行告辞回去睡觉。王敦与钱凤谋划造反，王允之已经醒来，听到了他们的全部言论，担心王敦怀疑自己，于是大吐起来，衣服都沾上了污秽。王敦果然拿着烛火来看，看见王允之躺在呕吐物中呼呼大睡，这才打消疑虑。悲哀啊小同，岌岌可危啊王允之！孔子说："危险的国家不要进入，动乱的邦国不可居住。"这话很有道理啊！我读史书有感于鲁隐公、里克、李斯、郑小同、王允之五个人，明白他们所遭受的祸福就是这样，所以特意把他们的事写出来，让后世的君子可以阅览。

评 析

本文题目为《隐公不幸》，实际上是写了隐公、里克、李斯、郑小同、王允之五个人所遭受的祸福。这五人中，只有王允之用“大吐”的方法幸免于难，其余四个人都招来杀身之祸。隐公和郑小同两个人是无辜而死，而里克、李斯是罪有应得，但仔细分析就能发现，里克与李斯二人的行为并不完全相同，里克之死尚有让人同情之处。

七德八戒

郑太子华言于齐桓公[1]，请去三族而以郑为内臣[2][3][4]，公将许之，管仲不可[5]。公曰：“诸侯有讨于郑，未捷，苟有衅[6]，从之不亦可乎？”管仲曰：“君若绥之以德，加之以训辞，而率诸侯以讨郑，郑将覆亡之不暇，岂敢不惧？若总其罪人以临之，郑有辞矣。”公辞子华，郑伯乃受盟[7][8]。苏子曰：大哉，管仲之相桓公也！辞子华之请而不违曹沫之盟[9]，皆盛德之事也，齐可以王矣。恨其不学道，不自诚意正身以刑其国，使家有三归之病而国有六嬖之祸[10][11]，故桓公不王，而孔子小之。然其予之也亦至矣，曰：“桓公九合诸侯，不以兵车，管仲之力也。如其仁，如其仁！[12]”曰：“仲尼之徒无道桓、文之事者[13]”，孟子盖过矣。

吾读《春秋》以下史而得七人焉，皆盛德之事，可以为万世法，又得八人焉，皆反是，可以为万世戒，故具论之。太公之治齐也[14]，举贤而上功[15]。周公曰：“后世必有篡弑之臣。”天下诵之[16]，齐其知之矣。田敬仲之始生也[17]，周史筮之[18]，其奔齐矣，齐懿氏卜之[19]，皆知其当有齐国也。篡弑之疑，盖萃于敬仲矣，然桓公、管仲不以是废之，乃欲以为卿，非盛德能如此乎？故吾以为楚成王知晋

之必霸而不杀重耳[20][21]，汉高祖知东南之必乱而不杀吴王濞，晋武帝闻齐王攸之言而不杀刘元海[22][23][24]，苻坚信王猛而不杀慕容垂[25][26][27]，唐明皇用张九龄而不杀安禄山[28][29][30]，皆盛德之事也。

而世之论者，则以为此七人者皆失于不杀以启乱，吾以谓不然。七人者皆自有以致败亡，非不杀之过也。齐景公不繁刑重赋[31]，虽有田氏，齐不可取；楚成王不用子玉[32]，虽有晋文公，兵不败；汉景帝不害吴太子，不用晁错，虽有吴王濞，无自发；晋武帝不立孝惠，虽有刘元海，不能乱；苻坚不贪江左[33]，虽有慕容垂，不能叛；明皇不用李林甫、杨国忠[34][35]，虽有安禄山，亦何能为？秦之由余[36]，汉之金日磾[37]，唐之李光弼、浑瑊之流[38][39]，皆蕃种也[40]，何负于中国哉？而独杀元海、禄山！且夫自今而言之，则元海、禄山死有余罪，自当时而言之，则不免为杀无罪。岂有天子杀无罪而不得罪于天者？上失其道，涂之人皆敌也，天下豪杰其可胜既乎？

汉景帝以鞅鞅而杀周亚夫[41]，曹操以名重而杀孔融，晋文帝以卧龙而杀嵇康[42][43]，晋景帝亦以名重而杀夏侯玄[44][45]，宋明帝以族大而杀王彧[46][47]，齐后主以谣言而杀斛律光[48]，唐太宗以谶而杀李君羡[49]，武后以谣言而杀裴炎[50][51]，世皆以为非也。此八人者，当时之虑岂非忧国备乱，与忧元海、禄山者同乎？久矣，世之以成败为是非也！故夫嗜杀人者，必以邓侯不杀楚子为口实[52][53]。以邓之微，无故杀大国之君，使楚人举国而仇之，其亡不愈速乎？

吾以谓为天下如养生，忧国备乱如服药：养生者不过慎起居饮食，节声色而已，节慎在未病之前，而服药于已病之后。今吾忧寒疾而先服乌喙[54]，忧热疾而先服甘遂[55]，则病未作而药杀人矣。彼八人者，皆未病而服药者也。

注释

① 齐桓公：春秋时期齐国国君，姜姓，名小白。任用管仲进行改革，国力富强。以尊王攘夷相号召，北击山戎，南伐楚国，成为春秋五霸之首。

② 三族：指泄氏、孔氏、子人氏三大家族。

③ 郑：古国名，姬姓。春秋初期是强国，后渐衰弱，公元前375年被韩所灭。

④ 内臣：国内之臣。言郑国可作为齐国的内臣。

⑤ 管仲：春秋初期政治家，名夷吾，字仲。齐桓公任命为卿。他在齐国实施了一系列改革，使国力增强。其言论见《国语·齐语》。

⑥ 衅：间隙，争端。

⑦ 郑伯：郑文公，郑国国君。

⑧ 受盟：结盟，这里指郑文公派使者到齐国结盟。

⑨ 曹沫之盟：曹沫，即曹刿，春秋时鲁国大夫。鲁庄公时，齐国伐鲁，曹刿率军与齐战于长勺（今属山东莱芜），齐国失败，齐与鲁两国国君相会，曹刿挟持齐国国君订立盟约，收复失地。

⑩ 三归：这里指管仲娶三姓女子。归：女子出嫁。

⑪ 嬖：宠爱。这里指齐桓公有六个宠爱的姬妾。

⑫ “桓公九合诸侯”五句：出自《论语·宪问》。兵车：中国

古代的战车。先秦时以车战为主，故也作兵力、威力的代称。

⑬ 仲尼之徒无道桓、文之事者：出自《孟子·梁惠王（上）》。仲尼：孔子，名丘，字仲尼。

⑭ 太公：周代齐国始祖，姜姓，吕氏，名望，字尚父，另一说子牙。辅助周武王灭商有功，后封于齐，有太公之称，俗称姜太公。

⑮ 上功：通“尚功”，崇尚功绩。

⑯ 诵：通“颂”，颂扬。

⑰ 田敬仲：即陈完，陈厉公之子。陈国内乱，他出奔至齐，被齐桓公任为卿，官为工正。其后代逐渐强大，传至田和，终于夺得齐政权。

⑱ 周史筮之：陈完出生时，周太史为他卜卦，说他的子孙能成为异国国君。

⑲ 齐懿氏：齐国氏族。齐懿仲把女儿嫁给陈完，使人卜卦，说他们的子孙可以享有齐国。

⑳ 楚成王：春秋时期楚国国君，名恽，楚文王之子。

㉑ 重耳：即晋文公，春秋时期晋国国君，晋献公之子，名重耳。因献公立奚齐为太子，他被迫流亡在外长达十九年。后回国即位，整顿内政，国力渐渐强盛。为“春秋五霸”之一。

㉒ 晋武帝：即司马炎，晋朝的建立者。字安世，司马昭长子，继昭为魏国相国、晋王，不久代魏称帝，建立晋朝。灭吴后统一全国。

㉓ 齐王攸：司马攸，字大猷，河内温县人，西晋宗室，曾对晋武帝说：“陛下不除刘元海，恐并州不得久安。”

㉔ 刘元海：刘渊，字元海，新兴（今山西忻州）人，匈奴族，

五胡十六国前赵的开国国君。

㉕ 苻坚：字永固，略阳临渭（今甘肃秦安东南）人，氐族，十六国前秦君主。在与晋国的淝水之战中大败，此后前秦瓦解。

㉖ 王猛：字景略，北海郡剧县（今山东寿光东南）人，前秦丞相。

㉗ 慕容垂：后燕成武帝，字道明，鲜卑族。淝水之战后，慕容垂趁机而起，复建燕国（后燕）。

㉘ 唐明皇：即唐玄宗李隆基。即位后任用张九龄等为相，整顿弊政，社会稳定，经济发展，史称“开元之治”。在天宝年间，宠幸杨贵妃荒废朝政，发生了安史之乱。

㉙ 张九龄：字子寿，一名博物，韶州曲江（今属广东）人。玄宗时为相。后被李林甫所谮，罢相。

㉚ 安禄山：唐营州柳城（今属辽宁朝阳）人。任平卢、范阳、河东三镇节度使。天宝年间，与史思明叛乱，史称“安史之乱”。

㉛ 齐景公：见本卷《论鲁三桓》注释⑭。

㉜ 子玉：即成得臣，春秋时楚国人，治军严、性刚愎。随楚成王伐宋，晋军出兵攻楚盟国曹、卫以援宋，楚成王命撤围，他拒命请战，后在城濮被晋军击败，受责自杀。

㉝ 江左：古地区名，指长江下游以南地区，这里指东晋。

㉞ 李林甫：小字哥奴，祖籍陇西，唐朝宗室、宰相。李林甫担任宰相十九年，是玄宗时期在位时间最长的宰相。他大权独握，蔽塞言路，排斥贤才，导致纲纪紊乱，被认为是使唐朝由盛转衰的关键人物之一。

㉟ 杨国忠：唐蒲州永乐（今山西芮城西南）人，杨贵妃堂兄，

本名钊。因杨贵妃而受宠，李林甫死后，代之为相。他任丞相期间专权误国，排挤忠良，起用奸佞，败坏朝纲。

㊱ 由余：春秋时期秦大夫，秦穆公的重要谋士。他为秦穆公出谋划策，帮助秦国攻伐西戎，使秦穆公位列春秋五霸。由余的子孙以他的名字为姓氏，形成由姓和余姓。

㊲ 金日磾：西汉大臣，字翁叔，本匈奴休屠王的太子，武帝时跟从昆邪王归汉。汉昭帝时，与霍光、桑弘羊等同受遗诏辅政，封为侯。病卒后谥为敬侯。

㊳ 李光弼：唐肃宗时大将。唐营州柳城（今属辽宁朝阳）契丹族人。曾任河东节度副使等职。在平定安史之乱中功劳甚大。

㊴ 浑瑊：本名日进，铁勒族浑部皋兰州（今宁夏青铜峡南）人。他精通骑射、武功过人，时人常将其与金日磾相提并论。他生性谦虚谨慎，虽位至将相，但从不骄傲，深受唐德宗信任，得以保持功名终生。

㊵ 蕃：同“番”。古代对外国或外族的称呼。

㊶ 鞅鞅：不高兴的样子。

㊷ 卧龙：睡卧的龙，比喻隐居而未显达的旷世奇才。

㊸ 嵇康：三国时魏国文学家、思想家、音乐家，字叔夜。娶魏宗室女，官中散大夫，世称嵇中散。为“竹林七贤”之一。因不满当时的司马氏集团，遭钟会构陷，被司马昭所杀。有《嵇中散集》。

㊹ 晋景帝：即司马师，字子元。三国时司马懿长子。晋武帝时尊之为景皇帝。

㊺ 夏侯玄：三国时沛国谯县（今属安徽亳州）人，字太初。曾任魏征西将军，假节都督雍、凉州诸军事。后与李丰、张缉密谋劓

除司马氏，败露后被司马师杀害。

㊻ 宋明帝：即南朝时期宋皇帝刘彧，字休炳。

㊼ 王彧：字景文，南唐刘宋名臣。宋文帝非常器重他，宋文帝为自己的儿子明帝娶了王彧之妹，并且用王彧名中的“彧”字给他儿子明帝取名。宋明帝病重濒死的时候，担心王彧门族强盛有碍社稷，赐他毒酒命他自尽。

㊽ 斛律光：北齐朔州（今属山西朔县）人，字明月，高车族。他骁勇善战，在与北周近二十年的争战中屡立战功。他治军严明，身先士卒，不营私利，为部下所敬重。

㊾ 李君羡：唐洺州武安（今河北武安）人。早年屡立战功，与唐太宗友善。贞观二十二年，因“女主武王有天下”的谣言遭到贬官，随即被御史罗织罪名弹劾，被唐太宗以“欺君压民”的罪名下令处决。

㊿ 武后：即武则天。唐高宗后，武周皇帝。名曌。并州文水（今属山西文水）人。唐中宗即位后，她临朝称制。不久，废中宗，立睿宗。后废睿宗，自称圣神皇帝，改国号为周，史称武周。死后谥大圣则天皇后，后遂称武则天。

51 裴炎：唐河东闻喜（今属山西闻喜）人，字子隆。与武后定策废中宗，立睿宗。后谏武后立武氏七庙，武后不从。后监察御史告裴炎谋反，于是武后下令以谋反罪杀掉他。

52 邓侯：春秋邓国国君，即邓祁侯。

53 楚子：即楚文王。

54 乌喙：一种有毒的植物，药性剧毒，使用得当可用来救人。

55 甘遂：大戟科，多年生草本，含乳汁。根入药，性寒，味苦，有毒，主治水肿胀满、痰饮积聚、二便不通等症。

译 文

郑国太子华对齐桓公说，如果齐国助他除去郑国的三大家族，他甘愿让郑国成为齐国的臣子，齐桓公将要答应，管仲认为不可以。齐桓公说："有的诸侯国前去讨伐郑国，但未能成功，现在他们国内有了争端，我们趁机收服郑国不是很好吗？"管仲说："君上如果以德义来安定郑国，向他们训诫，然后才率领诸侯讨伐郑国，那么郑国将会面临覆亡的危机，怎敢不畏惧？如果带领郑国的罪人前去攻打郑国，那么郑国便有托辞了。"齐桓公于是谢绝了太子华的请求，郑伯便派使臣来与齐国结盟。苏子说：伟大啊，管仲辅佐齐桓公！辞却太子华的请求而不违背曹沫的盟约，都是盛德的事，齐国可以称霸天下了。只可惜他没有学习儒道，不能诚心诚意修身治国，使自己的家有三归的问题，而国家也有六嬖的祸患，因此齐桓公最终没能称霸天下，而孔子也看不起他。然而孔子对管仲的评价却很高，他说："齐桓公九次会合诸侯，都不诉诸武力，这是管仲的功劳。这是他的仁德，这是他的仁德！"孟子说："孔子的门徒从不谈论齐桓公、晋文公的事。"这或许是孟子过于偏激的看法。

我读《春秋》以后的史书得知七位人物，都做了盛德的事，可以作为万世效法的对象；又得知八人恰恰与之相反，可以警戒万世，因此记载下来和大家一起讨论。姜太公治理齐国，举拔贤能而崇尚功绩。周公说："齐国的后世一定有篡弑的臣子出现。"天下都传诵着，齐国的人也早知道这件事。田敬仲出生的时候，周室的史官替他占卦，说他将来要逃到齐国，齐懿氏也替他占卜过，都知道他将来会拥有齐国。篡弑的疑团都集中在田敬仲的身上，但是齐桓公、管仲都没有因此而废弃他，反而想任命他为卿士，如果不是盛德的人能做到这样吗？所以我认为楚成王知道晋国一定称霸却不杀重耳，汉高祖知道东南一定出现叛乱却不杀吴王刘濞，晋武帝听到齐王攸的言论却不杀刘元海，苻坚相信王猛的话却不杀慕容垂，唐明皇用张九龄的建议却不杀安禄山，都是盛德的事。

然而世上议论的人，都认为这七个人没有杀掉祸乱的源头是失策，这导致了动乱的发生。我认为不是这样。这七个人的败亡都有他们自身的原因，并不是不杀祸首引起的。齐景公如果不实行繁刑重赋的政策，那么虽然有田氏，齐国也并不可能被取代；楚成王如果不任用子玉，那么虽然有晋文公，楚国也不会兵败；汉景帝如果不杀害吴太子，不任用晁错，那么虽然有吴王刘濞，他也无法发动叛乱；晋武帝如果不立孝惠为帝，那么虽然有刘元海，也不会导致祸乱；苻坚如果不贪图东晋，那么虽然有慕容垂，也不能够反叛；唐明皇如果不用李林甫、杨国忠，那么虽然有安禄山，他又能有什么作为？秦代的由余，汉代的金日磾，唐代的李光弼、浑瑊等人，都是外族，他们有哪里对不住中国呢？而唯独要杀害刘元海、安禄山！况且在今天看来，刘元海、安禄山虽然死有余辜，但从当时的情况来看，如果那时杀害他们，那也算是无辜被杀。难道天子滥杀无罪的人能不得罪上天吗？在上者失去道义，路人都会成为他的敌人，难道可以把天下的豪杰都杀掉吗？

汉景帝因为周亚夫露出不满的表情而杀死他，曹操因为孔融的名气大而杀死他，晋文帝因为害怕嵇康是卧龙之士而杀死他，晋景帝也因夏侯玄名气大而杀死他，宋明帝因为王彧的家族大而杀死他，齐后主因为谣言而杀死斛律光，唐太宗因为预测吉凶的谶语而杀死李君羡，武后因为谣言而杀死裴炎，世人都认为他们这样做不当。这八个人，他们当时难道不是害怕国家有动乱、为防备祸乱而杀人的吗？他们的做法和担忧刘元海、安禄山造反并建议杀死他们的人不是相同的吗？世人以成败来论断是非的传统已经很久了！所以嗜杀成性的人，必定引用邓侯不杀害楚子为口实。以邓国的卑微，无故杀了大国的国君，假使楚国人民举国仇视，那郑国不是灭亡得更快了吗？

我认为治理天下和养生的道理类似，忧国防备祸乱就像服用药物：养生的人只是谨慎地注意饮食起居，对声色之事也有所节制，这些节制和谨慎都是在未生病以前，而服用药物则在生病以后。现在我担心得了寒病而先服用乌喙，担心得了热疾而先服用甘遂，那么疾病还没有发作的时候，药力已经毒死人了。这八个人，都是未病而先服药的人。

评 析

此文中苏轼以七人不杀之举为德，又以八位皇帝杀人为戒，最后提出治国好比养生，要懂得节制，不能以为杀人能防范祸患而害了自身。在这篇文章中，苏轼就想表述一个道理：君王不能滥杀无辜。但此文中苏轼只因“七德”不杀一人就称其盛德，实在具有片面性。至于说刘邦不杀吴王，更是不伦不类。吴王初封之时，并没有半点罪过，而且是刘邦的亲侄子，刘邦怎能无故杀他呢？这无关“盛德”。苏轼认为“八戒”为了防备祸乱而杀人是不可取的，就像不能未病就服药，君王也不能因为担忧祸乱就滥杀无辜。这种观点很正确，体现了依法办事的观点。